दलित हिन्दी कविता का वैचारिक पक्ष

दलित हिन्दी कविता का वैचारिक पक्ष

डॉ. श्यामबाबू शर्मा

अनुज्ञा

अनुज्ञा

प्रथम संस्करण : 2017

ISBN 978-93-83962-80-8

प्रकाशक

अनुज्ञा बुक्स

1/10206, वेस्ट गोरख पार्क

शाहदरा, दिल्ली–110 032

फोन : 011–22825424, 09350809192

email: anuugyabooks@gmail.com

www.anuugyabooks.com

मूल्य : 600.00 रुपये

आवरण : मुन्ना कुमार

मुद्रक

अर्पित एण्टरप्राइजेज, दिल्ली–32

DALIT HINDI KAVITA KA VAICHARIK PAKSH —
A LITERARY CRITICISM *by* Dr. Shyam Babu Sharma

लेखन का हेतु बनने वाले
समाज के उन सभी पात्रों
को...

अनुक्रम

भूमिका

इलियट का विचार दर्शन है कि वर्तमान को अतीत ही नहीं वर्तमान भी प्रभावित करता है। बाजार की जो इबारत रची जा रही है उसमें भूमंडलीय अर्थ नवीन अर्थों में परिभाषित किया जा रहा है। राष्ट्रीय-अन्तरराष्ट्रीय सरोकारों का पुनर्पाठ हो रहा है। उत्तर-आधुनिकता की कोख से बर्थ-डे सेलिब्रेट करने वाला जगतीकरण हाशिएकृत-शोषित आमजन को पुनः किनारे ढकेल रहा है। इसके पास अब धन बल है, सत्ता की ताकत है और विकास का उन्नत पाखंड। विज्ञान-प्रौद्योगिकी की व्याप्ति के साथ-साथ जातीयता-संकीर्णता के नये समीकरण बने। औद्योगीकरण, शहरीकरण और उधारीय-उदारवाद में विचारों की उदारता नदारद होती गयी। पूँजीकामी व्यवस्था से कॉमन मैन का जीवन तो उन्नत नहीं हुआ, व्यवस्था के रहनुमाओं, ठगों, राजपुरुषों, मन्त्रियों, पूँजीपतियों, ठेकेदारों और मुनाफाखोरों के दिन अच्छे होने लगे। गत शती के अन्तिम दशक से अमेरिका का वर्चस्व बढ़ा। राजनीतिक दहशतगर्दी ने पूरी दुनिया को अपने आगोश में ले लिया और मुक्त व्यवस्था, मुक्त अर्थव्यवस्था के मॉल सजे। इंडिया शाइनिंग और भारतीय मानुष का सूर्यास्त एक साथ। बरास्ता भूमंडलीकरण निजीकरण की प्रक्रिया में गाँव की जोत विकास के नाम पर डकारी जा रही है जिसका खामियाजा दलित ही नहीं तथाकथित सवर्ण समाज भी भोग रहा है।

पूँजीवाद के उदय के पश्चात किसी-न-किसी रूप में जनतान्त्रिक प्रक्रियाओं के साथ जुड़कर रूढ़िवादी परम्पराओं का अन्त हो जाना चाहिए था, परन्तु बाजारू वैचारिकता ने जो भोथरापन गिफ्ट किया है उसमें मनुष्य का ठौर-ठिकाना कहाँ है? आजादी और न्याय के नाम पर पश्चिमी जगत के द्वितीय उपनिवेशीकरण का समय है यह जिसमें वसुधैव कुटुम्बकम् के उदात्त पर्याय की मान्यता देने की कोशिशें जारी हैं। यह दमनकारी चिन्तन जो मड़नी माड़ रहा है, उसमें पहले से अधिक खतरे हैं। एक व्यक्ति भोजन करने से आजिज है और दूसरा इसकी खातिर। कोई व्यवस्था से गिल्ली-डंडा खेल रहा है और किसी के साथ व्यवस्था मजाक कर रही है। उस आर्थिक चिन्तन को आगे बढ़ाने का काम किया जा रहा है जिससे पश्चिमी सभ्यता

हाय-हाय कर रही है। पूँजी के आगे सभी मानव-मूल्य दंडवत्। शोषण की अवधारणा ही मानव-मूल्यों के क्षरण से प्रारम्भ होती है और पूँजीवादी बाजार में बाजार तो पूँजी का ही है। जिस आर्थिक चिन्तन से इसके झंडाबरदार असन्तुष्ट भटके हुए हैं उससे भारत का कितना भला होगा, तिस पर उनका कितना जो पहले सामन्तशाही में सताये गये और अब नव-सामन्तीय पूँजीवाद में? अन्तरराष्ट्रीय मुद्राकोष, विश्वव्यापार संगठन जैसे नवबढ़आ भारत का भाग्य रचने वाले मजदूरों-धतूरों, मेहनतकशों के भाग्य में क्या लिखेंगे?

दलील दी जाती है कि मनु जिन्होंने सामाजिक व्यवस्था रची वे वैज्ञानिक जैसे अधिक थे या ऐसे व्यक्ति थे जिन्हें आज की व्यवस्था में किसी बड़े कार्पोरेशन के मानव संसाधन विभाग के प्रमुख के रूप में वर्णित किया जा सकता है। विचार की इस परम्परा के लोगों का तर्क है कि मनु के दृष्टिकोण में कोई जाति ऊँची या नीची नहीं थी। हर जाति को एक भूमिका सौंपी गयी थी और यदि किसी काम को करने का कौशल एक परिवार में अगली पीढ़ी तक हस्तान्तरित किया जाता है तो इसमें हर्ज क्या है? इस तरह व्यवसाय पुश्तैनी बन गये। अब यह तो अपनी ही बुद्धि पर आत्ममुग्धता की स्थिति है चाहे दूसरा इससे असहमत ही क्यों न हो। कुलीन-वंशियों द्वारा अपनी सुविधानुसार गढ़ा कथानक वर्तमान व्यवस्था तक पोषा जा रहा है। यह कहना बहुत कठिन है कि कैसे यह उस रंगभेद और नस्लवाद से जुदा है जिसे हम दुनिया के विभिन्न इलाकों में देखते रहे हैं। ऊँची जातियाँ लोकतन्त्र में तो विश्वास कर सकती हैं परन्तु समानता में नहीं, जो कि इस पूरे तन्त्र का एक अभिन्न अंग है। विश्व-भर के लोगों को यह मानना थोड़ा कठिन लगता है कि जो देश मंगल तक जा पहुँचा है वहाँ मानवजाति के प्रति अब भी मंगल-अमंगल का भेदभाव किया जाता है। जातिवाद एक ऐसी रूढ़ि है जिसके अन्य परिणाम तो दरकिनार तमाम इन्सानों को भयावह भेदभाव झेलना पड़ता है। जातियों का आधुनिकीकरण हुआ ध्वंस नहीं। आज ब्राह्मणवाद तथा मनुवाद की निन्दा की जाती है, आरक्षण की वकालत होती है, परन्तु जातिविहीन समाज पर सेमिनार नहीं सजते। प्रत्येक शहर जातिवादी। प्रत्येक घर जातिवादी। वर्ण और वर्ग में कैद समाज, कहीं पर मनुष्य नहीं। 'तुम कौन?' यानी आपका ताल्लुक किस जाति से।

स्वतन्त्रता मनुष्य की चेतना में बसी हुई एक सहज प्रवृत्ति है इसे छीनने या दबाने की कोशिश करने पर स्वभावत: यह प्रबल रूप लेकर मुक्ति का मार्ग खोजती है। सामाजिक संरचना के बेहद अमानवीय और नारकीय परिणामों के प्रति-उत्तर में दलित कविता का उत्स हुआ। जीवन की दग्ध अनुभूतियों को छिपाये दीन-हीन, सहमे चेहरों को ज्योतिबा फुले, पैरियार और अम्बेडकर की दीप्ति से दैदीप्यमान करने की शुरुआत हुई। लेखनी से जो फूटा वह मात्र वाणी विलास नहीं, यथार्थ का

तप्त रूप था। जमीन से 'खेतिहर मजदूर' पानी में 'अस्पृश्य' और ज्ञान से मूर्ख संज्ञापित दुर्लभ मानव प्रजाति के शोषण-दलन का दस्तावेज। यहाँ अस्तित्व के अहसास की उपज है। सामाजिक, आर्थिक जीवन के बंटाधार होते जाने की छटपटाहट है। बन्धनों में जकड़े और अस्तित्व की तलाश करते शोषित मानव जीवन की जिजीविषा को कवि दर्ज करता है जिसमें सौन्दर्य, सुरुचि, शास्त्रीयता नहीं सत्य का सत है। निर्धारित परिपाटी, विधि-विधानों और स्वार्थ प्रक्रिया के समक्ष समतावादी-परिवर्तनवादी मूल्य व्यवस्था को लागू किये जाने के आग्रह को बहस का मुद्दा बनाया गया है। यह अपनी चेतना के शृंग पर अडिग है। समाज के पिरामिड में जो निचले पायदान पर खड़े हैं उनके भावी जीवन में सफलता और बेहतरी की सम्भावनाओं की तलाश के साथ।

ब्राह्मणीय ठटनि ने जो नव-जातीयता रची है। उसमें दलित ही दलित नहीं है बल्कि शोषण से दो-चार होता हर दोपाया दलित है। पूर्व में सवर्ण मानसिकता परम्परा की दुहाई देकर इसे पैरों के नीचे बिठाती थी और ग्लोबल इरा में क्लास उसी बासी को सजा-सँवारकर डिलीवर कर रहा है। ठसक की नयी मेडों का निर्माण। दलित चिन्तन को ब्राह्मण से नहीं ब्राह्मणीय विचारधारा से जूझना है-टकाराना है। यह विषबेल अब तथाकथित दलितों के यहाँ भी पल्लव ले रही है। दलित इतिहास का यह नया भूगोल है। दिव्यता-भव्यता के रथ में आरूढ़ ठस्स मानसिकता सूक्ष्म शस्त्रों, शास्त्रों से अपना विजय रथ हाँक रही है। श्रम की दुनिया में बसर करने वालों को चतुर्थ-पंचम दर्जे की हैसियत। अब संघर्ष दोहरा है। रूढ़ियों-सनातनी परम्पराओं का बियावान और व्यवस्था का शातिरपन। श्रमिक-मजलूम के घर से उठते धुएँ से पूछने की जरूरत है कि उसका चूल्हा कब जलता है और रोटियाँ कितनी इज्जत की? विकास को चाकर बनाने की जुगाली!

व्यवस्थाओं की संवेदना में अकाल-भीषण अकाल पड़ा है और जो दिखाया जा रहा है वह पूरी तरह से रोबोटीय है। समस्याएँ लच्छेदारी से नहीं सुलझतीं। नकली, बेईमान, क्रूर समय को संवेदनशील, ईमानदार और मनुष्यता का पक्षपोषक बनाना कविता के ध्येय हैं। जिन्दगी जीने की लागत में जो जोरदार इजाफा हुआ है उसको मन्दी में ले जाने का उत्कट प्रयास। सात दशक छूते आजादी वाले राष्ट्र की स्थिति कहते नहीं बनती। आत्म निर्वासित मनुष्य विपदाओं में कसमसाता। उत्तर-आधुनिकतावाद, बाजारवाद, भूमंडलीकरण और मीडिया क्रान्ति दलित चिन्तन की बरोहियाँ काटने पर आमादा। सोपानीकृत व्यवस्था की तंग सोच की मुख्यतारगीरी करते नये-नये खैरख्वाह। कदाचित इसीलिए दलित चिन्तन आज के विमर्श का प्रस्थान बिन्दु बन चुका है। लाजिमी है कि यह आज के साथ-साथ बीते कल को भी नयी व्याख्या दे। दलित कविता का जन चेतना की ओर झुकाव और आमजन के

साथ जुड़ाव इस कदर बढ़ता जा रहा है कि इसकी अनदेखी नहीं की जा सकती। बड़ी बात वास्तविकता की अभिव्यक्ति की है। इसमें अनगढ़ता, कुगढ़ता हो सकती है परन्तु सम्पूर्णता पर इसे आरोपित कर देना कितना उचित होगा?

लेखन का हेतु बनने वाले सरल-सहज जनों के प्रति कृतज्ञता। प्रथम गुरु अम्मा और बाबूजी को शत-शत नमन। समस्त गुरुजनों, इष्ट मित्रों के प्रति हार्दिक आभार। अनुज्ञा बुक्स के संचालक श्री सुधीर वत्स जी ने साहित्य पारखी दृष्टि से पांडुलिपि का अवलोकन कर पुस्तक आप तक पहुँचायी, साधुवाद।

'निज कवित्त केहि लाग न नीका।' शोषित, महरूम, लाचार, तथाकथित दलित मनुष्य के व्यापक सरोकारीय सवालों को उठाने और दलित हिन्दी कविता का पाठ तैयार करने में यह कृति साथ दे सकी तो मैं अपना परिश्रम सार्थक समझूँगा।

मंगलवार, 29 नवम्बर, 2016 **डॉ. श्यामबाबू शर्मा**
पंचम मातृस्मृति दिवस

1.

दलित विमर्श : अनछुए पहलू

ब्राह्मणेहि म जागणन्त भेउ
एव उ पढ़ि अ उ एच्च उ वेउ
मट्टी, पाणी, कुस लई पढ़न्त
धरहिं वह सी अग्नि हुणन्त॥[1]

अर्थात ब्राह्मण ही क्यों हाथ में कुश, जल लेकर हवन करते हैं? यदि आग में घी डाल देने से मोक्ष मिलता है तो क्यों नहीं सब अन्त्यजों को आग में घी डालकर यज्ञ और हवन करने देते ताकि सभी अछूत निर्वाण को प्राप्त हो जायें और छुआछूत का टंटा ही समाप्त हो जाये। सिद्ध कवि सरहपा के इस पद में ब्राह्मण व ब्राह्मणवाद के ढोंग-आडम्बर की खबर ली गयी है। राहुल भट्ट द्वारा ब्राह्मणवादी विचारधारा को दी गयी यह चुनौती दलित चेतना की पूर्व पीठिका कही जा सकती है। हिन्दी के प्रथम कवि सरोजवज्र नामक सहजयानी सिद्ध, जाति-व्यवस्था के भयंकर विरोधी थे। आक्रोश की भाषा का पहला प्रयोग सरोरुह पाद में ही दिखाई देता है। इसमें कोई शक-सुबहा नहीं होना चाहिए कि सरहपाद के हृदय में दलितों के प्रति दर्द था। वे कहते हैं– 'ब्राह्मण ब्रह्मा के मुख से उत्पन्न हुए थे–जब हुए थे तब हुए थे। इस समय तो वे भी दूसरे लोग जिस प्रकार पैदा होते हैं वैसे ही पैदा होते हैं, तो फिर ब्राह्मणत्व रहा कहाँ? यदि कहो कि संस्कार से ब्राह्मण होता है तो चांडाल को भी संस्कार दो, वह भी ब्राह्मण हो जाये; यदि कहो कि वेद पढ़ने से कोई ब्राह्मण होता है, तो क्यों नहीं चांडालों को भी वेद पढ़ाकर ब्राह्मण हो जाने देते?'[2] त्रिपटिक के ज्ञाता जाति से ब्राह्मण थे और द्विजत्व को समझते थे। जन्मना ब्राह्मणत्व को आपके दर्शन में महत्त्व नहीं था, इतना ही नहीं बाह्याचार, दिशा-विहीन शास्त्रज्ञान, कर्मकांड, पाखंड और भावरहित पूजा-पाठ के सहजयानी सिद्ध कवि सरहपा की आत्मा सिरे से खारिज करती थी। सातवीं-आठवीं शती में ब्राह्मण कवियों ने ब्राह्मणत्व के दम्भ को आड़े हाथों लिया था।

सितम्बर 1914 में आचार्य महावीर प्रसाद द्विवेदी की यशस्वी पत्रिका सरस्वती में दलित कवि हीरा डोम द्वारा रचित 'अछूत की शिकायत' कविता छपी। जिस

सरस्वती में छपने के लिए अच्छे-अच्छे तरसते थे उसमें हीरा डोम की कविता का छपना आचार्य द्विवेदी की उदारता का इतिहास है। सवर्ण आचार्य द्विवेदी मन से सन्त थे, लोक-मंगलवादी। उन्हें हिन्दू-सवर्ण-नैतिकता, पवित्रता से नहीं समझा जा सकता। हीरा डोम की कविता में जो टीस है वह हृदय को छील देती है। डॉ. राम विलास शर्मा ने लिखा है– ''यह भोजपुरी में है और सम्भवत: उस भाषा में लिखी हुई यह एकमात्र कविता है जो द्विवेदी जी की 'सरस्वती' में प्रकाशित हुई थी। यह कविता उनके पास भेजी गयी थी, क्योंकि कविता के ऊपर कोष्ठकों में छपा है– 'प्राप्त'। हिन्दी में इससे पहले (और बाद को भी) किसी डोम बन्धु की लिखी कविता मेरे देखने में नहीं आयी।''[3] इस कविता को दलित-चिन्तन की पहली रचना कहा जा सकता है। इसमें दलितों की शिकायत या दु:खड़ा मात्र नहीं है बल्कि आक्रोश और विद्रोह भी जताया गया है। रचना में पहली बार, भगवान की शास्त्रोक्त संरचना पर प्रश्नचिह्न लगाया गया है जो दलितों को मनुष्यता के दायरे से बाहर रखती है। जाति-व्यवस्था के मौकापरस्त मापदंडों पर उँगली उठाती काव्य पंक्तियाँ इस प्रकार हैं–

हमनी के राति दिन दुखवा भोगत बानी,
हमनी के सहेबे से मिनती सुनाइबि
हमनी के दुख, भगवनओ न देखता जे
हमनी के कवले कलेसवा उठाइबि
पदरी सहेब के कचहरी में जाइबिजाँ
बेधरम होके रंगरेज बनि जाइबि
हाय राम! धरम न छोड़त बनत बाजे
बेधरम होके कैसे मुँहवा देखाइबि
खम्भवा के फारि पहलाद के बँचवले जाँ
ग्राह के मुँहे से गजराज के बचवले
धोतीं जुरजोधना कै भइया छोरत रहै
परगट होके तहाँ कपड़ा बढ़वले
कहवाँ सुतल बाटे सुनत न बाटे अब
डोम जानि हमनी के छुए से डेरवले
मरले खनवाँ के पलले भभिखना के
कानी अँगुरी पै धैके पथरा उठवले
हमनी के रात दिन मेहनत करीले जाँ
दुइगो रुपयवा दरमहा में पाइबि
ठकुरे के सुख सेत घर में सुतल बानी

हमनी के जोति-जोति खेतिया कमाइबि
हकिमे कैलसकारि उतरल बानीं
जेत उहओं बेगरिया में पकर ले जाइबि
मुँह बान्हि ऐसन नोकरिया करत बानी
हे कुले खबरि सरकार के सुनाइबि
बभने के लेखे हम भिखिया न माँगब जाँ
ठकुरे के लेखे नहि लउरि चलाइबि
सहुआ के लेखे नहिं डांडी हम मारब जाँ
अहिरा के लेखे नहि गइया चोराइबि
भँटऊ के लेखे न कीवत्त हम जोरब जाँ
पगड़ी न बान्हि के कचहरी में जाइबि
अपने पसिनवा कै पइसा कमाइब जाँ
घर भर मिलि जुलि बाँटि-चोटि खाइबि
हड़वा मुसइया कै देहियाँ है हमनी कै
ओकरै के देहियाँ बभनओं कै बानी
ओकरा कै घरे घरे पुजवा होखत बाजे
सगरै इलकवा भइलैं जजमानी
हमनी के इनरा के निगिचे न जाइल जाँ
पाँके में से भरि-भरि पिअतानी पानी
पनहीं से पिटि-पिटि हाथ गोड़ तुरि दैलैं
हमनी के एतनी काही के हलकानी ।[4]

अछूतों पर अमानवीय अत्याचार की यह कविता एक ऐसा दस्तावेज है जिसमें पूरी सवर्ण ताकतवर सामन्ती व्यवस्था का क्रूर और भयावह चेहरा झाँक रहा है। वर्ण-व्यवस्था में बाँधकर समाज को चलाना पशुवत हाँकने जैसा है। ऐसे कठिन विधान बनाये गये जिसमें लोगों को बाँधकर रखा गया, जिसने इनसे मुक्त होने का प्रयास किया उन्हें तमाम यातनाएँ दी गयीं। सत्ता और धर्म के आग्नेयास्त्रों ने वर्ण-व्यवस्था को जबरदस्त उत्प्रेरति किया। 19वीं सदी में ही बाबा साहब अम्बेडकर से कुछ पूर्व स्वामी अछूतानन्द ने 'आदि हिन्दू आन्दोलन' चलाया जिसके फलस्वरूप जाति पर प्रहार करने वाला प्रचार और साहित्य लिखा जाने लगा था। मनुवादी विचारधारा पर काव्य पंक्तियाँ चोट करती हैं–

मनु जी तैने वर्ण बनाये चार
जा दिन तूने वर्ण बनाये, न्यारे रंग बनाये क्यों न?

गोरे ब्राह्मण, लाल क्षत्री, बनिये पीत बनाये क्यों न?
कैसे हो पहचान पोप की, दो अक्षर डलवाये क्यों न?
पाँच तत्त्व तो सब में दीखें ज्यादा तत्त्व लगाये क्यों न?
वह सर्वज्ञ सर्व में व्यापक, उससे जुदे बनाये क्यों न?
पाँच तत्त्व गुण तीन बराबर, बढ़कर तत्त्व लगाये क्यों न?
एक चूक बड़ भारी पड़ गयी, न्यारा मुल्क बसाये क्यों न?
लोहे के बर्तन पर पानी, कंचन को दिया डार!
मनु जी तैने वर्ण बनाये चार।[5]

स्वामी अछूतानन्द ने नवम्बर 1928 में अम्बेडकर जी से मुलाकात की थी और उन्हें अपना नेता ही नहीं बल्कि भारत के दलितों का प्रतिनिधि भी माना था। उन्होंने 1927 में ही यह घोषणा की कि भारत में दलितों को पूर्ण स्वतन्त्रता चाहिए। निस्सन्देह अछूतानन्द और हीरा डोम ने दलित शोषण को काव्यात्मक वाणी देकर दलित साहित्य के रूप में श्रेणीबद्ध किया। कालान्तर में निराला, प्रेमचन्द और राहुल सांकृत्यायन की रचनाओं में दलितों का दर्द दिखाई देता है। हाँ, इनकी रचनाओं की पहचान दलित साहित्य के रूप में कम, हाशिए अथवा निम्नवर्गीय समाज पर केन्द्रित साहित्य के रूप में अधिक होती है। साठ के दशक में मराठी दलित आन्दोलन के उभार के साथ ही धीरे-धीरे हिन्दी में दलित साहित्य के रूप में रचनाएँ आना शुरू हो गयीं। उत्तर भारत में दलित चिन्तन कुछ देर से पल्लवित हुआ, जिस पर मोहनदास नैमिशराय का तर्क है– ''उत्तर में कबीर आये, रैदास आये पर ज्योतिबा फुले और बाबा साहेब जैसे व्यक्ति न आ पाये। यह हमारे लिए अफसोस की बात क्यों नहीं होनी चाहिए।''[6]

साठ के दशक में ही दुनिया में एक ऐसा दर्शन आता है जिसमें केन्द्रवाद की बजाय स्थानीयता-क्षेत्रीयता का पूरा जोर रहता है। इसमें एकीकृत के बजाय भिन्नता, विकेन्द्रीयता और अन्यता को मुख्य प्रश्न के रूप में देखा जाता है। पुरानी अवधारणाओं पर उँगलियाँ उठने लगीं और हाशिएकृत वर्ग तथा परिधि पर स्थित जनजातियाँ चिन्तन का आधार बनीं। वंचित लोगों की पुकार इसके माध्यम से भारत ही नहीं पूरी दुनिया में सुनाई पड़ने लगी। कहीं इसे श्वेत-अश्वेत और कहीं सवर्ण-दलित की खाई के रूप में जाना-पहचाना गया।

भूमण्डलीकरण का केवल आर्थिक पक्ष ही नहीं होता बल्कि उसका एक सांस्कृतिक-सामाजिक पक्ष भी होता है। सुमेर और सिन्धु घाटी की सभ्यताओं के बीच व्यापारिक सम्बन्धों से प्रारम्भ वैश्विक नजदीकी उन्नीसवीं शती में भूमण्डलीकरण के आधुनिक रूप की प्रथम अवस्था कही जा सकती है। इक्कीसवीं शदी तक इसने हमारे चिन्तन के पूरे ढंग को तब्दील कर दिया। आधुनिकता के केन्द्रवाद टूटे और गम्भीर विषयों पर नयी बहस शुरू हुई। दलित प्रश्न, स्त्री चिन्तन, पर्यावरण क्षरण तथा

वर्चस्व के लिए संघर्ष करती जो भीड़ नव पाठ लिखना चाहती है वे उत्तर-आधुनिकता के लक्षण हैं। विकसित पूँजीवाद की सर्वव्यापी सांस्कृतिक-आर्थिक स्थिति उत्तर-आधुनिकता है। विकीपीडिया द फ्री इनसाइक्लोपीडिया के अनुसार– "आधुनिकता के बाद की अवस्था उत्तर-आधुनिकता है। वर्तमान समय में यह विशेषत: सभ्यता-संस्कृति की प्रवृत्ति बनकर उभरी है।"[7] नया केन्द्रीकृत विश्व या 'ग्लोबल विलेज' और कुछ नहीं है पूँजीवादी विश्व ही है जिसने पश्चिम में चरमोत्कर्ष प्राप्त करने के साथ-साथ शेष दुनिया को भी अपने भीतर अन्तर्भुक्त कर लिया है। उत्तर-आधुनिकतावाद यह कहता है कि इस पूँजीवाद के महाकाय में हर चीज शामिल है। पूँजीवाद गैर-पण्यीय क्षेत्रों में पहुँचकर उन्हें पण्य बना डालने की जुगत में है। 'लेट कैपिटलिज्म' के लेखक अर्नेस्ट मेंडेल ने कहा है कि वृद्ध पूँजीवाद में जीवन के तमाम क्षेत्र अन्तर्भुक्त हो जाते हैं। जेमेसन इसे आगे बढ़ाते हुए कहते हैं कि पूँजीवाद के इस सर्वव्यापकत्व में एक तरह की समग्रता निहित है। उत्तर-आधुनिक वैचारिकता इस बात को स्वीकार करती है और इस समग्रता से निपटने के लिए वह बहुलतावाद को रणनीति की तरह इस्तेमाल करता है। जॉन मैकगोवान ने लिखा है कि उत्तर-आधुनिकता का लक्ष्य इसी पूँजीवादी समग्रता को विखंडित करना है। इसके लिए वह समग्रतावाद के तले दबे-कुचले लोगों को सत्ता देती है। (भारत में दलित, पिछड़ों को सत्ता का आह्वान या स्त्री को सत्ता का आह्वान एक प्रकार के उत्तर-आधुनिक प्रतिकार ही हैं जो अब तक के बुर्जुआ समग्रतावाद को उसमें निहित ब्राह्मणवादी समग्रतावाद को चुनौती देते हैं।)[8] जान लकाँ, जुलीया क्रिस्टीवा, आलथूसे, ल्योतार, मिशेल फूको, ज्याँक देरिदा, पाल डि मान, ब्राडेला, जेमिसन आदि ने ज्ञान के क्षेत्र में इतना कुछ किया कि एक तरह का नया बौद्धिक जगत रच-बस गया। फ्रांस में जन्मा उत्तर-आधुनिकतावाद किशोरावस्था में यूरोप और यौवन काल में अमेरिका का हो गया।

उत्तर-आधुनिकतावाद समग्र सांस्कृतिक अवधारणाओं, पराभौतिकवाद एवं इतिहास की प्रचलित प्रविधियों को खारिज करता हुआ एक नवीन चिन्तन-प्रणाली को प्रस्तुत करने वाले नारे के रूप में सामने आया। लोग प्रौद्योगिकी के बजाय परिस्थिति विज्ञान एवं प्रकृति की ओर लौट चलने की बात करने लगे तथा सत्य को जादुई यथार्थ की तरह व्यक्त किया जाने लगा। इसमें आधुनिकता के अवसान को अनन्तर आयातित युग की संस्कृति, चिन्तन, दर्शन व सौन्दर्यबोध को समाहित किये जाने के सभी पहलुओं और पक्षों को लपेट लिया गया। वास्तव में उत्तर-आधुनिकता किसी एक सिद्धान्त या वैचारिकता का नाम नहीं है वरन् तमाम चिन्तनों का समुच्चय है। यह विकसित देशों के रास्ते विकासोन्मुख राष्ट्रों तक पहुँचा है। मुक्त बाजारवाद, उपभोक्तावादी संस्कृति, बहुराष्ट्रीय निगम, भूमंडलीकरण ग्लोबल विलेज में फेंटकर एक कर दिये जा रहे हैं। कृष्णदत्त पालीवाल ने बड़ा स्पष्ट विचार प्रस्तुत करते हुए लिखा है–

''साहित्य-कला-दर्शन, राजनीति, अर्थव्यवस्था के परम्परागत अर्थ को ध्वस्त करने में या 'विस्थापित' करने में अर्नेस्ट कैसिरर, लोसए गोल्डमान, याकब्सन, लेविस्ट्रास, रोलांबार्थ, देरिदा, आलथूसे, फ्रेडरिक जेमिसन, जॉन लकाँ, जोनाथनकुलर, ब्राडेला, जुलिया क्रिस्टीवा, ल्योतार, पाल डि मान, मिशेल फूको, पियरे मिशेर, होमी भाभा, गायत्री चक्रवर्ती स्पीवाक, एजाज अहमद न जाने कितने बौद्धिकों का विमर्श इसमें शामिल है।''[9] उत्तर-आधुनिकता की पूर्व पीठिका प्रथम विश्व युद्ध से उपजी कुंठा, निराशा, हताशा से मानी जाती है। आर्नल्टुटोयनबी ने 1920 में पोस्ट मॉडर्न शब्द के प्रयोग द्वारा पाश्चात्य सभ्यता के पतन और आधुनिकता के अवसर के स्वर को बुलन्द किया था जिसमें मूल्यों और मेधा का संकट तो था ही, बौद्धिक विलासिता और सांस्कृतिक संशय तथा संक्रमण के मध्य नये जीवन-मूल्यों की स्थिति महत्त्वपूर्ण थी। मिशेल फूको ने ज्ञान को शक्ति का पर्याय प्रमाणित करके प्रकारान्तर में इनके अन्त:सम्बन्धों पर विमर्श को विस्तारित किया। टोयनबी की पुस्तक 'ए स्टडी ऑफ हिस्ट्री' में ऐतिहासिक कालखंडों के अर्थ में प्रयुक्त 'पोस्ट मॉडर्निज्म' शब्द ललित-कलाओं के क्षेत्र में फिर कला सिद्धान्त में प्रचलित हुआ। समाजशास्त्र और साहित्यशास्त्र में उसका प्रचलन बाद में हुआ। लेजली फेडरर के यहाँ उत्तर-आधुनिकतावाद का उल्लेख 1965 से मिलता है, जबकि साहित्यिकी का प्रसिद्ध सन्दर्भ इहब हसन की पुस्तक है– 'दि डिसमेम्बरमेंट ऑफ आर फेयस : टुवर्ड्स ए पोस्ट-मार्डन लिटरेचर' (1976)। इसी समय बोद्रेला एवं ल्योतार ने 'उत्तर-आधुनिकता' से बतौर थ्योरी बहस करना प्रारम्भ किया। ल्योतार्द का ग्रन्थ 'दि पोस्ट-मॉडर्न कंडीशन : ए रिपोर्ट ऑन नॉलेज' (मैनचेस्टर, 1984) उत्तर-आधुनिकता पर सन्दर्भ का स्थान रखता है।[10] यहाँ देरिदा के संघर्षपूर्ण जीवन की चर्चा प्रासंगिक जान पड़ती है। देरिदा अपने शुरुआती दिनों में जिन संकटपूर्ण घड़ियों से गुजरते हुए मुख्यधारा के समाज में प्रवास (Migration) के कारण हाशिए के उत्पीड़न का सामना करते हैं, क्या उसी प्रकार की स्थितियों का सामना भारतीय समाज में दलित नहीं करते रहे हैं?

पोस्ट माडर्निज्म तमाम तरह के केन्द्रों को तोड़कर विकेन्द्रीयता को स्थापित करता है। अर्थात यह एकीकृत या यूनिफार्मिटी के बजाय विभिन्नता (डिफरेन्स) को मूल प्रश्न मानता है तथा केन्द्र से परिधि की ओर चलता है। नतीजा यह हुआ कि दलित, जनजातियाँ, दमित-प्रताड़ित, वंचित हाशिएकृत लोग जिन्हें अगड़ों ने वंचना के दायरे में कैद कर रखा था, को वाणी मिलने लगी। एड़ी-चोटी का जोर लगाकर शोषित-दलित अस्तित्व और सम्मान की लड़ाई लड़ने लगे। इसमें वर्चस्ववाद टूटा और दलितों ने उत्तर-आधुनिक वैचारिकता पर मुहर लगायी। 'विश्वमानव', 'विश्वदृष्टि', 'विश्वयारी' और 'वैश्विक समाज' रचने की जो कवायद चली उसमें सब कुछ एक ही सुर-ताल-प्रवाह में बहने लगा, गुनगुनाने ही नहीं लगा डी.जे. की थाप पर कमर

तोड़ ब्रेक डान्स कर रहा है। दंडवत है ऐसी ग्लोबल विचारधारा को जिसने सबको एक कर दिया हो और हम फूलकर कुप्पा–भाई बड़ा मजा आ रहा है। थोड़ा और भोग लेने दीजिये। परन्तु कामेन्द्रियाँ और स्वादेन्द्रियाँ तृप्त नहीं हो पा रही हैं। ऐसी भुक्खड़ता शायद पहले कभी न देखी गयी हो। इन्सान भूलने लगा कि उदर पोषण और उदर के नीचे का रसायन शास्त्र उसे किसी निश्चित थॉट और साजिश का शिकार बनाता जा रहा है। ग्लोबल कल्चर में मनुष्य पालतू बनता जा रहा है। ब्रांड, मीडिया, दिमाग, धन और पाँच पैक या छ: पैक उभारकर नारी का पालतू...। खैर कोई विकास और प्रगति के नाम पर डॉलरों की घानी दे तो हम क्यों न उसके भाट बनें? बड़ी विचित्र दशा है हमारी, हमारे एक हाथ में कलावा होता है और दूसरा टच स्क्रीन पर। संस्कृति और विचारों का ऐसा समन्वय...। धन्य है भारतभूमि और भारत पुत्र-पुत्रियाँ, जो विरुद्धों में ऐसा सुन्दर सामंजस्य बिठा पा रहे हैं। रामस्वरूप चतुर्वेदी की पंक्तियाँ याद आती हैं– ''धारण करने की शक्ति ने भारतीय संस्कृति को प्रबल ग्रहणशीलता और प्रवहमानता दी है। अन्तर्विरोधों की द्वन्द्वात्मक प्रक्रिया में भारतीय समन्वयात्मक धारा लगातार गतिशील बनी रही।''[11] उत्तर-आधुनिकता लोकप्रिय संस्कृति की पक्षधर है और अभिजात्यवादी कला-संस्कृति पर प्रहार करती है और स्पष्ट तौर पर विश्वास करती है कि अन्याय-दमन-अत्याचार के पीछे अभिजात्य, भद्र, तथाकथित सिविलाइज्ड एटीकेट्स का हाथ है। ग्लोबन मैन, ग्लोबल कल्चर और पूर्णता का विरोध इसकी नियति है।

उत्तर-आधुनिकता के बाजारवाद ने मनुष्य को संसाधन बतौर प्रयुक्त किया है तथा उसे यह दृष्टि दी है कि बाजार का इस्तेमाल करके सुविधाभोगी बना जा सकता है, सामाजिक प्रतिष्ठा का प्रतीक बना जा सकता है। इस काल को नैतिक नियमों, आदर्शों, आस्थाओं, मानव-मूल्यों तथा सत्ता की अवधारणाओं में परिवर्तन के साथ-साथ वंचित- दलित-अश्वेतों को हवा मिली। प्रौद्योगिकी की पृष्ठभूमि में जिस प्रगति की स्थापना की गयी थी वह प्रकृति के प्रकोप, संस्कृति और सभ्यता के संहार, संगठित संस्थानों के बिखराव, विचारधारा और व्यवस्था के टकराव तथा शब्दों से अलगाव का कारण साबित हुई। उत्तर-आधुनिक दर्शन समीक्षा के प्रचलित मानदंडों को अमान्य करते हुए सिद्धान्त की जगह विमर्श को समादृत करता है। यह विमर्श चर्चा या वार्ता का सिलसिला है जो मूल्यांकन व पुनर्मूल्यांकन की उपेक्षा करती है। भारत में उत्तर-आधुनिकता मीडिया द्वारा आया तथा आधुनिकता की प्रतिक्रिया इसमें थी। एम. कैलिन्सुक और फुकयामा की पुस्तक 'एक्सप्लोरिंग पोस्ट माडर्निज्म' से– ''भारतीय परिप्रेक्ष्य में उत्तर-आधुनिकता मीडिया संचालित एवं बाजार निर्देशित तथ्यों की प्रतिक्रिया के रूप में सामने आया है–यह साठ के दशक की आधुनिकता के प्रति एक प्रतिक्रिया है जो एक विशेष जीवन-शैली एवं जीवन-

दृष्टिकोण से जुड़ी हुई थी जो पश्चिमी विश्व में बहुत आम है और धीरे-धीरे पूर्वी एशिया और लातिनी अमेरिका के धनी समाज में आम होती जा रही है।''[12] उत्तर-आधुनिकतावाद को एक निश्चित फ्रेमवर्क या परिभाषा में बाँधकर नहीं रखा जा सकता है। यह एक परिदृश्य, प्रवृत्ति या अवधारणा है। ''यह किसी भी प्रकार के 'पूर्णतावाद' को स्वीकार नहीं करता है। 'पूर्णतावाद' का विरोध हर कीमत पर इसलिए करता है कि उसके अनुसार कोई विचार, कोई दर्शन, शाश्वत, पूर्ण, अन्तिम और स्थायी नहीं है, सब कुछ अनिश्चित और अस्थिर है। हर अवधारणा एक भ्रम है।''[13] जाँ फ्रासुआ लिओतार ने उत्तर-आधुनिकता के विचार की नब्ज टटोली है– ''विज्ञान-टेक्नोलॉजी से रोग बढ़े हैं उनका निराकरण नहीं। इस विकास को प्रगति के नाम से नहीं पुकारा जा सकता। यह विकास मानो स्वचालित है। मनुष्यों की जरूरतों से उसका कोई तालमेल नहीं है उल्टे इस विकास से व्यक्तिगत और सामुदायिक अस्तित्व अस्थिर हो रहे हैं। जटिलीकरण बढ़ा है। इस बिन्दु से मनुष्यों को दो कोटियों में बाँटना होगा–एक जटिलता की चुनौती से जूझता हुआ और दूसरा प्राचीन काल से जीने के संघर्ष में खपता हुआ।''[14]

लिओतार की उक्त गूढ़ परिभाषा से ही दलित, दमित-हाशिएकृत विमर्श के अंकुर फूटते हैं। भूमंडलीकरण के पूँजीवादी सोच का जो भूत हम पर सवार है उसमें जीवन के हर प्रसंग में लोग राष्ट्रीय के बजाय अन्तरराष्ट्रीय बनने के लिए बेचैन हैं। पश्चिमी देशों की पतनशीलता आधुनिकता को आधारहीन नवीनता के साथ हम पर आरोपित किया जा रहा है। 'परम स्वतन्त्र न सिर पर कोऊ' वाली सोच को आत्मसात किये अमेरिका इस ग्लोबल खेल का रेफरी बनकर सामने आया है। दरअसल, आजादी के लगभग चार दशक बाद तक तमाम योजनाओं-परियोजनाओं और लोक-लुभावन जुमलों जिनमें पूँजीवाद ही अधिक पूँजीपति बनकर उभरा और सामान्यजन विशेष रूप से हाशिएकृत वर्ग और दलित-शोषित जन की हालत में कोई सुधार नहीं हुआ तो कलम थामे लोगों में तीव्र कुंठा और नैतिक-बौद्धिक विभाजन की भावना बलवती हुई। आर्थिक असन्तुलन, भ्रष्टाचार और राजनीतिक पाखंड ने रचनाकारों की व्यथा को मनोमालिन्य में तब्दील कर दिया। राजनीतिक एवं सामाजिक सत्ता संस्थानों और प्रतिष्ठानों के विरुद्ध विरोध उत्पन्न हुआ और प्रतिबन्धक परम्पराओं की अस्वीकृति अवश्यम्भावी हो गयी। इस अप्रतिरोध्य स्थिति से हाशिएकृत वर्ग के प्रति रचनाकारों में दर्द टपकने लगा। वंचित जन की पीड़ा को वाणी देने वाले कलम के सिपाहियों को यह आभास हुआ कि उनके साथ छलावा किया गया। पचास के दशक में हुए प्रयोगों के साथ साहित्य में आने वाली व्यक्तिवादी प्रवृत्ति को त्यागकर उन्होंने व्यथा एवं संघर्ष को झेल रहे वर्ग विशेषत: दलित एवं स्त्री को विषय बनाकर आवेश के साथ लेखन प्रारम्भ किया। साहित्य दलितों और

शोषितों के अधिक करीब आता गया और सत्तर के दशक में नक्सलाइट आन्दोलन के आने के साथ उत्तर-आधुनिकता ने साहित्य में प्रवेश किया। यह हाशिएकृत शोषित-दमित को केन्द्र में लाने की कोशिश है। उत्तर-आधुनिकता पूँजीवाद की छतरी तले दलित और वंचित जन पर पड़ने वाली छाँव का आभास कराता है।

दलित शब्द का अर्थ है "जिसका दलन और दमन हुआ है, दबाया गया है, उत्पीड़ित, शोषित, सताया हुआ, गिराया हुआ, उपेक्षित, घृणित, रौंदा हुआ, मसला हुआ, कुचला हुआ, विनिष्ट, मर्दित, हतोत्साहित, वंचित आदि।"[15] दलित मराठी, गुजराती, हिन्दी और अन्य भारतीय भाषाओं का एक प्रचलित शब्द है जिसका अर्थ है गरीब और उत्पीड़ित। लेकिन सामाजिक-साहित्यिक और राजनीतिक सन्दर्भों में दलित को एक भिन्न सांस्कृतिक अर्थ मिल जाता है। आन्दोलन और साहित्य के साथ दलित शब्द जोड़ने से फौरन एक अलग समझ का सम्प्रेषण होता है। इस विशिष्ट सन्दर्भ में सबसे पहले इस शब्द का प्रयोग सत्तर के दशक की शुरुआत में बाबा साहब अम्बेडकर के नव बौद्ध अनुयायियों ने किया था जिसमें अन्तर्निहित था कि– "जिसे तोड़ दिया गया है और जिसे सामाजिक दर्जों से ऊपर बैठे लोगों ने जान-बूझकर नियोजित रूप से कुचल डाला है। इस शब्द में छुआछूत, कर्म सिद्धान्त और जातिगत श्रेणी का नकार निहित है।"[16] मोहनदास नैमिशराय दलित शब्द को और अधिक विस्तार देते हुए लिखते हैं– "दलित शब्द मार्क्स प्रणीत सर्वहारा शब्द के लिए समानार्थी लगता है। परन्तु इन दोनों शब्दों में पर्याप्त भेद है। दलित की व्याप्ति अधिक है तो सर्वहारा की सीमित। दलित के अन्तर्गत सामाजिक, धार्मिक, आर्थिक, राजनीतिक शोषण का अन्तर्भाव होता है, तो सर्वहारा केवल आर्थिक शोषण तक ही सीमित है। दलित विशेष तौर पर सामाजिक विषमता का शिकार होता है।"[17] दलित शब्द के अर्थ को कँवल भारती इस प्रकार व्याख्यायित करते हैं– "दलित वह है जिस पर अस्पृश्यता का नियम लागू किया गया है। जिसे शिक्षा ग्रहण करने और स्वतन्त्र व्यवसाय करने से मना किया गया।"[18]

दलितों को अन्त्यज, अछूत नाम दिये गये और इन्हें समाज की मुख्य धारा से काटकर अपराध ही नहीं पाप किया गया। एक मनुष्य का दूसरे के साथ ऐसा व्यवहार...! दु:खद आश्चर्य यह है कि इसमें बौद्धिक वर्ग भी पीछे नहीं रहा। उसने मंच से लगातार इन्हें अपना भाई-बन्धु कहा, परन्तु मंच से उतरकर खूँटी में टँगा जनेऊ धारण कर 'ऊँ पवित्रं अपवित्रं...' का उच्चारण कर जल छिड़ककर शुद्धि की। स्थूल दृष्टि से ही सही ईश्वर-अल्ला-खुदा-पैगम्बर-गॉड-गुरु जी जो भी कहें ने जीव मात्र की रचना की तो शायद ही यह विचार किया होगा कि जिसे वे दुनिया का सबसे मेधा-सम्पन्न, सहृदय, विचारशील रचना करके मनुष्य के रूप में रच रहे हैं वह इस तरह स्वयं को तमाम ऊँची खाइयों और संकीर्णताओं में जकड़ता जायेगा।

अपने-आपको श्रेष्ठ मानने वाला मनुष्य शायद पशुओं से भी संकीर्ण वैचारिकता को आत्मसात करता गया। जानवरों में कोई जाति नहीं होती है, गाय-भैंस-बैल हैं सिर्फ... गाय-भैंस-बैल। ब्राह्मण, क्षत्रिय, वैश्य-शूद्र और पंचम वर्ण में तब्दील दलित का विकास अभी चौपायों में नहीं हो पाया है, कम बुद्धिवाले जो ठहरे! इन्सान जरा चतुर प्राणी है तो...। वेदों का दृष्टान्त देकर समाज को चीर देने वालों को यह मालूम है कि वेद ऐसी स्थापना नहीं करते। मनुस्मृति भी ब्राह्मणों को कीर्ति-लोभ से सावधान रहने की सलाह देती है। और बड़े स्पष्ट शब्दों में कहा गया है–

जन्मना ब्राह्मणो गेयः संस्काराद् द्विज उच्यते।

अर्थात् ब्राह्मण जन्म से ही ब्राह्मण होता है, संस्कारों से उसे द्विजत्व की प्राप्ति होती है। महाभारत के 'वन पर्व' की कथा का जिक्र यहाँ प्रासंगिक लगता है। युधिष्ठिर सर्प संवाद में सर्प ने युधिष्ठिर से पूछा है कि ब्राह्मण कौन है? इस पर युधिष्ठिर कहते हैं कि ब्राह्मण वह है, जिसमें सत्य, दान, क्षमा, सुशीलता, क्रूरता का अभाव तथा तपस्या और दया इन सद्गुणों का निवास हो। इस पर सर्प शंका करता है कि ये गुण तो शूद्र में भी हो सकते हैं, तब ब्राह्मण और शूद्र में अन्तर क्या है? इस पर युधिष्ठिर ने जो उत्तर दिया, वह किसी विज्ञ मनुष्य का ही उत्तर हो सकता है– यदि शूद्र में सत्य आदि उपयुक्त लक्षण हैं और ब्राह्मण में नहीं हैं तो वह शूद्र, शूद्र नहीं है, न वह ब्राह्मण, ब्राह्मण है। हे सर्प! जिसमें ये सत्य आदि लक्षण मौजूद हों, वह ब्राह्मण माना गया है और जिसमें इन लक्षणों का अभाव हो, उसे शूद्र कहना चाहिए। इस पूरे पौराणिक सन्दर्भ का निष्कर्ष सर्प घोषित करता है। वह खुले शब्दों में घोषित करता है कि यदि आचार से ही ब्राह्मण की परीक्षा की जाये तब तो जब तक ब्राह्मण अपेक्षित उसके कर्म न हों, जाति व्यर्थ है।[19]

ऋग्वेद में केवल त्रिवर्णों का उल्लेख है। ब्राह्मण, क्षत्र और विश। शूद्रों का उद्गम क्या था वह बताना असम्भव हो जाता है। परम्परा से हम कुछ धन्धों को शूद्रों से जोड़ते आये हैं। दूसरी बात यह कि ऋग्वेद काल में शूद्र तिरस्कृत नहीं थे। छान्दोग्य उपनिषद् में कथा आयी है कि रैक्व ने जनश्रुति को वेदाभ्यास कराया था, किन्तु वे गाड़ीवान अतः शूद्र थे। शायद डॉ. अम्बेडकर की यह स्थापना गलत नहीं है कि शूद्र उसी भांडार के हैं जिसकी मुख्य शाखा क्षत्रिय जाति के रूप में विकसित हुई।[20] मनु ने प्रत्येक जाति के लिए निर्दिष्ट धन्धों को अटल बनाने का जो विधान किया वैसी कोई भी बात ऋग्वैदिक समाज में नहीं थी। शिल्प जानने वालों की गणना प्राणेय शूद्रों में कर दी गयी। द्विजों ने अपने अभिजात्य को अक्षुण्ण रखने की चिन्ता में शिल्पकारों-कर्मकारों को अपनी पंक्ति में आने नहीं दिया। वर्णाश्रम के भीतर से अनेक जातियाँ निकल पड़ीं। ऊँच-नीच का भेद बेतहाशा बढ़ता गया और

मनुष्य केवल शूद्र ही नहीं अन्त्यज और अस्पृश्य माना जाने लगा। आज हिन्दू समाज का सबसे बड़ा अभिशाप यह जाति-प्रथा ही है और बड़े-से-बड़े लोग जाति-प्रथा की वाणी से निन्दा करने पर भी कर्म में उसकी अवहेलना नहीं कर पाते। राष्ट्रपिता गांधी ने 13 अप्रैल, 1921 के दलित वर्ग सम्मेलन में हिस्सेदारी करते हुए कहा था कि "अस्पृश्यता हिन्दू धर्म का अंग नहीं है और यदि वह उसका अंग है तो वह हिन्दू धर्म मेरे काम का नहीं है।" प्रश्न उठता है कि क्या अस्पृश्यता हिन्दू धर्म का पाप नहीं है? उत्तर है कि अस्पृश्यता की अनुमति देकर हिन्दू धर्म ने पाप किया है। इससे हमारा पतन हुआ है। जहाँ तक पाप-पुण्य का सवाल है तो इस पर हमारे यहाँ सुन्दर विधान है कि पाप कर भी दिया जाये तो प्रायश्चित कर आप उससे मुक्त हो जाते हैं। अस्पृश्यता के लिए यदि अपराध की श्रेणी निश्चित की जाती तो शायद समाज की दशा कुछ और होती, क्योंकि हम जानते हैं कि अपराध के लिए दंड का विधान होता है। बापू जी और डॉ. अम्बेडकर के बीच दलितों को लेकर वैचारिक मतभेद जरूर थे, परन्तु यह भी पूर्ण सत्य है कि दोनों महापुरुष समाज में ऊँच-नीच के पक्षधर नहीं थे। गांधी अछूतों की पीड़ा से आहत थे और बाबा साहब ने उसे भोगा था-सहा था। कदाचित वैचारिक भिन्नता का कारण भी यही रहा हो। एक वर्ण-व्यवस्था को बनाये रखते हुए समता-समन्वय की बात करने वाला था, वहीं दूसरे का चिन्तन शोषण-दलन की जड़ वर्ण-व्यवस्था में मट्ठा डालने की तार्किक वकालत करता था। यहाँ तस्वीर साफ हो जाती है कि अहिंसा का पुजारी इसे इसी निस्बत पाप और कानून के मर्मज्ञ अम्बेडकर अपराध कहना पसन्द करते थे। दुनिया को सत्य-अहिंसा और समता-बन्धुता का जन्तर देने वाले बापू का मानना था– "हमने इन कमजोर भाइयों के प्रति जो पाप किये हैं उनसे जब तक हम शुद्ध नहीं हो जाते तब तक हम पशुओं के समान ही हैं। अपने अछूत भाइयों पर सवर्ण हिन्दुओं ने इतना अन्याय किया है कि सिर शर्म से झुक जाता है।"[21] बाबा साहब शर्म से झुकने भर से इस कैंसर समस्या का समाधान सिरे से खारिज करते थे। आपके आन्दोलन का मुख्य आयाम सामाजिक समता थी। बौद्ध धर्म स्वीकार करने के पूर्व ही डॉ. अम्बेडकर ने तीन सूत्र– "शिक्षित बनो, संगठित रहो, संघर्ष करो (Educate, Organise and Egitate) दिये थे। ये तीनों सूत्र महात्मा बुद्ध के सूत्रों बुद्धम् शरणम् गच्छामि (शिक्षित बनो), संघम् शरणम् गच्छामि (संगठित रहो), धम्मम् शरणम् गच्छामि (संघर्ष करो) से प्रभावित थे। आपने भारतीय समाज-व्यवस्था को नकारा ही नहीं, उसके विरुद्ध संघर्ष भी किया, विद्रोह किया। अपने ग्रन्थों, भाषणों और रचनाओं से व्यवस्था को ही बदलने का प्रयास किया।"[22]

जहाँ तक मानव शोषण या यों कहें कि केन्द्रीयकरण के विकेन्द्रीकृत व्यवस्था में तब्दील होने की बात है तो तीन चिन्तक सामने आते हैं—मार्क्स, अम्बेडकर और

माओत्सेतुंग। ये तीनों विभूतियाँ मानवमुक्ति के चिन्तन और उसके संघर्ष के लिए जाने जाते हैं। कार्ल मार्क्स भौतिकवादी चिन्तन के अगुआ हैं। वे तत्कालीन समय के कई महत्त्वपूर्ण मजदूर आन्दोलनों और संगठनों से जुड़े रहे। दूसरे चिन्तक हैं तथाकथित जन्मना अछूत और कर्म से विद्वान-शास्त्री-मनीषी-पंडित-कानूनविद्-दार्शनिक डॉ. अम्बेडकर, जिन्होंने मानव मात्र की मुक्ति के लिए चलाये जा रहे दलित आन्दोलनों का नेतृत्व किया, तीसरे हैं माओत्सेतुंग जो मार्क्स और अम्बेडकर से इतर एक विशेष समाज का स्वप्न देखते थे। बाबा साहब बिना लाग-लपेट के मानते थे कि जाति-व्यवस्था पर आधारित समाज, जिसका मूल स्वभाव ही भेद-भाव है, में बेचारे लाचार-मजलूम-वंचित वर्गों के विकास-उन्नति का जिम्मा कुछ एक उच्च जाति के लोगों पर नहीं छोड़ा जा सकता। गौर करें तो मार्क्स और माओत्सेतुंग का समाज जाति-व्यवस्था पर आधारित नहीं था। परन्तु भीमराव अम्बेडकर का समाज वर्ण और जाति की संकीर्णताओं में जकड़ा समाज था। इनके यहाँ सवर्ण और तथाकथित उच्च वर्ग के लोगों से जातीय अरई से लहूलुहान तबके का चिन्तन था–पीड़ा थी और सबसे महत्त्वपूर्ण यह है कि बाबा साहब स्वयं इसके भोक्ता थे। मार्क्स और तुंग के यहाँ वंचितों की बात की जाती है परन्तु जाति वहाँ नहीं है। 'राख ही जानती है खाक होने का दर्द।' और डॉ. अम्बेडकर ने स्वयं को दलित पीड़ा में खाक किया था वहीं गांधी को नस्लवाद का कटु अनुभव जरूर था, परन्तु वे खाते-पीते सवर्ण परिवार से ताल्लुक रखते थे। एक बैरिस्टर था, दूसरा कानूनविद्। चिन्तन के केन्द्र में मानव शोषण की मुक्ति थी। गलियाँ इतर जरूर थीं परन्तु मंजिल कॉमन थी। कदाचित् इसलिए इन्हें कोई राष्ट्रपिता और कोई देवपुरुष का दर्जा देता है।

ब्राह्मणवादी विचारधारा वर्तमान में प्रथम वर्गीय समाज का पर्याय बनती जा रही है। निस्सन्देह पूर्व में वह दल जिसको कुचल-मसल-मर्दित कर पदों के नीचे रखा जाता था दलित था परन्तु ग्लोबल इरा में यह चतुर्थ श्रेणी और पंचम श्रेणी कर्मचारियों के लिए तब्दील होता दिख रहा है। दूसरा पक्ष यह है कि अभी भी गाँव के स्कूलों में बच्चे माता-पिता के वैदिक ज्ञान से महिला अध्यापक से पूछ ही लेते हैं कि–मैम! आपका पूरा नाम क्या है? और अगले दिन राष्ट्र के भावी नागरिक अपने टीचर के साथ टिफिन शेयर नहीं करते। यह घटना ग्यारहवीं या बारहवीं शती की नहीं है। लकलकाते इंटरनेट युग का समाचार है यह। बाबा साहब ने वर्चस्ववादी विचारधारा का विरोध करते हुए मजलूमों और अति पिछड़ों की ओर यह कहकर ध्यान दिलाया था कि इन जातियों के पास न रोटी है, न पैसा और न शिक्षा। परन्तु तमाम योजनाओं-परियोजनाओं के बावजूद विकास का फल आवारा प्रभुवर्ग ही खाता रहा और बड़े महीन धागे की 'पगही' और 'नाथ' से वंचितों-दलितों को जोता जाता रहा। बड़े-बड़े व्याख्यान-सेमिनार, वैचारिक चिन्तन उस सवर्ण अहंकारिकता को न मिटा पाये

जिसका स्वप्न अम्बेडकर ने देखा था। आयोजनों की तगड़ी मलाई खायी गयी और मट्ठा इन्हीं वंचितों का भाग्य साबित होता रहा। प्रश्न गम्भीर नहीं रक्त कर्क जैसा हो जाता है। वह सदी जिसे ज्ञान-विज्ञान और विकास का नाम दिया गया, में भी डोमाही टोला, पासी टोला, कोरी टोला, गन्दी गली, ठोंक-पीट चौराहा (बैंड वालों के लिए), ऐसे अनगिनत नाम विद्यमान हैं। कुछ माई के लाल इस वर्ग से दलितों के रहनुमा बनकर आये तो जरूर, परन्तु कालान्तर में इन्हें भी दक्खिन टोले से निकाल लिया गया। अगले अध्यायों में इस पर चर्चा की जायेगी।

गाँधी जी वर्णवाद को व्यवसायवाद से जोड़ते थे और बाबा साहब ने वर्णवाद की कोख जाति-प्रथा को माना इसलिए वे समस्या का समाधान आरक्षण में नहीं इसके समूल नष्ट होने में देखते थे। यही विचार कुमारन आशान् नारायण गुरु, ज्योतिबा फुले, रामस्वामी तथा अछूतानन्द का बीज भाव रहा। यही बीज भाव दलित-विमर्श का बीज-मन्त्र बना। आज भी अस्सी प्रतिशत के लगभग जनता किसी-न-किसी रूप में सवर्ण या उच्च क्लास के स्थूल-सूक्ष्म शोषण का प्रत्यक्ष-अप्रत्यक्ष रूप में शिकार हो रही है। सार-संक्षेप यह कि हम पूरी तरह बाजारवाद की गिरफ्त में हैं और नवपूँजीवाद ही हमारा नियन्ता है। प्रसरित विभु सांस्कृतिक साम्राज्यवाद किसी भी धर्म, दर्शन, इतिहास, भूगोल, विचारधारा का एकमात्र विकल्प पूर्ण श्याम पक्षीय वर्चस्वोन्मुख स्वयं में ही स्थापित करता है। ऐसे में तमाम-तमाम मानवीय सरोकार अपनी केन्द्रीयता खोकर उपभोक्तावादी कल्चर के हाथों स्याह पड़ते जा रहे हैं। सृजन क्षेत्रों में मनुष्यता की नरबलि और नारायण बलि अर्पित की जा रही है जो करुणा और न्याय के नाम पर शोषित-मजलूम-दलित की बात करती है। एक ही वर्ग या समाज का बहुत छोटा प्रतिशत, अमीर होता जा रहा है और उसी अनुपात में गरीब और गरीब होता जा रहा है। इंडिया शाइनिंग, 'सबका साथ सबका विकास' की इस नयी अधिगृहीतीय अर्थव्यवस्था में दाएँ और बाएँ सफे की बैलेन्स शीट सीलन भरे, घुप्प अँधेरों में जिन्दगी को काटने वालों और फाइव स्टार जिन्दगी एनज्वाय करने वालों के बीच कैसे टैली कर पायेगी? तीस करोड़ लोगों की जिन्दगी का उत्तर क्या है जो पाइपों के अन्दर, पुलों के नीचे, फुटपाथों पर जीने को अभिशप्त हैं। जीने और न जीने के बीच हिचकोले खाती इनकी जिम्मेदारी देश का कौन-सा गठबन्धन ले पा रहा है? दलित और दलित से भी बदतर हालत में जीने वाला वंचित समुदाय यदि जीता है तो मृत्यु से अधिक कष्टकर हालात में और यदि मृत्यु का आलिंगन करे तो पीछे वालों का विकट प्रश्न मुँह बायें खड़ा है। शायद इसीलिए वर्तमान में दलित-विमर्श साठ या सत्तर के दशक से इतर ग्लोबल हाइटेक होकर कहीं अधिक दुरूह और भयावह हो चला है।

सन्दर्भ

1. दलित साहित्य : अनुभव, संघर्ष एवं यथार्थ, ओम प्रकाश वाल्मीकि, पृ. 63
2. हिन्दी साहित्य की भूमिका, आचार्य हजारी प्रसाद द्विवेदी, पृ. 43
3. महावीर प्रसाद द्विवेदी और हिन्दी नवजागरण, डॉ. रामविलास शर्मा, पृ. 357
4. महावीर प्रसाद द्विवेदी और हिन्दी नवजागरण, डॉ. रामविलास शर्मा, पृ. 357
5. युद्धरत आम आदमी, अंक 41-42, कँवल भारती, पृ. 90
6. दलित चेतना : सोच, मोहनदास नैमिशराय, पृ. 35
7. http://enwikipedia.org//wiki/postmodernism, 3 मई, 2011
8. उत्तर-आधुनिक साहित्यिक विमर्श, सुधीश पचौरी, पृ. 15
9. उत्तर-आधुनिकतावाद और दलित साहित्य, कृष्णदत्त पालीवाल, पृ. 56
10. वही, पृ. 49
11. हिन्दी साहित्य और संवेदना का विकास, रामस्वरूप चतुर्वेदी, पृ. 17
12. उत्तर-आधुनिकता : कुछ विचार, सं. देवशंकर नवीन, सुशान्त कुमार मिश्र, पृ. 34
13. उत्तर-आधुनिकतावाद और दलित साहित्य, कृष्णदत्त पालीवाल, पृ. 33
14. इतिहास बोध, जनवरी-जून 2009, पृ. 149
15. दलित साहित्य का सौन्दर्य शास्त्र, ओम प्रकाश वाल्मीकि, पृ. 13
16. आधुनिकता के आईने में दलित, सं. अभय कुमार दुबे, पृ. 196
17. नया पथ अंक 24-25, जुलाई-सितम्बर, 1997, पृ. 104-105
18. युद्धरत आम आदमी, अंक 41-42, 1998, पृष्ठ 41
19. संस्कृति के चार अध्याय, रामधारी सिंह दिनकर, पृ. 64
20. वही, पृ. 56
21. दलित साहित्य : बुनियादी सरोकार, कृष्णदत्त पालीवाल, पृ. 38
22. हिन्दी दलित साहित्य, मोहन दास नैमिशराय, पृ. 25।

2.

मानव मुक्ति की आकांक्षा का साहित्य : आधार भूमि

साहित्य का प्रयोजन धर्म, अर्थ, काम और मोक्ष तक सीमित नहीं किया जा सकता है। मानवीय चिन्ताएँ, सरोकार, विकास की सीढ़ियाँ, संवेदना की शीतलता इसके लिए सर्वोपरि होनी चाहिए। इन उदात्त मूल्यों से रहित साहित्य समाज का सही-सही आईना नहीं बन पाता। सामाजिक सरोकारों से इतर तमाम वाङ्मय एक तरह की बौद्धिक जुगाली है। मानव मात्र से कटकर बौद्धिक प्रलाप करने वाला साहित्य निश्चय ही अपने दुनिया-जगत में घट रही स्थितियों, क्रिया-प्रतिक्रियाओं को नजरअन्दाज करता है। समाज में होने वाले परिवर्तनों की अनुगूँज साहित्य-जगत का भ्रामरी योग है। अपने समय की पहचान कराता साहित्य युगीन समस्याओं और जनमानस के अस्तित्व को चुनौती देने वाले प्रश्नों से लगातार जूझते रहने का पर्याय है। केन्द्र ही नहीं परिधि और हाशिए पर रख दिये गये अवाम की आवाज बन पाने पर ही रचना और साहित्य की सार्थकता है। ज्ञानात्मक और संवेदनात्मक स्तर पर समावेशिकता और गहराई की अपेक्षा की जाती है। इसका परिवेश व्यापक और दृष्टिकोण वृहत होता है। तात्कालिक नफे से यह मीलों दूर रहता है। शोषण के धागे जब महीनतर होते जायें और आयातित विचार धारा के हथियार अपने ही समाज को चीर देने पर आमादा हों तो साहित्य का काम अत्यन्त सतर्क और नीर-क्षीर विवेक वाला हो जाता है। आदर्श ग्रन्थों और प्रवचनों की निरर्थकता बुद्धिजीवी वर्ग पहचान चुका है। उसने अपने माता-पिता और भाई-बहनों को सिद्धान्तों, आदर्शों के लिए संघर्ष करते हुए देखा है। उनका अभाव और दु:ख मन के चित्रपट पर अंकित हैं। जमीनी और कटु सरोकारों से इतर पोथन्ने नकार दिये जा रहे हैं। मजलूमों, असहायों, वंचितों, शोषितों-हाशिएकृत वर्ग की बात उनकी भाषा में करना और उन्हीं के द्वारा उठाना मात्र दलितों को ही नहीं बल्कि शोषित-दमित सम्पूर्ण मानव जाति के कल्याणार्थ रखे जाने के कारण दलित वाङ्मय आज मानव मुक्ति का साहित्य हो चुका है। यह तथाकथित अस्पृश्य-अन्त्यज या दलित समाज का ही नहीं बल्कि हिकारत से चीह्ने जाने वाले मानव की शाश्वत आकांक्षाओं तथा मानसिक सुख की

धरोहर का संवाहक बनकर सामने आ रहा है। मूल स्वरूप कायम रखते हुए शोषण के अदृश्य रूपों का यथार्थ की धरती पर सामना करते हुए दलित साहित्य का फलक विशाल होता जा रहा है। दलित, आदिवासी, नारी समूह ही नहीं पूरा वंचित जनमानस अब इसके केन्द्र में है। ओम प्रकाश वाल्मीकि के शब्द उधार लें तो– ''दलित साहित्य समाज में समानता, भाईचारा और मानवीय स्वतन्त्रता की स्थापना के लिए प्रतिबद्ध है। उसका मानना है कि मनुष्य ही सर्वोपरि है। इस प्रकृति में जो कुछ भी हमारे सामने है, वह मनुष्य की ही देन है। इसलिए मनुष्य की महत्ता को स्वीकार करते हुए दलित साहित्य मनुष्यता का साहित्य है।''[1]

कभी अनचाहे घटनाक्रमों पर टॉलस्टाय ने कहा था कि दुःख के प्रकार अलग हो सकते हैं परन्तु दुःख का कारण कॉमन या एक होता है। निश्चय ही वर्तमान हाईटेक शोषण युग में दलित साहित्य की प्रतिबद्धता अत्याचर-अनाचार को झेल रहे सभी वर्गों के प्रति है। रमणिका गुप्ता का मानना है– ''दलित साहित्य एक ऐसे सूर्योदय के लिए प्रतिबद्ध है जो केवल दलितों के लिए ही नहीं होगा या यूँ कहें कि दलित के साथ-साथ मानव मात्र के लिए होगा।''[2] दलित रचनाकार कलम का पहरुआ मात्र नहीं होता बल्कि ताकतवर योद्धा के रूप में बराबरी और समता की निष्ठा के लिए वीरगति को आलिंगन करने वाला होता है। समाज बदले, अपने प्रश्नों को समझे और सरोकारों के लिए मुट्ठी बाँध ले– यह छटपटाहट-तिलमिलाहट दलित साहित्य का विचार-दर्शन है। यह शोषण के खिलाफ एक आन्दोलन है। विचार, सिद्धान्त, आन्दोलन अपने समय का परिणाम ही तो हैं। बकौल जयप्रकाश कर्दम– ''किसी भी विचारधारा अथवा आन्दोलन के पीछे उसका एक दर्शन होता है, इसी के आधार पर वह विचारधारा या आन्दोलन विकसित और समृद्ध होता है। दर्शन ही मूलतत्त्व है, जो किसी आन्दोलन को पहचान और स्थायित्व देता है। एक सुस्पष्ट और सुचिन्तित दर्शन के अभाव में कोई भी आन्दोलन बहुत देर तक खड़ा नहीं रह सकता। दलित साहित्य दलित चेतना आन्दोलन का एक हिस्सा है, इसलिए दलित आन्दोलन का दर्शन ही दलित साहित्य का भी दर्शन होगा।''[3] इतिहास के पन्ने पलटने पर ज्ञात होता है कि यूरोप का पुनर्जागरण और भारत की दलित चेतना का प्रादुर्भाव लगभग एक ही समय में होता है। इन दोनों के चिन्तन में मानवतावाद और मानव का व्यक्तित्व, उसका ज्ञान तथा तार्किकता की दबिश को स्वतन्त्र कराने का भाव था। इससे जरा और पीछे चलें तो धुँधली तस्वीर साफ होती है कि निर्गुण सन्त साहित्य में अस्पृश्य मात्र नहीं बल्कि पूरे शोषितों का संघर्ष है। चतुर्थ वर्ण और अन्तिम पंक्ति के लोगों के लिए ईश्वर, मन्दिर और भक्ति पर प्रतिबन्ध का जबर ताला लटका था। मुगलों का आक्रमण और उनके शासन ने भी इसकी कुंजी नहीं तलाशी। मिन्नतों-जोहारों के बाद निर्गुण सन्तों ने स्वयं को इनसे विलग कर स्वयं में

ही ब्रह्म का दर्शन शुरू कर दिया और कदाचित यह स्थापित होने लगा कि ईश्वर ईंट-पाथर के मन्दिर में नहीं बल्कि शरीररूपी मन्दिर में है। कबीर ने नाना पुराणों को आड़े हाथों लिया– 'तू कहता कागद की लेखी, मैं कहता आँखिन की देखी।' यहाँ कबीर के जेहन में तथाकथित अस्पृश्य ही नहीं, बल्कि सारा मजलूम समाज है। सन्त-साहित्य की निर्गुण ज्ञानाश्रयी शाखा के कवि जन्मना ब्राह्मण नहीं हैं। बकौल डॉ. धर्मवीर– "दलित जातियों में से मध्यकालीन इतिहास में निर्गुणी सन्तों का जन्म लेना सामाजिक क्रान्ति का एक महत्त्वपूर्ण हिस्सा है। निश्चित रूप से सामाजिक बदलाव के लिए निर्गुणी सन्तों ने काफी योगदान दिया।"[4]

'साहित्य जनता की चित्तवृत्तियों का संचित प्रतिबिम्ब होता है।' आचार्य शुक्ल के इस दर्शन वाक्य से आगे दलित साहित्य का दर्शन कि–साहित्य समाज का दर्पण ही नहीं होता वह उसे प्रेरणा और दिशा भी देता है। अपने दर्द और अनुभवों को अभिव्यक्त करने के लिए दलितों ने स्वयं कलम गही तथा यातना और उत्पीड़न को ही नहीं बल्कि जीवन के हर पहलू को साहित्य का प्रतिपाद्य बनाया गया। मध्यकाल के ब्राह्मणवाद, वर्णाश्रम, जातिभेद, धार्मिक पाखंड, और सामन्ती मानकों के प्रति उत्तर में जो निर्गुणधारा प्रवाहित हुई वह 21वीं शती में शोषकों के लिए सुनामी बन चुकी है। कबीर, रैदास आदि सन्त कवियों ने जिस दलित चेतना का सूत्रपात किया था वह अत्यन्त सशक्त रूप में विकसित होती गयी।

विदेशी आक्रान्ताओं के जुल्मों-सितम से भी क्रूर उपेक्षा और हिकारत अपने ही देश और भाइयों से अन्तस को छील देने वाली थी। इब्राहिम लोदी सन्त, समाज-सुधारक फक्कड़ कबीर को सामाजिक आन्दोलन से डरकर गंगा में फिंकवा देते हैं परन्तु कबीर हैं कि घर-घर तक सुधार की अलख जगाते हैं। सामाजिक अन्याय और शोषण के विरुद्ध असहमति और विरोध की भावना को अपनी व्यंग्य भरी वाणी के द्वारा जनता-जनार्दन तक पहुँचाते हैं और गाते फिरते हैं–

हमारे कैसे लोहू, तुम्हारे कैसे दूध
तुम्ह कैसे ब्राह्मण पांड़े, हम कैसे सूद। (पदा० 42)

कबीर की व्यंगोक्तियाँ सवर्ण शोषितों तक ही सीमित नहीं थीं। मुस्लिम आक्रान्ताओं को अपने लहजे में खबरदार करते हैं–

तुर्की धरम बहुत हम खोजा, बहु बजार करै ए बोधा।

अजान-रोजा को ऊपरी ताम-झाम करार देने वाले कबीर ने हिन्दू-मुस्लिम सफेदपोश समाजचेताओं पर एक साथ हमला बोला था। "हिन्दू-मुसलमानों के टूटे हृदयों को जोड़ने के लिए सूफी सन्त प्रेम-चन्दन का लेप करते हैं और प्रेम-मार्ग निकालकर कहते हैं– 'मानुष प्रेम भयउ बैकुंठी।'[5] यह प्रेम बैकुंठ धरती पर है और

इसे स्वर्ग से उतार लाने का काम आगे बढ़ता है– 'जाति-पाँति पूँछै नहिं कोई हरि को भजै सो हरि का होई।'

बर्तानिया हुकूमत के पराभव के पश्चात् हिन्दुस्तानी हुक्मरानों के लिए दलित-दलित ही थे। स्वतन्त्रता का स्वाद कैसा होता है और संविधान से उन्हें क्या हासिल हुआ? ऐसे सवाल आज भी अपना उत्तर माँग रहे हैं। अपनी आत्मकथा 'डिस्कवरी ऑफ इंडिया' में राष्ट्र के प्रथम प्रधानमन्त्री पंडित नेहरू ने बर्डवुड के कथन का समर्थन किया है। उन्होंने तर्क दिया है कि "जब तक यहाँ के लोग हिन्दू-जाति-व्यवस्था को बनाये रखेंगे, इंडिया एक देश के रूप में बना रहेगा, पर जिस दिन वे जाति-व्यवस्था से मुक्त हो जायेंगे, भारत भी विलुप्त हो जायेगा। नेहरू किसी वैकल्पिक सामाजिक संगठन के उदय होने की आशा करते हैं।"[6] लेकिन भारतीय समाज की वर्ण-व्यवस्था का ढाँचा ऐसे किसी प्रगतिशील संगठन के उद्‌भव की प्रक्रिया तक को सहन नहीं करता था। विकल्प एक ही था, और वह था दलित साहित्य की सजग और समता की मानवीय धारा।

इसका सूत्रपात मराठी में हुआ। अम्बेडकर चिन्तन ने दलितों में एक नयी चेतना पैदा की। जिसके फलस्वरूप दलित साहित्य की रचनात्मकता का उदय हुआ। इसकी प्रतिबद्धता-सार्थकता-कलात्मकता आर्थिक दृष्टि से शोषित और सामाजिक दृष्टि से तिरस्कृत वर्ग के प्रति निहित है। यह एक ओर ब्राह्मणवादी सामन्ती तो दूसरी ओर पूँजीपरक-साम्राज्यवादी शोषण से संघर्ष करने का प्रारम्भ था। दलित जनता और शोषण पर आधारित व्यवस्था इसका गुरुत्व केन्द्र रही। दलित कवि बिहारी लाल हरित की काव्य पंक्तियाँ शोषितों-मजलूमों के जख्मों पर फाहा जैसी लगती हैं जब कवि कहता है–

> करके खुदी को दूर खुद मजबूत बन के देख
> दो-चार दिन के वास्ते अछूत बन के देख
> सिर पर जरा रख टोकरा मैले का टपकता
> गन्दगी में बढ़ जरा मल मूत बन के देख।

अम्बेडकर दर्शन ने नयी ऊर्जा और तेजस्विता प्रदान की। 1932 में पूना पैक्ट से दलितों को राजनीतिक अधिकार मिले थे। कुछ समय बाद बाबा साहब को लगने लगा कि जातीयता और संकीर्णता की जड़ें वटवृक्ष की बरोही से कहीं ज्यादा गहरी हैं और उन्होंने बौद्ध-धर्म को अंगीकार कर लिया। "बाबा साहेब जाति को महा दानव कहते थे। उनका मानना था कि आप जिस दिशा में जाओगे, जाति वहीं आपका रास्ता काटेगी।"[7] जन्म इसका निर्धारण करता है और चिता की लपटों के बाद भी यह अपना अस्तित्व कायम रखती है। आत्मा जैसी अजर-अमर है यह। जो

यह कहता है कि जाति-पाँति में उसका विश्वास नहीं है वास्तव में परोक्ष रूप में उसके खून में जातीयता के वैक्टीरिया उतनी ही अधिक संख्या में विद्यमान रहते हैं। हिन्दुत्व और द्विजत्व को महिमामंडित जब तक किया जाता रहेगा दलित साहित्य को आत्मसात करना कठिन है। भारतीय समाज-व्यवस्था की विकृतियों में सबसे घृणित रूप है एक जाति का दूसरी जाति को अपने से निम्नतर मानना। "आचार्य हजारी प्रसाद द्विवेदी की यह टिप्पणी अनायास गणित की अनन्त राशि की ओर संकेत करती है कि हिन्दू समाज में नीचे-से-नीचे समझी जाने वाली जाति भी अपने से नीची एक और जाति ढूँढ़ लेती है।"[8] जैसे ही कोई कहता है कि वह हिन्दू है तो उतने से उसका परिचय पूर्ण नहीं होता, उसकी जाति पूछने पर ही परिचय समापन प्राप्त करता है। वास्तव में हिन्दू होने की दशा में जाति इतनी आवश्यक है कि उसके जाने बिना यह स्थिर नहीं किया जा सकता कि उसके साथ कैसा व्यवहार किया जाये। जाति-भेद मूलतः वह गरल है जिसने सम्पूर्ण मानव समाज को विषाक्त कर दिया है और अब यह जहर सिख, मुसलमान, ईसाई आदि अहिन्दू लोगों में भी पसरता जा रहा है। इस अमानवीय ऊँच-नीच सोच के प्रति दलित साहित्य में आक्रोश और विद्रोह है क्योंकि दलित वाङ्मय की जाति-चेतना एक ऐसे समाज की वाहक है जो स्वतन्त्रता, समता और बन्धुत्व पर आधारित हो।

इलियट का विचार-दर्शन बड़ा साफ है कि प्रारब्ध ही वर्तमान को प्रभावित नहीं करता बल्कि वर्तमान भी अतीत को प्रभावित करता है। अर्थजगत पूरे जगत में जो इबारत रचता है उससे अतीत की नयी व्याख्या सामने आती है। भविष्य का निर्धारण तो होता ही है। बड़े समय तक समाज का एक खास वर्ग मालिकों-लम्बरदारों-रहनुमाओं की जोहार और दंडवत करता रहा और ज्ञान तथा परम्पराओं संस्कारों से उसकी मजलूमियत जारी रही। इनकी स्वयं की सोच को इतना दबा दिया गया, कुचल दिया गया, मसल दिया गया कि ये भाग्य और भ्रामक भाव-बोध में जीवन काटते गये। अम्बेडकर, पेरियार और फुले के दर्शन का दर्शन जब इन्हें हुआ तो अतीत के स्याह चित्र का दर्शन ये कर पाये। एक दृष्टि एक विजन का ऊर्ध्वतर विकास हुआ। निःसन्देह इस समतामूलक विजन से समान व्यवहार-समान अधिकार के मिशन की शुरुआत हुई और दलित साहित्य एक मिशनरी वाङ्मय के रूप में स्थापित हुआ। बकौल डॉ. चमनलाल– "दलित साहित्य मुक्तिकामी सांस्कृतिक कर्म है। इतिहास के संयोग से जो चरित्र दलित आन्दोलन व दलित साहित्य आन्दोलन के प्रतीक चिह्न व दलित साहित्य के लिए सृजन का स्रोत बने हैं, वे हैं– शबरी, शम्बूक, एकलव्य, झलकारी बाई इत्यादि।"[9] बाबा साहब की इच्छा थी कि अँग्रेजी हुकूमत से आजादी मिलने के पहले भारत में व्याप्त आर्थिक-सामाजिक शोषण से लहूलुहान दलितों को समानता-बन्धुता अपनाने का लेप लगाया जाये।

उनको यह बात चिन्तित करती थी कि गोरों के जाने के बाद स्वदेशी काले-गौरांगों का राज्य होगा जिसमें मजलूमों के हितों की अनदेखी की जायेगी और जो शोषण का कहर होगा, तब इनके लिए क्या सारा देश-समाज लामबन्द होगा? अत्याचार का अन्तहीन सिलसिला जारी है और इसको दार्शनिक आधार भी प्राप्त है। भारत जैसे बहुभाषी, बहुजातीय, बहुसांस्कृतिक देश में शोषण करने के कुछ निश्चित सूत्र हैं— जिनमें लचीलापन या परिस्थिति के अनुसार समायोजन कर लेना सर्वोपरि है। इसे आज एडजस्टमेंट की संज्ञा दी जाती है। यहाँ क्षत्रिय के रक्त में जाति का स्वाभाविक ताप विद्यमान है। व्यापारी अर्थ से अपने अर्थ को चरितार्थ करता है। चतुर्थ सीढ़ी पर झूलता-लटकता हाशिएकृत वर्ग बड़ी अपेक्षा से अपने ऊपर के डेढ़का में विराजित आकाओं को निहारता है।

बाबा साहब ब्राह्मणवाद और पूँजीवाद दोनों को दलितों का शत्रु मानते थे। आजादी के नौ वर्ष पश्चात विजन के साथ दलितों के मिशन के अगुवा का अवसान हो गया। आजादी झूठी लग रही थी। कुर्सीदारों की टोपियाँ मात्र बदली थीं। हैट की जगह गांधी टोपी ने ले ली थी परन्तु गांधीवाद इनके लिए कुर्सी हथियाने का जरिया मात्र था। शोषण के नये तरीके खोज लिये गये जिनसे लाचार-असहायों का जिल्लत की अँधेरी कोठरियों में बसर करना नियति बनती जा रही थी। रचनाकारों की एक पीढ़ी ब्राह्मणवादी, सामन्तशाही-पूँजीपतियों के गठजोड़ को अनावृत्त करते हुए उभरने लगी। इनकी लेखनी अत्याचारों से लहूलुहान भाई-बन्धुओं के लिए प्रतिबद्ध थी। पौराणिक-धार्मिक मिथकों में प्रहार किये जाने लगे और इनके खोये आत्मविश्वास को दृढ़-शक्तिशाली बनाने की सोच-जज्बा भरने की कोशिशें प्रारम्भ की गयीं। दलित वाङ्मय अपनी प्रतिबद्धता और वैचारिक दृढ़ता से समाज और साहित्य के सम्बन्धों को फिर से जोड़ने का कठिन और आवश्यक कार्य कर रहा है। यह सामाजिक जीवन में मानव-मूल्यों के प्रति गहरा लगाव रखता है और उनकी पुनर्स्थापना के लिए कृत संकल्प है। यह मनुष्य को मनुष्य के रूप में चीह्नता ही नहीं है वरन् मनुष्यता हेतु संघर्ष भी करता है यहाँ शिल्प और कलात्मकता की पैरोकारी नहीं, जीवन-मूल्यों के प्रति अधिक आस्था है। क्षेत्रीयता की संकीर्णता, भाषाई भेदभावों के करकट इसमें नहीं हैं। साहित्य के शाश्वत मूल्य समता और स्वतन्त्रता ही तो हैं और इनकी दरकार दलित-सवर्ण दोनों को है। 'दलित शब्द जब साहित्य के साथ जुड़ता है तो एक ऐसी साहित्यिक धारा की ओर संकेत करता है जो मानवीय सरोकारों और संवेदनाओं की यथार्थवादी अभिव्यक्ति है जो सिर्फ 'कला' के लिए 'कला' नहीं है, बल्कि सामाजिक, धार्मिक, शैक्षणिक, विद्वेष और दग्ध वेदनाओं को वहन करते मनुष्य की जिजीविषा और मुक्ति की आकांक्षा बनकर उभरा है। जिसका उद्गम जीवन-संघर्ष की दहकती अग्नि से हुआ है।'[10] अम्बेडकर

दर्शन से स्यूत दलित साहित्य हाशिएकृत वर्ग के रन्ध्र-रन्ध्र में आत्म गौरव और समता के बीज पुष्ट करता है। सामाजिक ताने-बाने की जो धारणा देश के पहले कानून मन्त्री ने रखी थी उसमें वंचितों के अधिकारों को सुरक्षित रखने की प्रतिबद्धता सर्वोपरि थी। वह भारतीय समाज को अलपसंख्यकों का एक समूह मानते थे। उन्होंने एक फार्मूला सुझाया था जो किसी वर्चस्वपरक ताकत को राजनीतिक तानाशाही हासिल करने से रोकता था। इसमें वंचितों के प्रतिनिधित्व की पुरजोर वकालत थी परन्तु...। अम्बेडकर की आशंका मूर्त हो रही है और दबंग लोकतन्त्र का रूप बनता जा रहा है। यह प्रश्न जीवन्त बना है कि राष्ट्र आज वह करने को तैयार है क्या जो बाबा साहब 1936 में करना चाहते थे।

पूरे इतिहास में मनुस्मृति विचारधारा के सबसे अनुकरणीय ग्रन्थों में से एक रही है। इसके चिन्तन के केन्द्र में रोजमर्रा के तमाम क्रिया-कलाप समाहित। दूसरे वेद, जो कहते हैं कि पुरोहितों का दायित्व इस ब्रह्मांड में चल रही 'खाने की प्रवृत्ति' में सबसे प्रथम और उच्च वर्ग को बचाना है। कुछ पीछे झाँकें तो पुरोहितों और सत्ताधारियों के बीच एक अघोषित अनुबन्ध दिखाई देता है। शासक-राजा जिनके पास शक्ति रही, पुरोहितों को उच्चतम पायदान पर बिठाकर अपनी शक्तियों को कानूनी जामा पहनाते रहे। अँग्रेजी हुकूमत ने मनुस्मृति का दर्जा बढ़ा दिया और इसके जरिए ही कानून स्थापित किया। इसे इस तरह भी कहा जा सकता है कि मनुस्मृति हिन्दुओं की परम्पराओं की पुस्तक इसी वजह से बनी। अछूत आधिकारिक और सार्वजनिक तौर पर गन्दगी के तौर पर देखे जाने लगे और तमाम कानूनी प्रावधानों के बावजूद सामाजिक तौर पर बहिष्कृत यह परम्परा अब भी अन्दरखाने अस्तित्व में है। यह मार्क्सवादी सोच से पृथक है जो पूँजीवाद की औपचारिक समता और वास्तविक गैर-बराबरी की आलोचना करता है। यहाँ 1930 के दशक के दौरान बाबा साहब और बापू के बीच का विवाद प्रासंगिक है। गांधी पहले ऐसे हिन्दू राजनीतिज्ञ थे जिन्होंने अछूतों को समाज में स्वीकारने की वकालत की। उन्होंने परिकल्पना की कि जातियों का कोई ऊँच-नीच वर्गीकरण न हो और हर व्यक्ति का अपना आवंटित दर्जा हो। सफाई की अहमियत पर जोर दिया और अछूतों की इस 'पवित्र कार्य' के लिए प्रशंसा की। गांधी ने उन्हें खुद से प्रेम करने के लिए प्रेरित किया। उनके कार्य को समाज के लिए अहम् बताया। उनके कार्य को त्याग का दर्जा दिया तथा समाज के लिए इस कार्य को करने की प्रशंसा की। बापू का बड़ा स्पष्ट कहना था कि ब्राह्मण तक को अपना मल स्वयं साफ करना चाहिए। यहाँ वे इस बात से फिसल गये कि असल मुद्दा तो वैश्विक सामाजिक व्यवहार का है न कि व्यक्तिगत दृष्टिकोण का। यानी छुआछूत मिटाने की बजाय उस प्रणाली को बदलने की जरूरत है, जिससे यह समस्या उत्पन्न हुई है। गांधी के उलट अम्बेडकर का

मानना था कि ऊँच-नीच पर आधारित जातिप्रथा समाप्त करने की जरूरत है। 1927 में बाबा साहब ने प्रतीकात्मक तौर पर मनुस्मृति की प्रति को जलाया था जबकि गांधी हमेशा अपने हाथ में भगवद्गीता लेकर चलते थे। अम्बेडकर ने गीता का पुरजोर विरोध किया, क्योंकि वह जाति-प्रथा के खिलाफ थे। अम्बेडकर ने यह विशेष रूप में महसूस किया कि चार जातियों का यह ढाँचा चार तत्त्वों को नहीं जोड़ सकता। शुरुआती तीन जातियों 'पुरोहित', शासक-क्षत्रिय, व्यापारी-निर्माता' में ही सब सम्मिलित हैं जबकि चौथी जाति 'शूद्र' बँधुआ या 'अछूत' है। अम्बेडकर कहते थे जब तक जातियों का जहर है तब तक इन्हें बहिष्कृत किया जाता रहेगा, वहीं गांधी सामंजस्य पूर्ण व्यवस्था से जातीयता के समाहार की वकालत कर रहे थे।

समाज के निर्माण में जाति की केन्द्रीय भूमिका को स्पष्ट करते हुए बाबा साहब उस पर प्रहार करते हैं। उनका तर्क है कि हिन्दू समाज की अवधारणा एक भ्रम है और वह मात्र 'जातियों का एक संग्रह' है। प्रत्येक जाति एक स्वतन्त्र समूह है और उसे एक व्यवसाय सौंपा गया है, जो उसकी मूल क्षमताओं पर नहीं बल्कि माता-पिता की जातिगत पहचान पर आश्रित है। परन्तु सबसे ऊँचे पुरोहित वर्ग को किसी कानून या नैतिकता के अधीन नहीं रखा गया है और उसे कोई कर्म तो दूर कर्तव्य भी नहीं बल्कि सिर्फ अधिकार और विशेषाधिकार दिये गये हैं। वह जाति को ताकत के स्रोत के रूप में आकलित करते, इसे अलोकतान्त्रिक संस्था कहते रहे। दरअसल प्रथम पंक्ति का समाज जनभावना और लोकोपकार की सोच पर अमल ही नहीं करता। मूकनायक के प्रवेशांक में उन्होंने लिखा था—हिन्दुस्तान देश केवल विषमता का आश्रय स्थल है। हिन्दू समाज उसकी मीनार है और उसकी एक-एक जाति इसकी एक-एक मंजिल। गौरतलब यह है कि इस मीनार में सीढ़ी नहीं लगी है। एक मंजिल से दूसरी में जाने के लिए कोई डेंढ़का भी नहीं। जो जिस तल में जन्मे उसी में मरे। नीचे जन्मा व्यक्ति कितना भी लायक क्यों न हो ऊपर के लिए प्रवेश निषेध और टॉप फ्लोर में जन्मा मानुष कितना ही नालायक क्यों न हो उसे वहाँ से ढकेलने का साहस किसी में नहीं। कबीर का एक अनूठा पद है—

> कुम्हरा एक कमाई माटी, बहु विध जुगत बनायी।
> एकनि में मुक्ताहल मोती, एकनि व्याधि लगायी।
> एकनि दीन्हा पाट-पटंबर, एकनि सेज निवारा।
> एकनि दीन्है गद्‌दै-गद्‌दी, एकनि सेज पयारा।
> निरधन-सरधन दोनों भाई, प्रभु की कला न मेटी जायी।
> कह कबीर निरधन है सोई, जाके हिरदे नाम न होई॥

यहाँ अमीर-गरीब की बात वर्ण की बजाय प्रमुखता से की गयी। सबसे बड़ा

धन और बड़प्पन रामनाम रूपी खजाना है। कबीर का यह निष्कर्ष पहली नजर में बेहद परेशान करने वाला, उनके समाज-दर्शन का एक अन्तर्विरोध लगता है। इस नाते कि जो कबीर मनुष्य मात्र को एक ही मिट्टी से रचा-सिरजा मानते हैं, वर्ण, धर्म, सम्प्रदाय, सारे भेदों को समाजकृत कहते हैं वे कबीर इस पद में अमीरी-गरीबी के भेद को, अमीर-गरीब की स्थिति को प्रभु की लाला बताते हैं। फक्कड़ी कवि की उक्त पंक्तियाँ वर्ण और वर्ग से जुड़ी एक ऐसी वास्तविकता को भी उभारती हैं, जिसके बरक्स वर्ग और वर्ण की गुत्थी सुलझा सकने की समझ भी मिलती है। कौन-सी बात ऐसी है जो मनुष्य को सर्वाधिक दंश देती या चुभती है। निस्सन्देह आदमी की पीड़ा उन गुणनखंडों के चलते सर्वाधिक है जिन गुणांकों के चलते उसके गुण गौण करार दिये जाते हैं। भारतीय समाज की पहचान घृणा नहीं प्रेम है, सामाजिक समरसता जिसे विगत तीन हजार वर्ष से छिन्न-भिन्न करने के प्रयास होते रहे हैं। यही है भारतीय संस्कृति का सर्वोच्च बिन्दु जिसे साहित्य के माध्यम से स्थापित करने की जरूरत है तभी सही अर्थों में साहित्य समाज का आईना बन सकेगा। यह मात्र रस दशा का आस्वादन वाला नहीं वरन् संवेदनात्मक तन्तुओं को झिंझोड़ने वाला प्रक्रम है। कदाचित इसीलिए इसका उपजीव्य मानव मुक्ति है और व्यापकता अन्तिम पंक्ति तक। बाबूराव बागुल इसकी व्यापकता पर अपना विश्लेषण प्रस्तुत करते हुए लिखते हैं– "शोषक सत्ता ने सदैव अपने अनुकूल प्रथाओं, व्यवस्थाओं, धारणाओं और व्याख्याओं को जीवन्त बनाये रखने की चेष्टा की है तथा उसने प्रतिकूल पड़ने वाली प्रथाओं को नष्ट किया है। इसलिए दलित साहित्य हिन्दू पौराणिकता, वैचारिकता, संस्कार, आदर्शों, धारणाओं, प्रतीकों और उनकी प्रत्यक्ष-अप्रत्यक्ष परिणतियों को नकारता है।"[11]

कहा जाता है कि धर्म उस समय तक अच्छा होता है जब वह टकसाल से ताजा-ताजा निकलता है। लेकिन हिन्दू धर्म तो प्रारम्भ से ही खोटा सिक्का जैसा रहा। इसके आदर्श ने समाज पर सबसे अधिक भ्रष्ट तथा विकृत करने वाले प्रभाव के रूप में काम किया। बाबा साहब ने इसके स्वरूप को नीत्शेवादी कहा है। नीत्शे के जन्म से बहुत पहले मनु ने उस सिद्धान्त की घोषणा कर दी थी, जिसका प्रचार करने का प्रयास नीत्शे ने किया। यह एक ऐसा धर्म है, जिसका अभीष्ट स्वतन्त्रता, समानता तथा भ्रातृत्व की स्थापना नहीं है। यह एक सिद्धान्त है जो शेष हिन्दू समाज द्वारा अतिमानव की पूजा, जोहार, चाटुकारिता और हाँ-हुजूरी का पोषण करता है। यह इस बात को प्रस्तुत करता है कि अतिमानव तथा एक मात्र प्रथम वर्ग ही जीवित रहने तथा शासन करने के लिए उत्पन्न हुए हैं। दूसरे लोगों का जन्म उनकी सेवा करने के लिए ही होता है, अन्य किसी कार्य के लिए नहीं। उनका जीवन अपना जीवन नहीं होता और अपने स्वयं के व्यक्तित्व को विकसित करने का उनका कोई

अधिकार नहीं होता। जातीयता की हनक मानवता पर शोषण का एक शस्त्र ही तो है। भ्रष्टाचार के अनेक रूपों में यह उसका कर्कीय प्रकार है।

आर्यावर्त में साहित्य शताब्दियों से लिखा जाता रहा है, परन्तु दलितों की जिन्दगी को शब्दों की दुनिया में आने की अनुमति नहीं मिली। आदि कवि को क्रौंच वध की पीड़ा तो सालती है परन्तु शम्बूक की हत्या नहीं दिखती। यह रामराज्य है जहाँ–

बयरु न करु काहू सन कोई
राम प्रताप विषमता खोई॥
और
सब नर करहिं परस्पर प्रीती
चलइ स्वधर्म निरत श्रुति नीती॥ (उत्तरकांड, दो० 20)

महाकवियों की अटूट श्रृंखला भी शूद्र और अन्त्यज के घुप्प अँधेरों को देखने से कन्नी काटती रही। और यदि कभी निगाह पड़ी भी तो यह टोला उन्हें सब नरकों की खान लगा। दलित रचनाकारों ने जब यहाँ अपनी अनुपस्थिति पायी तो स्वयं इसमें अपना रिक्त स्थान पूर्ति करने की जहमत उठायी। इसलिए इनका वाङ्मय अनगढ़ और आक्रोशमय रहा। लीपा-पोती नहीं सीधे-सीधे अपनी पीड़ा की अभिव्यक्ति। छटपटाहट तुक-लय-छन्द या महाकाव्यीय कैसे हो सकती है? कदाचित इसी कारण इसे वेदना का साहित्य भी कहा जाता है। वेदना में स्वीकार के बजाय नकार का होना स्वाभाविक ही है। एक ऐसी व्यवस्था जो लगातार यातना के कुएँ में ढकेलती रही हो उसके लिए किस मधुरम-मधुरम का प्रवचन शोषितों से अपेक्षित हैं? यन्त्रणा, गुलामी, परवशता, मान्यताओं और उन मूल्यों का नकार दलित साहित्य का उपजीव्य बनीं जिनके चलते इनका अवमूल्यन बदस्तूर चलता रहा।

मात्र आक्रोश या वेदना का पुलिन्दा ही नहीं है दलित साहित्य। इसके चिन्तन में उन पोथन्नों का बौद्धिक-तार्किक विश्लेषण है जिनके पाठ पर पाठ किये जाते रहे परन्तु पुनर्पाठ की जहमत उठाने की नहीं सोची गयी। धर्म और संस्कृति पर विचार किया जाने लगा तथा इसकी छद्म पवित्रता पर प्रश्न चिह्न लगाया गया। खबरदार किया गया उस घृणित-जहरीले वैचारिक न्यास को जिसकी मान्यता ही इस संकीर्ण विचारधारा पर टिकी रही कि प्रतिभाएँ, ज्ञान, बुद्धि तो केवल कुछ तथाकथित उच्च वर्णों में ही होते हैं। चिन्तन किसी की मिल्कियत नहीं होता। शरीर का शीर्ष भाग सृजित होते समय जातीय आचार संहिता को तो जानता भी नहीं। सवर्ण साहित्य अपने तमाम कुतर्कों के सहारे दलित साहित्य को खारिज करके गुमनामी के अँधेरे में रखने की नाकाम कोशिश करता रहा। मोहनदास नैमिशराय ने बहुत पहले लिखा था कि कुछ समय तक हमें तथा हमारी रचनाओं को अँधेरे में रखा जा सकता है पर कब तक?

हिन्दी में दलित साहित्य का सूरज उगने से सवर्ण साहित्यकार कब तक अपनी हथेली से रोक पायेंगे। क्योंकि दलित लेखन के पीछे कोरा बौद्धिक विलास या काल्पनिक सुख नहीं है बल्कि उसकी पृष्ठभूमि में दलित होने का अहसास भरा हुआ है, उसकी पीड़ाओं, यातनाओं का ऐसा संसार है जिसके लिए हाशिएकृत जन को जद्दोजहद करनी पड़ती है। ''वेद-उपनिषद्, गीता और शंकराचार्य उन्हें वैरी दिखाई देते हैं। क्योंकि इन सभी ने मिलकर ही वर्ण, जाति और धर्म के तिगड्डे को तगड़ा किया है। इसलिए दलित चिन्तन इस तिगड्डे की जड़ों पर मट्ठा डालकर खोदना चाहता है। इन तीनों की जड़ें पाताल तक इतनी गहरी हुई हैं कि इन्हें खोदने के लिए काफी समय और साहस चाहिए। कोरे साहस से काम चलने वाला नहीं है। ब्राह्मणों में ऐसा लचीलापन है कि वे टूटते नहीं हैं और मजबूत हो जाते हैं और ज्यादा संगठित और ज्यादा दाव-पेंच सीखकर चतुर-चतुर्भुज द्विज का मायालोक रच लेते हैं। नया बाजारवाद बुद्धि और अर्थ के मेल से निर्मित नया ब्राह्मणवाद नहीं है तो क्या है? एक तरह का ग्लोबल ब्राह्मणवाद।''[12] यह दर्शन जेहन में उतार लेने का समय आ गया है कि कुछ विशेष जातियाँ ही दलित नहीं हैं बल्कि अभिजात्यता के लबादे में कैद उच्च वर्ग कर्मचारियों, बाबुओं को भी उसी निगाह से निहारने की हिमाकत कर रहा है। उसने एक ऐसी ऐनक चढ़ा रखी है जो समान दृष्टि रखने ही नहीं देता। दलितों-शोषितों के सवाल केवल सामाजिक ही नहीं हैं, वे आर्थिक भी हैं। वर्ण-व्यवस्था पर गहराई से विचार करने पर लगता है कि उसके पीछे एक ऐसी ही मजबूत अर्थव्यवस्था काम कर रही है। कार्यालय-कम्पनी के भीतर सब जातियों के लोग मिलकर 'स्टाफ' का निर्माण करते हैं और मिलकर काम करते हैं परन्तु इसके बाहर सब अपनी-अपनी जाति-बिरादरी का हिस्सा बने रहना चाहते हैं। दलित सत्ता और ज्ञान के खेल को अपनी ओर मोड़ रहे हैं तो देखिये कैसा हाहाकार है?

भारतीय समाज व्यवस्था की असमानता पर आधारित विषमताओं से दलित साहित्य का प्रादुर्भाव हुआ है। संघर्षमयी चेतना, सामाजिक बदलावों के प्रति प्रतिबद्धता इसके हेतु हैं। जीवन के प्रति गहरे अहसास का भाव ही नहीं वरन् जीवन के बिसरे अर्थों को अर्थवान बनाता है यह साहित्य। उत्पीड़ित मानव अमानुषीकरण से किस तरह मुक्त हो पाये यह चिन्तन इसकी विधाओं में परिव्याप्त है। प्राथमिक आवश्यकता अपनी अस्मिता की तलाश है जो हजारों सालों के इतिहास में दबा दी गयी है। अपनी इसी खोज में इनका लहजा कहीं-कहीं आक्रोश भरा है। अर्जुन डांगले ने कहा है कि ''दलित एक जाति नहीं बल्कि अनुभूति है, जिसमें समाज के निचले स्तर के लोगों के अनुभव, उनकी खुशियाँ और संघर्ष शामिल हैं। यह सामाजिक दृष्टिकोण से परिपक्व होती है, जिसका सम्बन्ध नकार और विद्रोह एवं विज्ञान के प्रति प्रतिबद्धता से है और जिसकी अन्तिम परिणति क्रान्ति में जाकर होती है।''[13] सम्मान, प्रतिष्ठा, अस्मिता के

साथ सर्वांगीण विकास के लिए यह प्रतिबद्ध है। संवैधानिक प्रावधानों के बावजूद अभी भी रंग, वर्ण और वर्गीय भेदभाव बना हुआ है। दलित लेखन का फलक अधिकार, मूल्यों के साथ सामाजिक सन्दर्भों के साथ जुड़कर समूचे समाज की अस्मिता और मूल्यों की पहचान बनाता है। सार्त्र के शब्दों में कहें तो लेखन केवल लिखना ही नहीं एक कार्रवाई है और बुराई के खिलाफ मनुष्य के सतत संघर्ष में लेखन को सायास एक हथियार की तरह इस्तेमाल करना चाहिए। बदतर जीवन परिस्थितियों के खिलाफ बेहतर जीवन-स्थितियों के लिए यथास्थिति से विद्रोह की वकालत और प्रतिबद्धता को स्पष्ट करती रमणिका गुप्ता लिखती हैं– ''दुनिया का नब्बे प्रतिशत साहित्य आजादी की चाह के लिए लिखा जाता रहा है। दलित साहित्य आजादी के साथ-साथ समता, बन्धुत्व की चाह को भी समान स्तर पर रखकर रचा जाता है।''[14]

दलित समाज में जागृति लाने और सम्पूर्ण मानव समाज को मानवीय गरिमा तथा स्वाभिमान के साथ जीने का भाव, वर्ण-जाति का खात्मा और जनतान्त्रिक चिन्तन को समाहित करता यह वाङ्मय अपना धरातल पसारता जा रहा है। अम्बेडकर ने जिस दर्शन की व्याख्या की उसके पीछे ज्योतिबा फुले की विचारशीलता का अभूतपूर्व योगदान रहा। फुले ने एक साथ कई भूमिकाएँ अदा कीं। वे एक लेखक थे, समाजकर्मी थे और शिक्षक थे। उनकी रचनाओं में शोषक वर्ग के खिलाफ जबरदस्त आक्रोश है। 'गुलामगीरी', 'किसान का कोड़ा', ऐतिहासिक-कालजयी वंचित पाठ के रूप में जाने जाते हैं। उन्होंने 1873 में सत्य शोधक समाज की स्थापना की। विरोधों, हमलों को झेलते हुए स्त्रियों की शिक्षा के लिए स्कूल खोला और जीवनसंगिनी के साथ यात्रा जारी रखी। बाद में 'भारत क्रान्ति और प्रतिक्रान्ति', 'हिन्दू धर्म की पहेलियाँ', 'शूद्र कौन थे', 'बुद्ध और धम्म', 'जातिप्रथा का उन्मूलन' आदि पुस्तकों की रचना कर बाबा साहब ने उनके विचारों को गति दी। महाड़ सत्याग्रह तथा नासिक कालाराम मन्दिर प्रवेश की घटनाओं ने तथाकथित दलितों को जीवटता प्रदान की। दलित साहित्यकारों ने उक्त दोनों महापुरुषों को सन्दर्भित करते हुए कलम गही तथा मुक्ति का मार्ग तलाशना शुरू किया। सुशीला टाकभौरे ने लिखा है–

दलित अछूत ढूँढ़ रहे थे
पीड़ाओं से मुक्ति का मार्ग
अँधेरे में आशा का प्रकाश
जिससे विश्वास कर सकें
दुनिया उनकी भी है
उन्हें भी जीने का हक है।[15]

समाज-सुधार आन्दोलनों और परिवर्तवादी लेखन के मामले में महाराष्ट्र अन्य

प्रान्तों से अपेक्षाकृत आगे रहा। हिन्दी के दलित लेखन पर इसीलिए मराठी दलित लेखन का प्रभाव पड़ना स्वाभाविक था। परन्तु प्रभाव का अर्थ अनुकरण नहीं समझना चाहिए। हिन्दी के दलित रचनाकारों ने मराठी दलित लेखकों से प्रेरणा और दिशा प्राप्त की और सिर्फ हिन्दी ही नहीं अन्य तमाम भारतीय भाषाओं– मसलन गुजराती, तेलगू, तमिल, कन्नड़, पंजाबी आदि भाषाओं के दलित लेखकों पर मराठी प्रभाव पड़ा। मराठी के आन्दोलनधर्मी दलित युवा लेखकों ने 'दलित पैन्थर' का निर्माण किया। दलित पैन्थर का घोषणा-पत्र 1973 में अपनी स्थापना के एक वर्ष पश्चात आया। शुरुआती दिनों में महाराष्ट्र के गाँव-गाँव में इसने प्रतिरोधी अभियान चलाये। पैन्थर के कार्यकर्ताओं ने सभी तरह के अन्याय-अत्याचार का जमकर विरोध किया। इसके घोषणा-पत्र से दलित साहित्य के बारे में एक मुकम्मल नजरिया विकसित हुआ। 'सारिका' के अप्रैल, मई 1975 के अंकों को कमलेश्वर ने दलित लेखन को समर्पित किया। बाबूराव बागुल, दया पवार, अर्जुन डाँगले, अरुण काम्बले, बन्धु माधव आदि को पाठकों से जुड़ने का प्लेटफार्म मिला। दिसम्बर 1981 में महीप सिंह ने संचेतना का 'मराठी दलित साहित्य विशेषांक' निकाला, जिसमें लगभग पच्चीस रचनाकारों को स्वीकृति मिली तथा अन्य लेखकों को कलम की धार तेज करने का जोश।

गत शती का समापन भूमंडलीकरण के अर्थ के साथ हुआ। इसके साथ ही देश में कुछ अन्य ऐतिहासिक घटनाक्रमों ने अपना असर दिखाया। अपने पक्ष को स्पष्ट करते लेखक-वर्ग ने स्थानीयता पर दृढ़ता से पैर टिकाकर राष्ट्रीय-अन्तरराष्ट्रीय सरोकारों को जाँचा-परखा। दलित साहित्य नयी शती में मात्र दक्खिन टोले तक सीमित नहीं है वरन् जहाँ भी घुप्प अँधेरा है उसकी भविष्य दृष्टि है। उसकी कामना एक ऐसा समाज बनाने की है जिसमें वास्तविक जनतन्त्र हो, जहाँ किसी व्यक्ति के साथ अन्याय करना सम्भव न हो, व्यक्ति की जन्मना पहचान से इतर उसकी बनायी पहचान हो। हिंसा, घृणा और अपमान की जगह करुणा, विश्वास, भाईचारा और समता-स्वतन्त्रता हो। जीवन-मूल्य सार्वभौम मानवता के आधार पर पुनर्सृजित हों। सवर्ण, दम्भी, अभिजात्य, हनक वाली मानसिकता के षड्यन्त्रों को बेनकाब करना इसका प्रमुख ध्येय है। वेदना, नकार और आक्रोश इस साहित्य की पहचान हैं।

नित नयी चुनौतियों का सामना करते, नवसरोकारों से स्वयं को जोड़ते और अभिव्यक्ति के तमाम खतरों को उठाते यह अध्याय-पर-अध्याय रच रहा है। चिन्तन की रूढ़ियों को तोड़ने की कुव्वत इसी में है। इसे दलित और जाति-विमर्श के दायरों से मुक्त कर व्यापक परिप्रेक्ष्य में आकलित करें तो मानव-मुक्ति की आकांक्षा का उदात्त चिन्तन इसमें दिखाई देता है और यही कारण है कि इसका दायरा लगातार बढ़ता जा रहा है। स्वनामधन्य तथाकथित उच्चवर्णीय और उच्चवर्गीय

जमीनदारों को अपनी जमीन खिसकती दिख रही है। देर-सबेर इनका किनारे आना लाजिमी है। इज्जत, सम्मान, दंडवत जन्मना नहीं बल्कि कर्मभूमि तय करेगी, दूसरे जब उसी जगत नियन्ता से सबका अस्तित्व है तो ऊँच-नीच, अवर-प्रवर की निर्धारित आचार संहिता में नया जोड़ने के लिए आज का रचनाकार प्रतिबद्ध क्यों न हो? वर्तमान शती का यह दशक लोगों में जीवटता, उत्साह और तमाम संकीर्णताओं को किनारे रख मानवोत्थान के लिए प्रतिबद्ध है। बीमार-लाचार पीढ़ी में आशाएँ पल्लवित हो रही हैं। इसको खाद-पानी देने वाले रचनाकार इसे कितना उर्वरित कर पाते हैं, देखना होगा। विषमता से जूझती इस पीढ़ी के अपने सवाल हैं आशाएँ हैं–

खुल गयी हैं खिड़कियाँ
आने लगी है ताजी हवा
युगों-युगों की घुटन
अब घट रही है
हम अभागे नहीं हैं
हमारा भी हक, हिस्सा है
देश के धन
देश की धरती
और सत्ता में,
यह सवाल हमारे अकेले का नहीं
पीढ़ियों का है।[16]

हीरा डोम अपनी काव्य-यात्रा को जहाँ लेकर छोड़ते हैं, आगे की तमाम पीढ़ियाँ उसे आगे बढ़ाती हैं और पायदानी परम्परा से चलने वाली व्यवस्था से चिन्तित हैं–

ऐसी जिन्दगी किस काम की
जो सिर्फ घृणा पर टिकी हो
कायरपन की हद तक
पत्थर बरसाये
कमजोर पड़ोसी की छत पर।[17]

सन्दर्भ

1. दलित साहित्य : अनुभव संघर्ष एवं यथार्थ, ओम प्रकाश वाल्मीकि, पृ. 8
2. मुख्यधारा और दलित साहित्य , ओम प्रकाश वाल्मीकि, पृ. 187
3. युद्धरत आम आदमी, जनवरी-मार्च 2002, पृष्ठ 9

4. सन्त रैदास का निवर्ण सम्प्रदाय, डॉ.धर्मवीर, शेष साहित्य प्रकाशन दिल्ली, पृ. 46
5. दलित साहित्य : बुनियादी सरोकार, कृष्णदत्त पालीवाल, पृ. 63
6. हिन्दी दलित साहित्य, मोहन दास नैमिशराय, पृ. 82
7. मुख्यधारा और दलित साहित्य, ओम प्रकाश वाल्मीकि, पृ. 132
8. हिन्दी साहित्य और संवेदना का विकास, रामस्वरूप चतुर्वेदी, पृ. 16
9. हिन्दी दलित साहित्य, मोहन दास नैमिशराय, पृ. 129
10. दलित साहित्य : अनुभव, संघर्ष एवं यथार्थ, ओम प्रकाश वाल्मीकि, पृ. 67
11. वसुधा अंक-58, जुलाई-सितम्बर 2003, पृ. 39
12. उत्तर-आधुनिकतावाद और दलित साहित्य, कृष्णदत्त पालीवाल, पृ. 168
13. मुख्यधारा और दलित साहित्य, ओम प्रकाश वाल्मीकि, पृ. 125
14. युद्धरत आम आदमी, अंक 41-42, 1998, पृष्ठ VIII
15. दी नेहू जर्नल, अंक 9, पृ. 3
16. युद्धरत आम आदमी, दलित अंक, ओम प्रकाश वाल्मीकि, पृष्ठ 7
17. पीढ़ियों के सवाल, भगीरथ मेघवाल, पृ. 19-20

3.

स्वानुभूति बनाम सहानुभूति का रचना-संसार

यदि यह कहा जाये कि हिन्दी कविता का प्रादुर्भाव तथाकथित भद्र वर्ग से होता है तो शायद अतिशयोक्ति न हो। यह ऐसा वर्ग था जिसे शिष्ट, सम्भ्रान्त की संज्ञाओं से अलंकृत किया गया। सभ्यता, शिष्टाचार के दम्भीय ढोंगों को लपेटे यह वास्तविकता से मीलों दूर रहा। वंचित-दलित मजलूमों की पीड़ा-छटपटाहट का अनुभव यह कैसे कर पाता? इनकी रचनाओं में तरस, दया का प्राबल्य रहा परन्तु भोगा हुआ कष्ट, मानसिक चोटें नहीं। इसी कारण कविता में सौन्दर्य, आत्मा, हृदय, सौष्ठव पर ग्रन्थ-के-ग्रन्थ रचे गये, परन्तु मानव की पीड़ा पीछे छूटती गयी। कविता शौकिया और कला की पहचान बनती गयी। छन्द, लय, तुकबन्दी भारी कवि और कविता के पैमाने बने। जीवन को ऊर्ध्व और आत्मिक उन्नति के प्रति प्रोत्साहित किया जाता रहा। इनसे इतर एक ऐसा वर्ग भी था जिसे दोजख को भरने की रोटी और आबरू ढकने को लत्ता मयस्सर नहीं था। अत: यह स्वाभाविक था कि ये किन अलंकारों और सौन्दर्य की चर्चा करते। इसने साहित्य को एक नया रूप दिया जिसमें सर्वजन की फिक्र और पीड़ा की अभिव्यक्ति हो। समाज को देखने का इनका नजरिया कलावादी नहीं प्रगतिवादी था। इनके सामाजिक सरोकार दलित समस्या को मानवीयता के धरातल पर देखते थे। यहाँ कविता भारनुमा नहीं थी। ये कविता करने के लिए कविता नहीं रचते थे बल्कि इनकी रचनाएँ एक आन्दोलन थीं, मकसद थीं। व्यवस्था के साथ व्यवस्थित न रहना और दुम न हिलाना तथा तमगों के अलंकरण से दूर मानव की बात मानव की भाषा में करना इसकी अपनी शैलियाँ थीं। हाशिएकृत जन के नारकीय जीवन को उघाड़ना दलित कविता का ध्येय बना। सम्भ्रान्त लेखक ने जिन मुद्दों को उठाया उनमें दया भाव था, तरस था। इनमें विचारोत्तेजना न थी, जिसका कारण शायद भोक्ता का पीड़ा से दूर रहना था। यदि हम दलितों के जीवन के वास्तविक अनुभव और उनकी अभिव्यक्ति के प्रसंग में ज्योतिबा फुले के उस कथन को ध्यान में रखें कि 'गुलामी की यातना को जो सह सकता है, वही जानता है और जो जानता है वही पूरा सच कह सकता है। शोषण, प्रताड़ना, दमन का दर्द वातानुकूलित कक्षों में दंश नहीं मारता।'

वैचारिक बहसें जारी हैं कि केवल दलितों द्वारा लिखित साहित्य को दलित साहित्य माना जायेगा अथवा गैर-दलित लेखकों को इसमें शामिल किया जाये? अधिकांश विचारकों, चिन्तकों का मानना है कि वास्तविक दलित साहित्य वही है जो दलितों द्वारा रचित है। ओम प्रकाश वाल्मीकि, धर्मवीर, मोहनदास नैमिशराय, तुलसीराम, जयप्रकाश कर्दम, सूरजपाल चौहान आदि इस मत की वकालत करते रहे हैं। वहीं राजेन्द्र यादव, चमनलाल, प्रेमकुमार मणि आदि दलित साहित्य में गैर-दलित लेखकों के लेखन को भी शामिल करने की माँग उठाते रहे हैं। परन्तु सवर्णीय रचनाकारों को अधिकांश दलित चिन्तक दलित चेतना का साहित्य अथवा दलित सहानुभूति का साहित्य मानते हैं। गैर-दलितों के लिखे पर हिकारत, मजलूमियत से दो-चार होने वाला जनमानस कैसे विश्वास करे। अब तक का इतिहास दलित समाज की उपेक्षा, शोषण, दमन और तिरस्कार का रहा है। ओम प्रकाश वाल्मीकि जैसे दलित चिन्तकों का बड़ा साफ मानना है कि दलित यदि गैर-दलित के पास आता है तो वह एक गुलाम की तरह आता है। गैर-दलित जब दलित के पास जाता है तो मालिक की तरह। उसका जातीय अहं, श्रेष्ठता भाव उसके साथ होता है। संस्कारों, संस्कृति से लबरेज वह दलित जीवन को अन्दर तक नहीं देख पाता। इसलिए अभिजात्यीय लेखन को शंकाकुल होकर देखना स्वाभाविक है। ''पीड़ा के दंश को वही जानता है जिसे सहना पड़ा। सहना फिजिकल और मेंटल दोनों हैं जिसे जैव अनुभव की ही तरह पढ़ा जा सकता है। यद्यपि दलित एक आधुनिकतावादी संरचना है और वह अपने भीतर के अनेक जातिभेदों को दबाती है जिन्हें कालान्तर में सामने आना चाहिए। लेकिन इतना है कि दलित वर्ग में कहीं भी होना नितान्त जैव अनुभव है। जन्मना अनुभव है कि जिसे कोई द्विज नहीं प्राप्त कर सकता।''[1]

इस परिवेश में रहने वाले लोग अपनी जरूरतों के लिए गुलामों की तरह दूसरों पर आश्रित थे तथा चाहकर भी अपने जीवन से सम्बन्धित महत्त्वपूर्ण पक्षों पर निर्णय नहीं ले पाते थे। उनके जीवन से सम्बन्धित लगभग सभी चीजें बाहरी लोगों द्वारा तय की जाती थीं, जिन्हें मानने को ये बाध्य थे। भारतीय सामाजिक जीवन की मुख्यधारा के अन्दर हाशिए की जिन्दगी बसर कर रहे इन लोगों ने एक तरह से पारम्परिक हिन्दू सामाजिक व्यवस्था में गुलामी की यातना को सहा था। इस त्रासदी, पीड़ा को इन्होंने बिना लाग-लपेट, सजावट के प्रस्तुत करना शुरू किया। दर्द को रंगों के तबक में चिपकाकर चिपकाना इन्हें नहीं आता था। शायद इसीलिए इनके काव्य को अनगढ़ और साहित्य के मानदंडों को पूरा न करने के कारण कुछ साहित्यिक पहलवानों ने साहित्यिक चौहद्दी से खारिज कर दिया। लिहाजा चाहे रैदास हों या हीरा डोम लेखनी से निकले अल्फाजों ने हृदय को झकझोर दिया। सन्त कवि रैदास की भक्ति भावना अन्य समाज की निगाह में चाहे कितनी भी ऊँची अथवा महान

क्यों न हो, अन्तत: उन्हें भी इस सत्य को स्वीकारना पड़ा कि–

रैदास जन्म के कारणै, होत न कोई नीच।
नर को नीच करि डारि है, ओछै करम की कीच॥

वर्ण–व्यवस्था और जाति–प्रथा को श्रम–विभाजन के सहारे कितना ही तर्क–संगत क्यों न बनाया जाये कि इसका आधार श्रम–विभाजन है, न कि जन्म। मगर रैदास की उपर्युक्त पंक्तियाँ और उनमें अभिव्यक्त उनके मन की पीड़ा यह स्पष्ट कर देती है कि गैर–दलित समाज की मानसिक बनावट में वर्ण–व्यवस्था और जाति की प्रमुख भूमिका रही है। जिसका गहरा असर इस नारकीय व्यवस्था में जीने वाले अन्तिम पायदान में रहने वालों पर पड़ा है। रैदास की यह आत्म–स्वीकृति दलित जाति और जीवन से जुड़ी जिस दूसरी पीड़ा की ओर इशारा करती है उसे वही समझ सकता है जो इससे गुजरा है।

विचारकों द्वारा भोगे त्रासद अनुभवों को ही ज्यादा तवज्जो यों ही नहीं दी गयी, बल्कि प्राचीन धर्मग्रन्थों, स्मृतियों एवं अन्य रचनाओं में समाज के वर्ग पर जो निर्योग्यताएँ थोपी गयीं उन्हें अनेक आवरणों द्वारा सामाजिक कानूनों के चलते ऐसा करना पड़ा। इनकी जीवन्तता ने एक नयी दिशा प्रदान की है तथा उन्हें लड़ने की ताकत और जूझने का साहस दिया है जबकि दलितेतर साहित्य तथा चिन्तन, सहानुभूति, संवेदना और सम्मान से अधिक उन्हें कुछ नहीं देता। ओम प्रकाश वाल्मीकि कहते हैं कि ''वर्ण–व्यवस्था से उपजी घोर अमानवीयता, स्वतन्त्रता–समता–विरोधी सामाजिक अलगाव की पक्षधर सोच को परिवर्तित कर बदलाव की प्रक्रिया को तेज करना दलित साहित्य की मूलभूत संवेदना है।''[2] शिल्प और कलात्मकता के पैरोकार साहित्यिक मूल्यों को महत्ता देते हैं जबकि दलित लेखक जीवन–मूल्यों के प्रति अधिक आस्थावान हैं। यह आत्मानुभूति को वाणी देता है अत: शब्द–जीवि इसकी श्रेष्ठता नहीं है और न ही शाब्दिक चमत्कार कर पाठक के समक्ष वाह–वाही की चाह। अर्थ गाम्भीर्य इसका स्वीकृत मूल्य है। ''शोषक सत्ता ने सदैव अपने अनुकूल प्रथाओं, व्यवस्थाओं, धारणाओं और व्याख्याओं को जीवन्त बनाये रखने की चेष्टा की है तथा अपने प्रतिकूल पड़ने वाली प्रथाओं को नष्ट किया है। इसलिए दलित साहित्य पौराणिकता, वैचारिकता, मानसिकता, संस्कारों, आदर्शों, धारणाओं को नकारता है।''[3] हिन्दी साहित्य पर आर्य समाज का प्रभाव पड़ा था। आर्य समाज से प्रभावित अनेक कवियों ने समाज–सुधार और अछूतों के प्रति सहानुभूति प्रकट करते हुए अस्पृश्यता विरोधी कविताएँ लिखी थीं। गांधी जी के हरिजन उद्धार आन्दोलन ने भी हिन्दी काव्य को प्रभावित किया था। पर इनमें से किसी में भी वह पीड़ा न थी जो अछूतानन्द जैसे कवि में रही हो। मनुस्मृति पर रची पंक्तियों में दलित

पीड़ा मानवीय संवेदना के रूप में प्रकट होती है–

निसदिन मनुस्मृति ये हमको जला रही है।
ऊपर न उठने देती नीचे गिरा रही है॥
हमको बिना मजूरी, बैलों के संग जोते,
गाली व मार उस पर हमको दिला रही है।
लेते बेगार, खाना तक पेट भर न देते,
बच्चे तड़पते भूखे, क्या जुल्म ढा रही है
ऐ हिन्दू कौम सुन ले, तेरा भला न होगा,
हम बेकसों को 'हरिहर' गर तू रुला रही है।

अछूतानन्द 'हरिहर' उपनाम से कविताएँ लिखते थे। जिस प्रकार दलित कवि मनुस्मृति और वर्ण-व्यवस्था को दलितों की सामाजिक और आर्थिक समस्या का मूल कारण मानते हुए उसके खिलाफ जनचेतना विकसित कर रहे थे, उस तरह आर्य समाजी भद्र कवि वर्ण-व्यवस्था विरोधी कविताएँ नहीं लिख रहे थे। वास्तव में दलित रचनाकारों की भूमिका मात्र वर्ण-व्यवस्था और मनुस्मृति के विरोध तक ही सीमित नहीं थी वरन् उनका लक्ष्य एक नयी बहस को जन्म देना भी था। दलित कविता एक ऐसे विमर्श को देख रही थी जो वैज्ञानिक और लोकतान्त्रिक हो। उसने न सिर्फ लोकतान्त्रिक दृष्टि से दलित अधिकार का प्रश्न उठाया बल्कि जन्म पर आधारित वर्ण और जाति-भेद का वैज्ञानिक खंडन भी किया। दलित कवि नये ढंग से अपनी बात कहते थे। इनके केन्द्र में शोषण पर आधारित व्यवस्था रही। भूखी-नंगी, पीड़ित और अछूत जनता की कविता थी एक ओर, तो भद्र कविता मुख्यधारा के पेट भरे लोगों की कविता थी। उनका यह लोक सुखद था अत: उन्हें परलोक की चिन्ता थी इसलिए भाव और कला के स्तर पर यह कविता कई प्रयोगों और वादों से गुजरी। इसके केन्द्र में संसार हमेशा उपेक्षित रहा और भावबोध पलायनवादी। दलित रचनाकारों को अपना लक्ष्य मालूम था इसलिए वे निरन्तर चिन्तनशील रहे। उनका काव्यशास्त्र ईश्वरवाद से अनीश्वरवाद और भौतिकोन्मुख रहा। अभिजात्य काव्य परम्परा ने अपनी रोमांटिसिज्म-छायावाद और रहस्यवाद की यात्राओं के पश्चात प्रगतिशीलता की अनुगूँज में भी स्वप्न लोक का भ्रमण जारी रखा। आजादी के जश्न के बाद भूखी, पीड़ित, लाचार-मुर्झायी जनता के सिकुड़ते-झुर्रीदार-पोपलाए पेट, मुँह इसे नहीं दिखे। कहीं नजर गयी तो दया रूप में। ''दलित कविता जीवन के यथार्थ की कविता है। दलित कवि के सामने भावावेग में बहने के अनेक अवसर थे, क्योंकि उसने जीवन की बड़ी घिनौनी तस्वीर देखी है, पर उसकी कविता जीवन के वस्तुगत यथार्थ को मूल आधार मानती है। अत: दलित जीवन के अनेक गर्हित तथ्यों

की वह यथार्थ व्यंजना करती है। वह क्रान्ति का सन्देश देने वाली और अन्धकार से प्रकाश की ओर ले जाने वाली एक प्रखर विचारधारा की काव्यात्मक अभिव्यक्ति है।''[4]

सामाजिक व्यवस्था में अति सामान्य, वंचित-शोषित के अधिकारों और इज्जत पर जिधर से भी घात किया जाता है, रचनाकार उसका उत्तर देते हैं। इसमें हिन्दी क्षेत्र सहित समस्त भाषा प्रदेशों में लेखकों, साहित्यकारों, चिन्तकों और मनीषियों की एक ऐसी बड़ी जमात सामने आयी है जो परिवर्तनकामी है। वंचित समाज पर रचित अध्याय उस नये संघर्ष की तरफ संकेत करते हैं जिसे पिछले एक-दो दशकों में दलित लेखकों ने दलित चरित्रों के माध्यम से पारम्परिक सामाजिक व्यवस्था का विरोध करते हुए निर्मित किया है। हमारे आस-पास जो विकृतियाँ-मालिन्य हैं उसे साफ-परिष्कृत कर चकाचक बनाने का कार्य हाशिए का समाज करता रहा है। इतना ही नहीं वह सर्वाधिक कर्मठ और गतिशील भी है। इनके काम को कम आँकना बड़ी भूल साबित होगी। या यह कहा जाये कि कार्य सबका महत्त्वपूर्ण है तो ज्यादा उचित होगा। दुःखद यह है कि इनके महत्त्व को पहचाना ही नहीं गया। जहाँ तक कर्म के कारण इनके साथ अमानवीय आचरण की बात है तो आज तथाकथित उच्च वर्ण से लोग वही कार्य-व्यापार कर रहे हैं जिनके कारण इन्हें दलित, अन्त्यज का विष पीना पड़ा। अर्थात यह कि श्रम की प्रकृति के कारण दलित समाज का शेष मानव समाज के साथ सम्बन्ध निर्धारित नहीं होता। इसका निर्धारण करता है जन्म। जो गन्दगी साफ करे, विकृतियों पर चोट करे उसे तो प्रथम समाज की संज्ञा से सम्मानित किया जाना चाहिए। दूसरे यदि ज्ञान और योग्यता के पाठों के चलते वर्णक्रम रचा गया तो ज्ञानी, योग्य तथाकथित दलित की अवमानना क्यों? राष्ट्र की सेवा में लगे प्रथम श्रेणी अधिकारियों तक को अपने समकक्ष सवर्णीय मित्रों से जो बख्शीशें मिली हैं उनकी फेहरिश्त लम्बी है। गहरे स्तर तक जड़ जमाये बैठी घृणा की जगह सामाजिक समता, बन्धुत्व और मनुष्य की स्वतन्त्रता को अपनी आन्तरिक चेतना का हिस्सा बनाया गया और तीन हजार साल की पीड़ा में मुक्ति की आकांक्षा का जो बीज था वह दग्ध हुए बिना रचनाकारों की उर्वरता पाते ही पल्लवित होने लगा। इसके हरियाने पर निराने-गोड़ने का काम सबने किया। ''वे लोग जिन्होंने गैर-बराबरी पैदा की थी तथा लोकतान्त्रिक समाज-व्यवस्था को नहीं चाहते थे, उन्होंने ऐतिहासिक मिथकों और अतीत की प्रशंसा करना प्रारम्भ कर दिया था। बौद्धिक लोगों ने पुरातन पूजा प्रारम्भ की और उसके पक्ष में चिल्लाना प्रारम्भ कर किया। फुले, आगरकर, रानाडे और गोखले जैसे लोगों ने शूद्रों तथा अतिशूद्रों की आपदाओं तथा उनकी दासता की चर्चा की। उन्होंने वर्ण-व्यवस्था की आलोचना की। आर्थिक, सामाजिक तथा राजनीतिक पुनर्संरचना की माँग की। ऐसे लोग शूद्र

घोषित हो गये और उन पर चारों तरफ से आक्रमण किये गये। बौद्धिक जीत गये। वे भारतीय मुक्ति-संघर्ष को एक कमजोर लड़ाई में परिवर्तित करने में समर्थ रहे।''[5] परन्तु यह विस्मृत नहीं होना चाहिए कि जिसे खूब कूटा-पीटा जाता है वह नुकीली सूई बनकर अपना प्रतिकार पूरा करता है। लू शुन के अनुसार, ऐसे घर की कल्पना मत करो जिसमें कोई खिड़की नहीं है और जिसे नष्ट भी नहीं किया जा सकता। उसके निवासी गहरी नींद में सो रहे हैं और घुटन से मरणासन्न हैं। नींद में मरकर उन्हें मौत का दर्द नहीं होगा। अचानक चिल्लाकर कुछ उखड़ी नींद वालों को जगाने तथा अवश्यम्भावी मौत की पीड़ा में झोंकने से अच्छा काम होगा? परन्तु यदि उनमें से कुछ जग जायें तो उस लोहे के घर को तोड़ना असम्भव नहीं होगा?

स्वानुभूतिपरक रचनाओं में जो आक्रोश है वह एक तरह की ऊर्जा का काम कर रहा है। जीवन-मूल्यों के प्रति संवेदनशील भोक्ता रचनाकार सीधे अपनी बात कहता है। एक-एक अल्फाज हृदय की टीस है, पीड़ा है। यह रक्तरंजित होकर कागज पर उतरी है। क्योंकि इसका उद्‌भव ही अमानवीयता के चलते हुआ है। हजारों वर्षों का उत्पीड़न, शोषण, दलन, सामाजिक विद्वेष, धार्मिक प्रतिबन्ध, मानवीय अधिकारों से वंचना और दीन-हीन-दलित नारकीय जीवन जिसके पक्ष में न साहित्य था, न धर्म, न देवी-देवता तथा न ही कथित विद्वजन। वह न गाँव की बस्तियों में रह सकता था न गलियों में सामान्य नागरिक की तरह चल-फिर सकता था। इन घावों, फफोलों, टीसते घावों पर ध्यान आकृष्ट करने का काम इन्हीं लोगों ने किया। छन्द-बन्ध से मुक्त अपनी बात सीधे–

साहित्य हम भी सृजित करेंगे
नहीं होंगे जिसमें छन्द, नहीं होंगे कोई बन्ध
नहीं होगी कोई रोक-टोक कलात्मकता की
पर होगी इसमें मेरी वेदना
मेरा अपना दर्द
मेरे अपने टीसते घाव
सदियों के सन्ताप–
जो सहते रहे हैं हम
जिया है जो हमने घुट-घुट कर
सहा है जो-जो अपने सीने पर
पत्थर रखकर।[6]

सी.बी भारती की यह कविता वंचितों-शोषितों के गूँगेपन को वाणी देती है। दलित जीवन और दलित पात्र मात्र, पात्र ही रहे इन्हें कभी मुख्य भूमिका में आने ही

नहीं दिया गया। सहानुभूतिपरक रचनाकारों ने न साहित्यिक विधाओं में इनका सृजन कर इतिश्री मान ली वहीं भोक्ताओं के यहाँ इनकी टीस का जीवन्त अनुभव था।

चुप्पा जब मुँह खोलता है तो बिच्छू के डंक के समान जहरीला, पीड़ादायक होता है। सदियों के दलन-शोषण को अभिव्यक्ति मिलने पर इसका तीखा होना स्वाभाविक था। कुसुम वियोगी ने दलित और गैर-दलित की संवेदना और सोच के विभिन्न स्तरों को रेखांकित करते हुए लिखा है कि ''दलित साहित्य आन्दोलन का अपना सामाजिक सरोकारों से जुड़ा एक सुदृढ़ आधार है जबकि गैर-दलित साहित्यकार पाखंड का सनातनी दुशाला भी ओढ़े हुए होते हैं। जिसकी वजह से उनके कथ्य और कार्य में कहीं भी तालमेल नजर नहीं आता।''[7] यह भारतीय समाज के उस हिस्से का जीता-जागता साक्ष्य है जो सदियों से जीवन की मुख्यधारा के बाहर हाशिए की जिन्दगी जीने को अभिशप्त था। यह वर्चस्ववादी संस्कृति के खिलाफ लिखा जा रहा है, क्योंकि इसमें कई ऐसी अवधारणाएँ हैं जो मनुष्य और मनुष्य के बीच भेद करती हैं। उस व्यवस्था को अपना आदर्श रूप मानती हैं, जिसमें दमन के खिलाफ विद्रोह और प्रतिरोध करना सामाजिक अपराध माना जाता है। स्वानुभूति का वाङ्मय वर्चस्व की संस्कृति से जुड़े इन तमाम सवालों को उठाता है और उनसे संवाद करते हुए टकराने का प्रयास करता है। यह साहित्य के परम्परागत प्रतिमानों-उपमानों को नहीं मानता, क्योंकि ये दलितों की पीड़ा को सुलझाते नहीं, जटिलतर बनाते हैं। इनकी वास्तविक चिन्ता अपने समाज को पराधीनता की उन परम्पराओं से मुक्त कराने की है जिन्होंने उन्हें भारतीय समाज की मुख्यधारा में अस्पृश्य और कमजोर बनाये रखा है। वास्तव में यह वही वर्णवाद या जातीयता है जो समाज में इनका स्थान निम्नतर तय करती है। व्यवस्था कुछ इस तरह की रही है कि जो समाज की सेवा-टहल कर स्वस्थ-पवित्र, उर्वर, उपजाऊ, परिस्थितियों का सृजन करता रहा उसे ही हिकारत मयस्सर हुई। वर्षों से एक ही परिवेश में रहने से उनका असर बड़ा गहरा होता है, दूसरे सवर्ण ने इन्हें नीचा बनाये रखने के विविध प्रबन्ध कर रखे थे। यहाँ तक कि ये भी जीव हैं इस अहसास को ही दबाया जाता रहा जिससे यह समाज अपने को 'ज्ञान' में निम्नतर और शक्ति में कमतर आँकने लगा, परिणाम यह हुआ कि पिछड़े न होने पर भी यह स्वयं को पिछड़ा मानने लगा। इतने वर्षों का शोषण और जातीय अहंमन्यता के सामने सिर उठाकर लिखना तो दूर– बात करना दुस्साहस ही था। एकलव्य, कर्ण और शम्बूक की कथाओं से इनमें सोयी हुई ताकत, जिजीविषा का जागरण हुआ। वर्णगत ताने-बाने के ही चलते तथाकथित उच्च समाज इस समाज को असभ्य करार देता रहा। कथाएँ चलती रहीं कि पूर्व जन्म के कुकर्मों के कारण ओछी जातियों में इनका जन्म हुआ है और यदि इन्हें अपना परलोक शुद्ध

सही करना है तो गॉड मेनों से परित्राण करायें, समिधाएँ डालें। दुर्भाग्य यह कि उनके अन्दर इस समझ को बनाने तथा विकसित करने में उसी वर्ण एवं जाति केन्द्रित सामाजिक व्यवस्था की सर्वाधिक भूमिका रही है जिसे ये अपना मानते रहे हैं।

दलित चिन्तन से उभरे दलित कवि अन्य सारी अस्मिताओं की तुलना में दलित अस्मिता की खोज और उसकी स्थापना अपना सबसे बड़ा लक्ष्य मानते हैं और उन सभी परम्पराओं तथा संस्कृतियों का विरोध करते हैं जिनकी निर्मिति ऊँच-नीच वाली मानसिकता के चलते हुई। दलन-दमन और शोषण को झेलते हुए इनकी पीड़ा घोषित हुई। ओम प्रकाश वाल्मीकि ने अपने फैलते अस्तित्व और अस्मिता को काव्यात्मक वाणी देते हुए लिखा–

बचा है अभी तक
मेरा वजूद
टूटे-फूटे मिट्टी के बर्तनों की शक्ल में
जो दबे पड़े हैं
खंडहरों के नीचे
फैल जाऊँगा
चारों ओर हवा में उड़ती
राख की तरह
राख से बनेगी मिट्टी
मिट्टी से उपजेगा पौधा
पौधे से पेड़
पेड़ की डालें
जब हिलेंगी
भय से थरथराओगे तुम।[8]

असल में ऐसी कविताएँ वैयक्तिक अनुभव से वृहत सामाजिक अनुभव को बयाँ करती हैं। यहाँ समाज की अस्मिता बचाने की कोशिश है। खाते-पीते मुछों में ताव देते जनमानस से इतर वह दोपायों की बस्ती जहाँ सीलन है, अँधेरों का बियावान है उसकी अस्मिता को तलाशना तथा नित्य संघर्ष करते हुए अपनी राह और ठौर खोजना भोगे रचनाकारों का निहितार्थ। 'राख' से 'मिट्टी', मिट्टी से 'पौधा' एवं 'पौधे' से 'पेड़' तक की कथा वनस्पतिशास्त्र का फलसफा नहीं है वरन् यह जैविक खाद है जो एक विपन्न, लाचार, मजलूम दलित की वैचारिक सोच और संघर्ष के तमाम दबावों के बावजूद, नष्ट न होने का प्रभाव देती है। संवैधानिक

व्यवस्था में दिये गये अधिकारों को हासिल करने का आह्वान करते हुए जय प्रकाश लीलवान की काव्य पंक्तियाँ हैं—

छातियों में सरसरा रहे भूकम्प
और ज्वालामुखी
जब
आँसुओं की बजाय
भाप में
बदल जाने लगेंगे
तो उन्हीं
फलों के साँचों में
जातियों के
लोहे को भी पिघलाना
तय किया जा सकेगा।[9]

यह आक्रोश समाज में व्याप्त श्रेणीबद्धता का प्रतिकार है। जातीयता की चौहद्दियाँ सामाजिक मेड़ें मात्र नहीं हैं। इन्हीं से जिन्दगी के सारे कोणों का निर्धारण होता है। दलित चिन्तक भगवान दास कहते हैं, ''गाँवों में ऊँची जाति के भूमिधर लोग दलितों को अच्छे कपड़े पहनने, निर्भय होकर मतदान करने, शादी के जुलूस में घोड़े पर चढ़ने, सार्वजनिक कुओं से पीने का पानी लेने और ऊँची जाति के आदमी के खड़े रहने पर सामने चारपाई पर बैठने की इजाजत नहीं देते।''[10] इस पीड़ा का दर्शक मात्र है दलितेतर रचनाकार। जिल्लत-अपमान की पीड़ा का अन्दाजा करने वाला। इनके प्रश्नों की जबावदेही किसकी बनती है? खैरात नहीं अधिकार चाहिए। मानव मात्र के बीच ऐसी गहरी विषमताएँ तिस पर घुड़क ये कि वह सभी जीवधारियों में श्रेष्ठ है। मनुष्य की खोखली-छूँछी श्रेष्ठता पर अनुभूति से चोटिल काव्य पंक्तियाँ हैं—

क्यूँ बने वे श्रेष्ठ
और हम नीच क्यों हैं?
आखिर इतना फासला
इन्सानियत के बीच क्यूँ है
ये अनादर ये विषमता
माँगने से हक नहीं
सबको मिला है
छीन लो गर...[11]

"दलित-विमर्श आने के बाद साहित्य वह नहीं रह जाता है जो कहता है कि 'सुरसरि सम सब कहं हित होई' साहित्य में सबका हित नहीं होता। जिसकी सत्ता वहाँ बनती है उसी का हित होता है।"[12] और इनके हितों पर प्रतिबद्धतापरक निगाह के बजाय दया धर्म है, धर्म दया है कहकर सवर्णों ने अपनी कलम की औंगी से टिटकारी मारते हुए बरगलाने से ज्यादा कुछ देने की जहमत नहीं उठायी। ऊँच-नीच का भाव विकास के व्युत्क्रमानुपाती ही होता है यह कभी समानुपाती हो ही नहीं सकता। जाति और वर्गीय दम्भ के खोलों-लबादों से निकले बिना भारत का विकास कोरी लफ्फाजी है, छलावा है। सीधे तौर पर कहा जाये तो प्रथम पायदान पर विराजित पूज्य जन और विपन्नों की आँखों में धूल झोंकने वाले देशीय-अहंकार के क्लास-वन के पुतले यदि मजलूमों, अन्तिम पाँत वालों से मिलते हैं, व्याख्यान देते हैं, खुशबयारी के पोथन्ने रचते हैं तो गलतफहमी न हो कि ये मर्माहत हैं, पसीजे हैं– ये अपना बड़प्पन बड़ा करने की जुगत सेट करते हैं। फुसफुसाहटों में यह कि नये-नये रहनुमा प्रकट हो रहे हैं। इनकी अनुभूति का अनुभव सरल नहीं है। अर्जुन डाँगले के अनुसार, "दलित एक जाति नहीं बल्कि एक अनुभूति है जिसमें समाज के निचले स्तर के लोगों के अनुभव, उनकी खुशियाँ और संघर्ष शामिल हैं। यह सामाजिक दृष्टिकोण से परिपक्व होती है। जिसका सम्बन्ध नकार विद्रोह और विज्ञान के प्रति प्रतिबद्धता है और जिसकी अन्तिम परिणति क्रान्ति में जाकर होती है।"[13] दोनों के लेखन में लम्बा फासला है जिसे पाटना विकास के लिए पहला मुनासिब कदम होना चाहिए। इस चिन्ता को दलित कवि सामने रखते हैं–

> मैं जानता हूँ
> मेरा दर्द तुम्हारे लिए चींटी जैसा
> और तुम्हारा अपना दर्द पहाड़ जैसा
> इसीलिए
> मेरे और तुम्हारे बीच
> एक लम्बा फासला है
> जिसे लम्बाई से नहीं
> समय से नापा जायेगा।[14]

'जाके पैर न फटीं बिवाई सो क्या जानै पीर पराई' और बाबा तुलसी ने भी बड़े साफ-साफ शब्दों में कहा है–

> बाँझ की जान प्रसव की पीरा।

निरन्तर और बार-बार शोषण-उत्पीड़न के बावजूद अत्याचार और अन्याय के खिलाफ अस्मिता की लड़ाई जारी है। आत्मसम्मान और सामाजिक स्वीकृति पाने

के लिए आन्दोलनकारी लेखन चल रहा है। यहाँ वाह–वाह नहीं आह है। सच की बेखौफ अभिव्यक्ति और मिथ्या मिथकों को तोड़कर आम आदमी की चेतना को झकझोरते उसे जगाने का कार्य ही नहीं वरन् कोरी सहानुभूति से अलग व्यवस्था के नियामकों को कठघरे में खड़ा करके उन्हें सजा दिलाने की जिद पर अड़ी यह कविता शोषण की बानगी नहीं उसका बरका हुआ रूप हमारे सामने रखती है। यह छटपटाहटों की तहरीर है। शक्ति और सामर्थ्य को रेखांकित करती हुई पंक्तियाँ डटकर मुकाबला करते हुए जीने का सन्देश भी देती हैं और मसि आन्दोलन जारी रखने की अपील–

शब्दों के आन्दोलन की धार
तुम्हें और तेज करनी होगी,
क्योंकि तुम्हारे जख्मों को
फिर से कुरेदा जा सकता है
तुम्हारे पास केवल शब्द हैं
संघर्ष को जारी रखने के लिए
वही तुम्हारी ऊर्जा है
तुम सामन्त तो नहीं हो
न ही कोई माफिया
फिर तुम्हारे पास
हथियार बन्द गिरोह कहाँ से होंगे
तुम्हारे पास केवल शब्द हैं।[15]

शब्दों के इस तूणीर में जाति–भेद या ऊँच–नीच के खिलाफ ही नहीं बल्कि आर्थिक स्तर पर पूँजीवाद के खिलाफ भी दिव्यास्त्र हैं। जनवादी रचनाकार विरोध के लिए विरोध का सिद्धान्त नहीं अपनाते बल्कि अपने अनुभूत दुःखों के कारण दम्भीय सामाजिक, आर्थिक बनावट के प्रति अपना विरोध दर्ज कर रहे हैं। ये विषम सामाजिक संरचना और भोगोन्मुख अर्थ के अनर्थ की गरीबी के उस नरक को भोग कर आये हैं जो व्यवस्था ने इनके लिए भेंट किया है। नव–उदारीकरण और नव–सामन्ती व्यवस्था–साम्राज्यवाद से समता, बराबरी बन्धुता की प्राप्ति के लिए दलित, हाशिएकृत और पिछड़ों के आगे आने से ही यह धुन्ध छँट सकेगी।

सन्दर्भ

1. वर्तमान साहित्य, जनवरी–फरवरी 2000, पृ. 285–287
2. प्रज्ञा–साहित्य, मार्च–जून 1995, पृ. 8
3. दलित साहित्य उद्देश्य और वैचारिकता, बाबू राव बागुल, वसुधा अंक 58, जुलाई–सितम्बर

2003, पृ. 39

4. दलित निर्वाचित कविताएँ, कँवल भारती, पृ. 23
5. दलित लिटरेचर इज ह्यूमन लिटरेचर, प्वायजंड ब्रेड, ओरियंट लांग मैन 1972, नयी दिल्ली, पृ. 24
6. आक्रोश, सी बी भारती, पृ. 11
7. आज का दलित साहित्य, तेजसिंह, पृ. 8
8. तीसरा पक्ष, अक्टूबर-दिसम्बर 2000, पृ. 26-27
9. नये क्षितिजों की ओर, जयप्रकाश लीलवान, पृ. 66
10. मुख्यधारा और दलित साहित्य, ओम प्रकाश वाल्मीकि, पृ. 91
11. माँ मुझे मत दो, पूनम तुषामड़, पृ. 42
12. वर्तमान साहित्य, जनवरी-फरवरी 2000, पृ. 285-287
13. दलित साहित्य अतीत वर्तमान और भविष्य, जहरीली रोटियाँ : आधुनिक मराठी साहित्य, बम्बई, ओरियंट लांग मैन, पृ. 234-236, 1992
14. अब और नहीं, ओम प्रकाश वाल्मीकि, पृ. 16
15. दलित निर्वाचित कविताएँ, कँवल भारती, पृ. 106

4.

अन्तहीन नस्लीय समस्या

संसार के अनेक देशों में ऐसे वर्ग हैं, जो निम्न वर्ग कहे जाते हैं। ये रोम में स्लेव या दास कहलाते थे। स्पार्टन में इनका नाम हेलोटस या क्रीत था। ब्रिटेन में ये विलियन्स या क्षुद्र कहलाते थे, अमेरिका में नीग्रो और जर्मनी में ये यहूदी थे। हिन्दुओं में यही दशा दलितों की थी, परन्तु इनमें से कोई इतना बदनसीब न था, जितना अभागा दलित है। दास, क्रीत, क्षुद्र सब लुप्त हो गये हैं परन्तु अस्पृश्यता का भूत आज भी मौजूद है। आधुनिक विज्ञान एवं तकनीकी से युक्त इस विश्व का कोई कोना आज दुर्लंघ्य नहीं रहा परन्तु विडम्बनात्मक है कि मनुष्य अभी भी ऊँच-नीच की निहायत ही घटिया सोच को अंगीकार किये है। जहाँ तक भारतीय सामाजिक जीवन के भूगोल का सवाल है तो यहाँ लोकतान्त्रिक धरातल नहीं है, यह जन्मान्त असमानता पर आधारित अनेक जातियों-उपजातियों में बँटा है। इसमें दलित सबसे नीचे हैं जिनका दु:खद अतीत है और जिनका परिचय दुर्भाग्यपूर्ण है। मनुष्य के बीच विषमता के पाये जाने वाले अनेक रूपों में रंगभेद-नस्लभेद, वर्णव्यवस्था और तद्जनित जातिगत विषमता-अन्याय विद्यमान हैं। एक विशाल जन समुदाय को सैकड़ों वर्षों से पशुवत स्थिति में हाँका जाता रहा। मनु के अनुसार ब्रह्मा के पैरों से जन्म लेने वाला शूद्र वर्ण द्विजों की सेवा के लिए ही बनाया गया। घोर सामाजिक अन्याय जिसे समाज के आधुनिकीकरण के साथ कम होना चाहिए था, और बढ़ा है। उपनिवेशीकरण, पूँजीवाद और वर्तमान में उच्चारित भूमंडलीकरण ने रंगभेद और नस्लभेद की दीवारों को और पुख्ता किया है।

अफ्रीका महाद्वीप के अश्वेत लोग कई शताब्दियों तक गुलामों के रूप में दुनिया के कई हिस्सों में बसाये गये। उत्तरी और दक्षिणी अमेरिका की बहुत बड़ी आबादी अश्वेत लोगों की है जिनके पूर्वज अफ्रीकी महाद्वीप से गुलाम बनाकर इन महाद्वीपों के कई देशों में विस्थापित किये गये। संयुक्त राज्य अमेरिका से लेकर जमैका, त्रिनीडाड आदि कैरेबियन द्वीप समूहों तक में बसे अफ्रीकी अमेरीकियों ने गुलामी से मुक्ति, स्वाभिमान, नागरिक स्वतन्त्रताओं तथा आत्म निर्णय के अथक संघर्षों और आन्दोलनों को जन्म दिया। ये आन्दोलन बीसवीं सदी में 'बैक टू

अफ्रीका' की चेतना के तहत अपने अफ्रीकी मूल के साथ और अफ्रीकी देशों में मुक्ति संग्राम के साथ जुड़ गये। गुलामों की मुक्ति, अश्वेतों की मुक्ति, नस्लवाद से मुक्ति पर स्वर गुँथे हुए विमर्शों के रूप में आकार ग्रहण करते गये। 'दास' और 'अश्वेत' आधुनिक युग की परिघटनाएँ हैं। संयुक्त राज्य अमेरिका में उन्नीसवीं सदी के असफल दास विद्रोहों से लेकर दास प्रथा के विरुद्ध व्यापक आन्दोलनों तक बूकर टी. वाशिंगटन द्वारा प्रस्तावित अश्वेत शिक्षा और आर्थिक बेहतरी के शान्तिपूर्ण प्रयासों से लेकर मार्क्स गावीं के 'बैक टू अफ्रीका' जैसे रेडिकल आन्दोलनों तक, वामपन्थी ट्रेड यूनियन आन्दोलन से लेकर 1960 के दशक में संयुक्त राज्य अमेरिका में चले नागरिक स्वतन्त्रता के आन्दोलनों तक अश्वेत मुक्ति अभियान ने विविध रूप अख्तियार किये। मार्टिन लूथर किंग जूनियर ने 1960 के दशक में अमेरिका में अश्वेतों के हक की जो लड़ाई लड़ी, उसका विश्वव्यापी असर हुआ। कू-क्लुक्स क्लान जैसे गोरे आतंकवादी ग्रुपों ने अश्वेत दावेदारी से निपटने के लिए हत्या का अभियान चलाया। 1963 से 1970 के बीच अनेक नस्लीय दंगे भड़के। मैल्कम एक्स के उग्र विचारों से प्रभावित ब्लैक पैन्थर पार्टी ने संवैधानिक दायरों से बाहर आत्मरक्षा में गुरिल्ला कार्रवाइयों का रास्ता अपनाया। दक्षिण अफ्रीका में लम्बे समय तक नस्लभेदी सत्ता चलती रही और नब्बे के दशक में नेल्सन मंडेला की रिहाई के बाद ही वहाँ नस्लभेदी शासन समाप्त हुआ। अश्वेत मुक्ति के विश्वव्यापी अभियान और अफ्रीकी देशों के उपनिवेशवाद विरोधी संघर्ष ने विचारधारा, साहित्य, संगीत और कला के तमाम रूपों में एक प्रचंड ऊर्जा को जन्म दिया। इससे निस्पन्न अफ्रीकी-अमेरिकी अश्वेत साहित्य और विचारधारा उत्तर-औपनिवेशिक विमर्शों का अक्षय स्रोत है।

पिछले कुछ दशकों में भारतीय साहित्य की तस्वीर बदली है। गत शती के प्रथम दशक में शिमाजाकी तोसोन ने जापानी साहित्य का अक्स बदलने की कोशिश की। यद्यपि तोसोन स्वयं दलित नहीं थे तथापि जापानी शासन की साम्राज्यवादी विस्तारीय नीति के खिलाफ जापानी लेखकों के विरोध ने इस प्रकार के साहित्य के विकास का रास्ता साफ किया। यहाँ के रचनाकारों का दर्शन था कि जब जापानी समाज में तमाम विसंगतियाँ हैं तो पहले उन्हें ठीक किया जाये, साम्राज्य विस्तार नहीं। जापानी समाज में जो स्थान एता का है भारत में वही दर्जा शूद्र का है और इन्हें किस स्थिति में रखा गया है सो मनुस्मृति का एक श्लोक यहाँ प्रासंगिक लगता है—

अध्यापनमध्ययनं यजनं याजनं तथा
दानं प्रतिग्रह चैव ब्राह्मणनाम कल्पयत॥ 88॥

अर्थात् पढ़ना, पढ़ाना, यज्ञ करना, कराना, दान देना और लेना—ब्राह्मण के कर्म हैं। ज्ञान के सारे कर्मों का जिम्मा ब्राह्मण का और वही ब्राह्मण इनके लिए

सुपात्र है जो जन्मना ब्राह्मण हो क्योंकि–

लोकानां तू विवृद्धयंर्थ मुख बाहूरूपादत:
ब्राह्मणं क्षत्रियं वैश्य शूद्रं च निरवर्तयत ॥ 31 ॥

ब्रह्मा ने लोक-संसार के लिए मुख, बाहु, उरू और पैर से क्रमश: ब्राह्मण, क्षत्रिय वैश्य और शूद्र की सृष्टि की। तीनों वर्णों की शिकायत किये बिना निष्कपट भाव से सेवा करना ही शूद्रों के लिए प्रधान कर्म बनाया गया। दलित अस्मिता ने अपने निर्माण काल में इस तरह की अन्तरराष्ट्रीय परिघटनाओं के साथ जुड़ा पाया है तो यह स्वाभाविक ही है। पेस अस्पृश्यता को दास प्रथा से भी अमानवीय घोषित करते हैं। अफ्रीका, अमेरिका और जापान के समानान्तर भारत में अछूत या अन्त्यज की दशाएँ हैं। काली सुर्खियाँ में संकलित कहानियों पर टिप्पणी करते हुए राजेन्द्र यादव ने कहा था कि, ''यह संयोग नहीं है कि तीसरी दुनिया का सारा संघर्षरत लेखन अपने-आपको अश्वेत साहित्य से ही जोड़ता रहा है–दलित साहित्य का मॉडल तो लगभग वही है। चाहे वह अमेरिका का नस्लभेद हो, गोरी दुनिया के अल्पसंख्यकों की नियति हो या फ्रेंच अमरीकन उपनिवेशी चंगुल में छटपटाता अफ्रीका हो। हम कहीं भी अपने को उनसे अलग नहीं पाते। गरीबी, भुखमरी, अकाल, वर्ण और वर्ग-संघर्ष या साम्प्रदायिकता की अपने समाज के भीतर लड़ी जाने वाली लड़ाइयाँ और फिर उपनिवेशी शोषण, दमन की क्रूर या बारीक मुठभेड़ हमारी स्थितियों का प्रतिरूप ही लगती है।''[12]

वैश्विक पटल पर रंगभेद, नस्लभेद के रूप में तथा राष्ट्रीय स्तर पर जातिवाद और वर्ण-व्यवस्था से उपजी पीड़ा संवैधानिक प्रावधानों और शैक्षणिक एवं आर्थिक विकास सम्बन्धी विविध योजनाओं, कार्यक्रमों के बावजूद ज्यों-की-त्यों बनी हुई है। स्थिति में कोई विशेष सुधार नहीं दिखाई देता। समाज से न तो नस्लीय, वर्णीय भेदभाव हट सके और न ही तथाकथित दलितों की पहचान मिट सकी। दलित चिन्तक कँवल भारती भूमंडलीकरण की खुशबयारी में इनकी खुशबयारी की कोई उम्मीद नहीं रखते हैं। वे लिखते हैं– ''भारत में आर्थिक सुधारों का पहला चरण पूरा हो चुका है जिसका परिणाम हमारे सामने है कि देश का बुनियादी ढाँचा और कमजोर हुआ है न सभी लोगों को शिक्षा प्राप्त हुई है, न कमजोर वर्गों को बुनियादी सुविधाएँ मिल पा रही हैं और यह तो विश्व बैंक की रिपोर्ट बताती है कि भारत में गरीबों की संख्या दो गुनी बढ़ गयी है। इसमें चालीस प्रतिशत संख्या दलित वर्गों की है जो आर्थिक सुधारों की मौजूदा राजनीतिक सत्ता में शोषण के सबसे ज्यादा शिकार हैं।''[2]

दलित कविता में सामाजिक उत्पीड़न से उपजा विद्रोह और आक्रोश है। दलितों की छटपटाहट और समाज में उनके साथ असमान व्यवहार के प्रति विद्रोह की

चिनगारी से अपमान को ध्वस्त करने की प्रतिबद्धता है। दलित रचनाओं में दबी-कुचली मौन जिन्दगी को मुखरता का नया आयाम मिला है। सामाजिक चेतना और जागृति का सन्देश इसके निहितार्थ हैं। व्यवस्था की विद्रूपताओं को राष्ट्रीय समस्याओं के रूप में रेखांकित किया गया है। यह जाति-विहीन समाज की स्थापना के लिए प्रतिबद्ध होकर सृजनरत है। अमानवीय और घृणापरक व्यवस्था को निकालकर सम्पूर्ण मानव समाज में भाईचारे और समता की बयार प्रसारित करना इसका लक्ष्य है। दलित जातिगत उत्पीड़न से नित्य दो-चार होता है। दावे किये जा रहे हैं कि जाति के बन्धन शिथिल हुए हैं, छुआ-छूत मिट रही है परन्तु विकास और आधुनिकता की चौखट तले भी सवर्ण मानसिक तौर पर परम्परा और रूढ़िगत मानसिकता के चलते जातिगत दंश देते ही रहते हैं। जयप्रकाश कर्दम जातीय दंश को 'वर्णवाद का पहाड़ा' कविता में काव्यबद्ध करते हुए लिखते हैं–

नहीं उठ पाये तुम अपनी
जातीय अहंमन्यता की संकीर्णता से
तुमने सुनायी हमें प्रेम की कहानियाँ
सिखाया भाईचारे का सबक
जगाये तुमने राष्ट्रीयता के भाव भी
हमारे भीतर
लेकिन चूक नहीं पाये तुम
पढ़ाने से वर्णवाद का सबक।[3]

वर्ण-वर्ग का पहाड़ा जन्म से मृत्यु तक सवर्णों-शोषिकों को तोता रटन्त रहता है। विश्वग्राम के ग्लैमर में भी इनके आवासीय क्षेत्र ही नहीं श्मशान, कब्रिस्तान तक जुदा-जुदा हैं। सभ्यता-शिष्टता की आधुनिक परिभाषाओं को बिराते-चिढ़ाते दम्भीय विवेकवानों का वसुधैव कुटुम्बकम् कितना थोथा है इसकी बानगी सुखबीर सिंह ने अपनी काव्य पंक्तियों में दी है–

मरने तक भी ये
अछूत रहे चलते हैं
अलग-अलग जमीन पर जीते हुए
मरने के बाद भी
अलग-अलग जमीन पर ही जलते हैं
'वसुधैव कुटुम्बकम्' के नारे की
असलियत की आँच
यहाँ पर साँस लेती है वह कुत्ता संस्कृति

जो आदमी से काटती है बाँटती है—
धान धरती और रिश्तों को
गैर बराबरी के साथ
भौंकती है अपनी नस्ल पर
और दूसरों के नस्लों के तलुए चाटती है।[4]

जातीय अहं से ग्रसित जन अपनी व्यंग्यात्मक जबान से अपने ही जैसे हाड़-मांस वाले मनुष्य को टीसते-सालते रहते हैं। वर्ण-भेद ने अस्पृश्यता को जन्म दिया है जो कि प्राचीन काल के दासत्व से भी अधिक खतरनाक है। बाबा साहब ने नीग्रो दास-प्रथा और अस्पृश्यता की तुलना करते हुए अस्पृश्यता को अधिक क्रूर बतलाया— ''दासता की स्थिति समाज में व्यक्ति पर कोई कलंक नहीं लगाती। दास स्पृश्य था और यहाँ तक कि सम्मानित भी। अस्पृश्यता दासता से बदतर है, क्योंकि दास का समाज में व्यक्तित्व होता है। जबकि यह पूरी तरह स्पष्ट है कि अछूत का कोई व्यक्तित्व नहीं होता... अस्पृश्यता दासता से बदतर है, क्योंकि उसमें दासता की भाँति जीवन-मरण की कोई सुरक्षा नहीं होती।''[5] ओम प्रकाश वाल्मीकि जाति-व्यवस्था को आदिम सभ्यता का धारदार हथियार मानते हैं। विकास और तरक्की की राह में यह किस तरह रोड़े अटकाती है इस पर वे लिखते हैं—

जाति आदिम सभ्यता का
नुकीला औजार है
जो सड़क चलते आदमी को
कर देता है छलनी
एक तुम हो
जो अभी तक चिपके हो जाति से
जाने किस... ने
तुम्हारे गले में डाल दिया है जाति का फन्दा।[6]

वाल्मीकि प्रश्न करते हैं कि 'न जाने... ?' रचनाकार जाति, वर्ण के ठेकेदारों को आगाह करता है कि यदि वे यूँ ही जाति-पाँति की संकीर्णताओं में जकड़े रहेंगे तो अपना ही बंटाधार करेंगे और विदेशी लुटेरे पूँजीवादी देश सब कुछ लूट ले जायेंगे। दलित काव्य पर टिप्पणी करते हुए माताप्रसाद गुप्त लिखते हैं— ''हिन्दू वर्ण-व्यवस्था से पीड़ित समुदाय की वेदना ही हिन्दी दलित कविता का स्वर है, जिसका तेवर कविता का आन्दोलन चेतना के स्तर पर बहुत गहराई से जुड़ा है जिसकी जड़ में सदियों का अन्याय, अत्याचार और शोषण का इतिहास है।''[7] कहते नहीं बनता कि आदमी कितना और किस हद तक बहुरुपिया हो गया है। वह जो है

वैसा दिखता नहीं तथा जो उसका बाह्य शिष्ट, सुन्दर, मधुर अपनपौ वाला रूप है असल में उसका दशमलव एक प्रतिशत भी वह है नहीं। भारतीय सामाजिक रचना बड़ी जटिल प्रकार की है। यहाँ श्रम-मेहनत करने वाला नीच, अस्पृश्य, मजूर-धतूर, कामवाला, सफाईवाला, क्लास फोर-फाइव और टाँग पर टाँग चढ़ाकर अलमस्त तिड़ी-पेंच भिड़ाने वाला लम्बरदार है, मालिक है, साहब है—बॉस है। क्योंकि इनके पास शब्दों की बाजीगरी है, कूटनीति है, दोगलापन है। यूटर्न लेने की क्वालिटी है। 'ऊँचे नाम नीच करतूती' वाले इन महामहिमों-श्रेष्ठ जनों की असलियत बयाँ करते सूरज पाल चौहान लिखते हैं—

श्रेष्ठ कहे जाने वालों
मैंने तुम्हारी तरह
जिस थाली में खाया
नहीं किया छेद
बस, यही है
मेरा गरीबी-भेद![8]

ये तिकड़म नहीं जानते तो स्वाभाविक है कि 'रेस में पीछे' रहेंगे। दर्शन ही बदल गया है—अब तो हम अपनी योग्यताओं से आगे नहीं बढ़ते। अगले को रोकिये, भिड़ा दीजिये, उलझा दीजिये क्योंकि उसकी हाँफ सफलता की डगर बनेगी। यहाँ पशु की पूजा होती है, विषधर को दुग्ध पान कराया जाता है। पुआ, लड्डू के भोग सविनय दंडवत कर चौपायों को समर्पित किये जाते हैं। मजाल कि इस विधि-विधान में कोई खोट रह जाये तिस पर चौखट में अछूत की छाया से ही सब नष्ट-भ्रष्ट, इह लोक-परलोक दोनों का नाश! ढोंग-आडम्बर जब बड़प्पन और रसूख के पर्याय माने जाने लगें तो स्थिति विकट और बेचारे-मजलूम-लाचार-गरीब-अन्त्यज, इसके अति निकट, ऐसे में—

क्या मिट रहा है जातिवाद
हो रहा है लोगों के मन का परिष्कार
नहीं-नहीं
स्वार्थवश बाह्य तो शिष्ट हो रहा है
पर अन्तस
जातीयता की घृणा से
विषवृक्ष हो रहा है।[9]

कविताओं में जाति-समूह के अनुभव की प्रामाणिकता है, उनकी अस्मिता की पीड़ा और ललकार है, कटुता है, आक्रामकता है, अस्वीकार है, क्षोभ है, सीधा तर्क

है, खंडन-मंडन है और एक नया तेवर है। जगन्नाथ पंडित के अनुसार– ''दलित चेतना और दलित सवर्ण मानसिकता और दलित विरोधी गतिविधियों के प्रतिरोध का साहित्य है। यह दलितों और उनकी चेतना से जुड़े रचनाकारों का एक सर्जनात्मक प्रयास है।''[10] निश्चय ही इनकी इस पीड़ा में परम्परागत कविता के मानदंडों का पालन नहीं हो पाता और काव्य शास्त्र के व्यासों-प्रवचनकर्ताओं को यह नागवार लगता है। बावजूद इसके कि–

वे हँसते हैं
तुम्हारे बोलने के ढंग पर
वे चिढ़ते हैं
तुम्हारे गुनगुनाने पर
वे सख्त नाराज हैं
तुम्हारी बेबाक अभिव्यक्ति पर
जंगली भेड़िए पढ़ रहे हैं
धर्मशास्त्र
रच रहे हैं
निषेधात्मक नियम
उपनियम और धाराएँ
बदल रहे हैं अर्थ अपने अनुसार।[11]

नये नियमों का संविधान रचने का प्रयास जारी है। इससे व्यवस्था के काँटों में राह बनाने का काम चल रहा है। दशा में सुधार अब दिखने लगा है। रंग व जाति का भेद कहीं-न-कहीं मन के गह्वर में विराजमान है। भेदभाव के तरीके तब्दील हुए हैं, विचारधारा वही दकियानूसी। दयानन्द बटोही ने अपनी कविता के माध्यम से समता-बन्धुता और मानवता के सबक सिखाने वाले शिक्षा संस्थानों में भी जातिगत संकीर्णता का पटाक्षेप किया है–

अब दान में अँगूठा माँगने का साहस कोई नहीं करता
प्रैक्टीकल में फेल करता है
प्रथम अगर आता हूँ तो छठवाँ या सातवाँ स्थान देता है
जाति गन्ध टाइटिल में खोजते हैं।[12]

अक्सर देखा जाता है कि परिचय पूरा तभी होता है जब जाति पता चल जाय। अन्यथा–'पूरा नाम क्या है?' और पूरा नाम जानने के बाद ही निश्चित किया जाता है कि वह मेधा-सम्पन्न कौम से ताल्लुक रखता है या लद्धड़। यद्यपि अब यह भी कहा जाने लगा है कि– 'है तो अमुक जाति से लेकिन तेज है! यह दशा 21वीं सदी

के समाज के कर्णधारों की है जिन्हें विकसित, प्रतिभावान राष्ट्र निर्माण करने का उदात्त कार्य सौंपा गया है। उसे प्राप्त आरक्षण या सरकारी प्रयासों को 'रिजर्व कोटे वाला' 'सरकारी दामाद' कहकर मजाक उड़ाना साधारण है। जय प्रकाश कर्दम ने बौद्धिक मठाधीशों की सफेदपोशी का छायांकन करते हुए लिखा है–

> तुम्हें खटकता है
> सरकारी नौकरियों में मेरा आरक्षण
> मेडिकल या इंजीनियरिंग कॉलेजों में मेरा एडमिशन
> आग लगती है तुम्हें
> मेरी उपलब्धियों से
> क्या केपिटेशन फीस
> यानी रिश्वत देकर एडमिशन लेना
> उचित है ?[13]

यह एक नये तरह का जातीय शोषण है। ''प्रस्थापित विषम समाज-व्यवस्था के कारण मनुष्य-मनुष्य में भेदभाव पैदा हुआ है। इसी का परिणाम साहित्य में व्यक्त हुआ है। नीग्रो साहित्य के सन्दर्भ में ग्वेंडोलिन ब्रुक्स का कहना है–कभी-कभी विवाद उठता है कि क्या कविता काली हो सकती है? यह तथ्य कि कवि स्वयं काला है अर्थात उसकी जिन्दगी, उसकी कविता और उसके पूर्वजों का इतिहास, चीनी-जापानी एस्कीमो, भारतीय और आयरिश कवियों के इतिहास से भिन्न है। काला रंग निम्न जातिवालों का और गौरवर्ण बड़ों का। भारतीय जाति-व्यवस्था का उद्भव चातुर्वर्ण्य व्यवस्था से है। वर्ण का अर्थ रंग से है। डॉ. अम्बेडकर ने अपने लेख भारत में जाति-व्यवस्था में कहा है कि हम कह सकते हैं कि अमेरिका में मुख्यत: तीन जातियाँ हैं– 'श्वेत जाति, ब्लैक जाति और रेड इंडियन जाति'।[14]

अनेक पंचवर्षीय योजनाओं आदि के कार्यान्वयन से दलितों की अवस्था में सुधार तो अवश्य हुआ है परन्तु रंग, वर्ण और नस्ल की समस्या जितना गम्भीरता लिये है उतना उसका गम्भीर समाधान नहीं किया गया। सूरजपाल चौहान 'कब होगी वह भोर' काव्य संकलन की 'साजिश' कविता में एक घिनौने कृत्य का खुलासा करते हैं जिसके चलते एक दलित उम्मीदवार को कठिन प्रश्नों से 'रिजर्व सीट' का दावेदार कहकर लताड़ा जाता है। पूरे घटना चक्र का चित्र खींचते चौहान लिखते हैं–

> अब मेरा नम्बर आया
> कुर्सी पर बैठा तिलकधारी गुर्राया
> नाक सिकोड़ी फिर मुँह बिचकाया

बोला– 'रिजर्व सीट...'
'चेकोस्लोवाकिया' की स्पेलिंग बताना
जब तक मैं स्पेलिंग बताऊँ
उससे पहले
'नाट फाउंड सुटेबल कैंडिडेट' की पर्ची
थमाते हुआ बोला–
पढ़ते–लिखते हैं नहीं चले आते हैं नौकरी माँगने।[15]

सूरजपाल चौहान अपनी इस कविता में एक नौकरी के लिए साक्षात्कार देने आये चार उम्मीदवारों ब्राह्मण, क्षत्रिय, वैश्य और शूद्र के साथ घटी दिलचस्प घटना का ब्यौरेवार वर्णन करते हैं। इनसे क्रमशः सिगरेट, इंग्लैंड, पोलैंड और चेकोस्लोवाकिया की वर्तनी पूछी जाती है। दलित अभ्यार्थी वर्तनी बता रहा होता है कि बीच में ही उसे अयोग्यता की पर्ची पकड़ा दी जाती है। भूमंडलीकृत व्यवस्था शोषित समाज को अलगाव और अन्याय में ढकेलती है। रजनी कोठारी के तर्क पर गौर करें तो– ''वर्चस्वी संरचनाएँ हाशिए पर पड़े समुदायों, वर्गों और जातियों के हितों को रौंदकर ही अपना स्वार्थ साधन करती हैं। भूमंडलीकरण दलित जातियों के खिलाफ न केवल वर्णाश्रम के दायरे में ब्राह्मणवादी ताकतों का समर्थन करता है वरन् दरिद्रीकरण, अलगाव और अन्याय के सन्दर्भों में भी उन्हें धकेलता जाता है।''[16] चन्द्रकान्त देवताले वर्ण, नस्ल के फफोलों का काव्यात्मक उपचार करते हुए लिखते हैं–

फिर से तपते हुए दिनों की शुरुआत
हवा में अजीब–सी गन्ध है
और डोमों की चिता
अभी भी दहक रही है
वे कह रहे हैं
एक माह तक मुफ्त राशन
मृतकों के परिवार को
और लकड़बग्घा हँस रहा है।[17]

देवताले की इस कविता में चार डोम विधवाएँ अपने मारे गये पतियों पर विलाप करती हैं, उनके तेरह बच्चे बिलखते हैं। ऐसे में उन्हें एक माह का मुफ्त राशन मुआवजे स्वरूप मिलता है। नेपथ्य में लकड़बग्घा तन्त्र और संस्कृति की खून जमा देने वाली खिलखिलाहट। कवि उस लिजलिजी सभ्यता, संस्कृति और सत्ता प्रतिष्ठानों की बखिया उधेड़ता है जो कि भारत और सम्पन्न भारत का दम भरती हैं। वर्तमान की सार्वभौम संस्कृति जिस बाजारवाद और वैश्वीकरण पर टिकी हुई है

उसमें दलितों के लिए किसी रबड़ी-मलाई की आशा करना व्यर्थ है। आजादी के सातवें दशक तक की शुभ यात्रा में दलितों का सामाजिक जीवन उन्हीं मान्यताओं-आदर्शों के सहारे गतिमान है जिसका इंजन तो हाइटेक दिखता है परन्तु चालक और ईंधन आदर्शोन्मुख–

वर्ण व्यवस्था को तुम कहते हो आदर्श
खुश हो जाते हो
साम्यवाद की हार पर
हाँ तुम सचमुच सहिष्णु हो
जब दंगे में मारे जाते हैं अब्दुल और कासिम
कल्लू और बिरजू
पूजते हो गांधी के हत्यारे को
तोड़ते हो इबादतगाह झुंड बनाकर
कभी सोचा है गन्दे नाले के किनारे बसे
वर्ण व्यवस्था के मारे लोग
इस तरह क्यों जीते हैं?
तुम पराए क्यों लगते हो उन्हें
कभी सोचा है?[18]

मोहनदास नैमिशराय का मानना है कि ''ब्राह्मणवाद मानवतावादी-लोकतान्त्रिक मुखौटा लगाकर भी अपने चरित्र को छुपा नहीं पाता है, क्योंकि वर्ण-व्यवस्था और जातिवाद ब्राह्मणवाद का मुख्य आधार है जिसने आधुनिक समाज में लोकतान्त्रिक प्रक्रिया को भी अपने जातिवादी चरित्र से प्रदूषित कर दिया है।''[19] नैमिशराय मनुवादी संस्कृति और वर्ण-व्यवस्था के प्रति आक्रोशमय स्वर में कविताओं में मुखरित होते हैं। 'आग और आन्दोलन' काव्य-संग्रह की 'झाड़ू और कलम' कविता में कवि वर्ण-व्यवस्था के बीजगणित पर प्रश्न चिह्न अंकित करता है–

तुम ब्रह्मा के मुख से
और हम उस साले ब्रह्मा की टाँगों से पैदा हुए
जिसने अपनी बेटी के साथ बलात्कार किया था
मुझे मालूम नहीं
तुम श्रेष्ठ ब्राह्मण हम पतित शूद्र
इस भ्रम से जल्द मुक्ति मिलेगी?
कल वेद ग्रन्थों का सहारा ले
तुमने मेरे हाथ में झाड़ू पकड़ायी थी

आज परिवर्तन के लिए
तुम्हें अपने हाथ में झाड़ू लेना ही होगा।[20]

विश्वायन में संघर्ष भी वैश्विक हो गये हैं। गरीब देशों में तो संघर्ष खुले और हिंसक हैं ही, सम्पन्न-विकसित देशों में भी नस्ल-मूल इत्यादि के आधार मौजूद हैं। धीरू भाई सेठ के शब्दों में– "जातिगत भेदभाव केवल भारतीय समाज की परिघटना नहीं है। मात्रा और रूप भले ही भिन्न हों लेकिन यह भेदभाव दक्षिण एशिया और पूर्वी एशिया के कई देशों में प्रचलित है। यहाँ तक कि वहाँ छुआछूत जैसी प्रथा भी मिलती है।"[21] देवीप्रसाद मिश्र नस्लभेद को अन्तरराष्ट्रीय चिन्ता के रूप में देखते हैं। आस्ट्रेलिया में भारतीय छात्रों की यातनापरक घटनाएँ देखने में आती रही हैं। राष्ट्रीय फलक पर गौर करें तो दिल्ली सहित अन्य जगहों पर जाति, नस्ल को लेकर शर्मनाक कृत्य सिर झुकाने को विवश करते रहे हैं। कभी-कभी नाम, चेहरा, पहनावा, बोलचाल जानलेवा सबब बन जाता है–

हसन नाम जानलेवा हो सकता है
अमृत यह नाम भी निरापद नहीं रहा
बहुत सुरक्षित नहीं हैं आप
महँगू नाम के साथ
बलबीर नाम के खतरे तमाम हैं
इस तन्त्र में सिर्फ आपका नाम
आपकी हत्या का सबब हो सकता है।[22]

किसी भी राष्ट्रीय समाज को नस्ल के आधार पर समूहों में बाँटना वृहत सोच के लिए कतई शोभनीय नहीं है तथापि ग्लोब पर नस्लगत दुराव की छाँह पड़ रही है। रंगभेद, नस्लभेद विश्व बिरादरी में नये समीकरण रच रहा है। मनोज मेहता 'सुलगा हुआ राग' में लिखते हैं–

हम नस्लवाद के धागे से बँधे
कठपुतलियों की मानिन्द
इधर-उधर दौड़ते फिरेंगे।[23]

वैश्विक सन्दर्भ में यह राष्ट्रों की श्वेत-अश्वेत बहस के रूप में और राष्ट्रीय परिप्रेक्ष्य में सवर्ण, दलित, हिन्दू, मुस्लिम, पुरुष-स्त्री और किन्नर के रूप में विद्यमान हैं। नीलेश रघुवंशी किन्नरों और सेक्सवर्करों के प्रति बरते जा रहे भेदभाव पूर्ण व्यवहार पर लिखती हैं–

एक किन्नर और दूसरे वेश्या, ये दो वर्ग ऐसे हैं
जो सदियों से अन्याय और शोषण के शिकार रहे
समाज में प्रतिष्ठा और जीने का हक बहुत दूर इनसे।[24]

दलित काव्य–चिन्तन मनुष्य होने की खोज करता है जहाँ चतुर्थ–पंचम पंक्तियों की स्थिति–परिस्थिति का प्रतिकार है। अम्बेडकर ने गाँवों को जाति–भेद के कारखाने कहा था। नगरीकरण, औद्योगीकरण और ग्लोबीकरण में आकर संकीर्णता कुछ दबी तो जरूर है परन्तु दाँव मिलते ही बलवती हो उठती है। राजनेता, उच्च अधिकारी, नौकरशाह जिन्हें समाज को आगे बढ़ाने का कार्य सौंपा गया है जातीय-वर्गीय अहं से बाहर नहीं निकल सके हैं। खूँटी में टँगा यज्ञोपवीत दफ्तर के पश्चात धारण कर उसी कछुआ चिन्तन पर टिप्पणी करते रजनी कोठारी लिखते हैं– ''भारत में जाति के सन्दर्भ में रंगभेदी प्रवृत्तियाँ लोगों के व्यावहारिक चिन्तन और रोजमर्रा के सामाजिक कार्य–व्यापार में देखी जा सकती हैं। मनोवैज्ञानिक रूप से द्विज जातियाँ अपने–आपको श्वेतांगों की तरह ही मानती हैं। वैसे भी भारतीय मानस में शास्त्रोक्त रूप से भी कई जगह वर्णों को त्वचा के रंगों को पर्याय समझा जाता रहा है। व्यावहारिक त्वचा के रंग मिश्रित जरूर हो गये हैं, लेकिन दिमागों में गोरे रंग की श्रेष्ठता की मनोग्रन्थि अभी भी कायम है।''[25] साहित्य की यह विधा जन्मना सामाजिक असमानता के विद्रूप चेहरे का अनावरण लगातार कर रही है। रचनाएँ मूक जन–मानस को वाणी देती हैं। जातीय आदर्श को गरियाते जयप्रकाश लीलवान–

जाति प्रथा
जिस समाज का
जिया जा रहा आदर्श
तो जाहिर है कि वहाँ
वेद–पुराण जैसे
कुत्तों की सलामती के
इन्तजाम करने में ही
शासन
और समाज के बाघ
टूटकर ढेर हो जाते रहेंगे।[28]

कवि यहाँ वेद–पुराणों को कुत्ते की संज्ञा देता है तथा शासन को बाघ की। यह बाघ अपनी सारी ताकत कुत्तों की सलामती में ही खपाये दे रहा है। इसका सारा बल विकास के बजाय भेदभाव की वैचारिकता को टॉनिक देता है। दलित कविता मात्र जाति–विशेष, वर्ण–विशेष पर बरते गये भेदभाव पर ही सरोकारों को नहीं समेटती

बल्कि उसकी फिक्र उस पूरे मानव समुदाय से है जो हाशिए पर है तथा आर्थिक जगत में अर्थ से महरूम हैं। बकौल विमल थोरात– "दलित साहित्य उस विद्रोह का नाम है जो किसी विशिष्ट जाति या व्यक्ति के विरुद्ध नहीं बल्कि 'स्व की खोज' में निकले हुए एक पूरे समाज का पूर्व परम्पराओं से विद्रोह है एवं अपने अस्तित्व की स्थापना का प्रयास है।"[27] इनकी परेशानियाँ मानव समाज की हैं। इसने विकास-प्रक्रिया को बाधित ही नहीं किया है उसे अवरुद्ध भी किया है। ऊपर बढ़ने के प्रयास प्रति सांस्कृतिक चेतना के फलीभूत हैं।

समाज की एक इकाई होने के कारण कविता में व्यक्ति व्यथा का अध्ययन हमें सामाजिक-राजनीतिक अन्तर व्यवस्थाओं की जड़ों तक ले जाता है। दलित कविता की अकुलाहट दलित रूप में संज्ञापित भारतीय समाज में सबसे नीचे बसर करने वाले मेहनतकश इन्सान के प्रति है। उसकी तमाम उपलब्धियों पर जो छींटाकशी की जाती है रचनाएँ उस पर विरोध दर्ज करती हैं। अनपढ़, बंजर को स्वरूप और सृजन करने वालों को जो रसूखदार हिकारत से निहारते हैं, उन्हें इसे दोहराने से परहेज करने की नसीहत देती काव्य पंक्तियाँ–

ओ, वर्णाश्रम के किलेदार,
उस वक्त खोजते फिरोगे
उस काले-कलूटे, दरिद्र
प्रताड़ित मानव को
जिसे दुत्कार कर खड़ा कर दिया बाहर
तुम्हारे पुरखों ने
बंजर खेतों से उठती लपटों से
सिहर उठेंगे देवता
मृत्यु के विकराल जबड़ों में फँसी
संस्कृति की तमाम आत्म-वंचनाएँ
सिसक-सिसक कर
दुहरायेंगी अतीत की
कुटिल आत्मघाती उक्तियाँ।[28]

समय प्रवाह, शिक्षा और समझ के विस्तार के साथ दलित-चिन्तन की शुरुआत सम्भावना पूर्ण है। जाति, वर्ग और नस्लभेद के सांगठनिक परिणाम अलग और स्वायत्त पहचान के बरक्स कुछ सकारात्मक नतीजों वाले कहे जा सकते हैं परन्तु शोषण के कुछ नये फलसफे भी ईजाद किये जा रहे हैं। विकास की बेशुमार सहूलियतों से वे महरूम रहे। उनका हिस्सा छीनकर उन्हें दरिद्रता, अस्पृश्यता से भरे

जलते-तपते बियावान रेगिस्तान में भूखा-प्यासा तड़पता हुआ छोड़ दिया गया। पूँजीवाद की विचित्रता पर नैमिशराय वार करते हैं। जिसमें नवब्राह्मणवादी व्यक्ति अकेले दस कमरों के मकान में रहता है और श्रमिक, मजदूर, निम्न तबके के लोग दस-बीस की संख्या में एक कोठरी में बसर करने को विवश हैं। विकास और समता की इस नवीन परिभाषा का अर्थ खोजने की कोशिश कवि अर्थ के बियावान में इस तरह करता है–

जहाँ एक आदमी दस कमरों के
मकान में रहता हो
और दस आदमी
एक मकान में सोते हों
जहाँ का आदमी
व्यस्तताओं के ढेर पर सोता हो
जहाँ मौसम हँसता हो, लोग रोते हों
जहाँ आदमी
आदमी न रहकर
यन्त्र बन जाता हो।[29]

व्यवस्था ने दलितों, शोषितों, मजलूमों को मनुष्य के रूप में कभी अपनाया ही नहीं। हम इक्कीसवीं सदी की एक ऐसी दुनिया में रह रहे हैं जिसमें गरीबी, लाचारी, मजबूरी और निरुपायता का क्रूर दोहन करने वालों की जमातें दुनिया के हर कोने में पसरी हुई हैं। विकास, समता, सभ्यता की इतनी सदियाँ पार कर चुकने के बावजूद हम उसी लिजलिजी मानसिकता से चिपके हैं जिसमें मनुष्य ही मनुष्य को मनुष्य नहीं मानता। स्वतन्त्रता, स्वाधीनता, मुक्ति और आजादी के अर्थ ताकतवर बिन्दुओं द्वारा लगातार तरमीम होकर उनकी सुविधानुसार जन्म-दिवस सेलिब्रेट कर रहे हैं। आज जिन अर्थों में नव-सामन्तवाद, नव-ब्राह्मणवाद 'मुक्ति' और 'जनतन्त्र' की भाटगीरी कर रहे हैं उसके परिणाम ईराक और अफगानिस्तान के रूप में सामने हैं। ''नयी विश्व-व्यवस्था की धमक के पहले कौन कह सकता था कि 'मुक्ति' और 'जनतन्त्र' का वह अर्थ है जिस अर्थ में अमेरिकी प्रशासन खासकर 'अफगानिस्तान' और 'ईराक' में उसका इस्तेमाल करता है। 'लिबरलाइजेशन' या 'उदारीकरण' का ऐसा अर्थ भी हो सकता है।''[30]

जयप्रकाश कर्दम अन्तहीन नस्लगत भेदभाव जिसके पीछे व्यक्ति का कोई वश नहीं चलता पर, लेखनी की धार तेज करते हैं। इस वैश्वीकृत पूँजीवाद में नवासों, दुधमुँहों तक के साथ दुराव-भेदभाव किया जाता है। कवि पूछता है–

पिताजी/क्यों नहीं बनाते तुम भी
मेरे लिए
इनके जैसे कपड़े
क्यों नहीं भेजते-मुझको भी
इनके ही जैसे स्कूल?[31]

भेदभाव का बर्ताव पीड़ादायक, सालता रहता है। बकौल शिवकुमार मिश्र "यथार्थ अनुभव बताते हैं कि आदमी को सर्वाधिक दंश तभी होता है, जब उसमें और दूसरे में उन कारणों के तहत फर्क किया जाता है, जिनमें उसका कोई वश नहीं रहता।"[32] जितना भीषण अत्याचार वैश्विक स्तर पर श्वेत-अश्वेत के रूप में हुआ है वैसा ही अमानुषिक व्यवहार वर्ण और वर्गवादियों द्वारा भोगा जा रहा है। इतिहास गवाह है कि 1911 से पूर्व दलितों को तो हिन्दू कहने से भी परहेज किया जाता रहा। जहाँ एक तरफ कुछ लोग अपनी योग्यता के बल पर ऊपर उठे हैं वहीं यह अपवाद पारिवारिक पृष्ठभूमि, भाई-भतीजावाद, जाति और धर्म की अहम् भूमिका आदि को दरकिनार नहीं करता। वैश्विक और राष्ट्रीय स्तर पर राजनीतिक विचारधारा नहीं, बल्कि जाति, क्षेत्र और धर्म, संरक्षण एवं रेवड़ी बाँटने के आधार पर बन गये हैं। जहाँ तक दलित काव्य विधा की बनावट-बुनावट पर विमर्श किया जाये तो इसमें मात्र आक्रोश ही नहीं है वरन् परिस्थितियों का संजीदा हल ढूँढ़ने की कोशिशें। चीख-चिल्लाहट में प्रायः गम्भीर मसले भी अपनी गम्भीरता खो देते हैं। ऐसे में इस विकराल समस्या की बहस व्यक्तिवादी होकर न रह जाये। राजेन्द्र यादव ने कुछ वर्ष पूर्व दलित कविता के प्रति इस चिन्ता को जाहिर करते हुए कहा था कि "आम दलित लेखन में स्थितियों का अस्वीकार झलकता है और अस्वीकार ही व्यक्तिवादिता की पहली सीढ़ी है। दलित अथवा स्त्री-आत्मकथाओं में एक आक्रोश उबलता रहता है। गुस्सा और अस्वीकार उसका आधार होते हैं।"[33] आक्रोश और विरोध में कविता आशा की किरण सँजोये है–

मायूस आँखों में
भर देता
एक सुखद कल्पना का
अहसास!
विचलित मन
एक क्षण को
हो जाता थोड़ा प्रसन्न
आशा मात्र कि

एक न एक दिन
मिलेगी जरूर
नौकरी
थमेगा
कभी न कभी
कहीं न कहीं
मेरे बहिष्कार का सिलसिला।[34]

कहना न होगा कि नब्बे के दशक में पूँजीवाद अपने साथ जो समृद्धि लेकर आया उसका लाभ मुख्य रूप से मुट्ठी-भर लोगों को मिला है। अन्य लोगों को जो कुछ मिल पाया है उसे ट्रिकल डाउन इफेक्ट का रिजल्ट माना जाना चाहिए। अर्थशास्त्री गालब्रेथ ने उदाहरण देकर समझाया था कि जब घोड़ा अधिक दाना खा लेता है तो उसकी लीद में कुछ अनपच दाने भी आ जाते हैं जिनको खाकर गौरैया प्रसन्न होती है, परन्तु उसमें हीनता और पराश्रिता की भावना बैठ जाती है। चौथाई सदी से ऊपर हो गया जब अमेरिकी राष्ट्रपति रोनाल्ड रीगन ने अर्थशास्त्र के इस सिद्धान्त से प्रेरणा लेकर अपने देश की काया पलटने का प्रयास किया था। उसी दौर में ब्रिटेन की प्रधानमन्त्री मार्गेट थ्रेचर भी इस सिद्धान्त की अनुयायी थीं। ट्रिकल डाउन थ्योरी की जनक और मुक्त बाजार की पैरोकार बिरादरी का मानना है कि धनी वर्ग के हाथ में पूँजी इकट्ठा होना देशहित में है। अन्तरराष्ट्रीय मुद्राकोष के ताजा-तरीन सर्वेक्षण से ट्रिकल डाउन थ्योरी की धज्जियाँ उड़ गयी हैं। इससे लाभ तो मात्र बीस फीसदी आबादी, वह भी धनी, का मात्र .08 प्रतिशत होता है ऐसे में सफाई कर्मचारियों, मेहतरों, मजदूरों का क्या होगा, देखिये।

सन्दर्भ

1. काली सुर्खियाँ, सं. राजेन्द्र यादव, सम्पादकीय, प्रवीण प्रकाशन, नयी दिल्ली
2. नयी शताब्दी में दलित-विमर्श की भूमिका, उपसंहार, कँवल भारती, पृ. 128
3. गूँगा नहीं था मैं, जयप्रकाश कर्दम, पृ. 23
4. दलित निर्वाचित कविताएँ, कँवल भारती, पृ. 180
5. स्लेवरी एंड अनटचेबिल्टी : ह्विच इज वर्स, सं. भगवान दास पृ. 27
6. अब और नहीं, ओम प्रकाश वाल्मीकि, पृ. 20
7. कदम, अंक 2-3, अप्रैल-अक्टूबर 98, पृ. 58-59
8. क्यों विश्वास करूँ, सूरजपाल चौहान, पृ. 18
9. आक्रोश, सी बी भारती, पृ. 3
10. दलित साहित्य : अवधारणा और स्वरूप, जगन्नाथ पंडित, पृ. 21

11. अब और नहीं, ओम प्रकाश वाल्मीकि, पृ. 49
12. दर्द के दस्तावेज, सं. एन. सिंह, पृ. 10
13. गूँगा नहीं था मैं, जयप्रकाश कर्दम, पृ. 17
14. मुख्यधारा और दलित साहित्य, ओम प्रकाश वाल्मीकि, पृ. 81
15. कब होगी वह भोर, सूरज पाल चौहान, पृ. 64
16. आधुनिकता के आईने में दलित, अभय कुमार दुबे, पृ. 394
17. लकड़बग्घा हँस रहा है, चन्द्रकान्त देवताले, पृ. 64
18. बस्स बहुत हो चुका, ओम प्रकाश वाल्मीकि, पृ. 50
19. हिन्दी दलित साहित्य, मोहन दास नैमिशराय, पृ. 149
20. आग और आन्दोलन, मोहन दास नैमिशराय, पृ. 58
21. आधुनिकता के आईने में दलित, अभय कुमार दुबे, पृ. 382
22. प्रार्थना के शिल्प में नहीं, देवीप्रसाद मिश्र, पृ. 106
23. सुलगा हुआ राग, मनोज मेहता, पृ. 100
24. पानी का स्वाद, नीलेश रघुवंशी, पृ. 101
25. आधुनिकता के आईने में दलित, अभय कुमार दुबे, पृ. 395
26. नये क्षितिजों की ओर, जयप्रकाश लीलवान, पृ. 39
27. मराठी दलित कविता और साठोत्तरी हिन्दी कविता में सामाजिक-राजनीतिक चेतना, विमल थोरात, पृ. 29
28. बस्स बहुत हो चुका, ओम प्रकाश वाल्मीकि, पृ. 74
29. आग और आन्दोलन, मोहन दास नैमिशराय, पृ. 63
30. दलित राजनीति की समस्याएँ, सं. राजकिशोर, पृ. 53
31. गूँगा नहीं था मैं, जयप्रकाश कर्दम, पृ. 59
32. वर्तमान साहित्य, अप्रैल 2009, पृ. 11
33. प्रकाशन समाचार, दिसम्बर 2010, पृ. 1
34. हिन्दी दलित साहित्य, मोहन दास नैमिशराय, पृ. 131

5.

राजनीतिक अध:पतन और दलित काव्य-चिन्तन

मनुष्य की अवधारणा के साथ-साथ ही समाज की अवधारणा उत्पन्न हो जाती है। बिना समाज के आदमी और आदमी के बिना समाज की कल्पना नहीं की जा सकती है। मानव पृथ्वी का श्रेष्ठतम जीव रहा है, लिहाजा उसका समाज भी उसकी चारित्रिक एवं भावगत विशेषताओं के चलते अन्य जीवों से अलग ही रहा है। एक मानव समूह जो तार्किकता, चिन्तनशीलता सुरक्षात्मक दृष्टिकोणों, साधन-सम्पन्नता, उत्पादन मूल्यों, विचारों, व्यवहारों, धार्मिक पहलुओं और स्वार्थपरता के साधनों में भी आगे बढ़ गया हो तो वह अपनी संस्कृति और सभ्यता को विकासमान उन्नतशील कहता है। दार्शनिक जगत मनुष्य और मनुष्य समाज में दुष्टता, नीचता, क्रूरता के साथ-साथ दया, करुणा, सद्‌भाव जैसे दुर्गुण-सद्‌गुणों का समावेश-समन्वय पाता है। वह एक बौद्धिक प्राणी है। उसमें पाशविक वृत्तियाँ हैं तो नैतिकता के मानदंड भी। भारतीय समाज-व्यवस्था दर्शनों, सिद्धान्तों, वादों का एक अनोखा संगम है जहाँ आदर्शवाद, उपयोगितावाद, साम्यवाद, समाजवाद, सर्वाधिकारवाद, लोकतन्त्र, फासिस्टवाद, नाजीवाद, धर्मतन्त्र, अराजकता, न्याय-अन्याय के साथ-साथ संविधानवाद, आतंकवाद, परम्परा और आधुनिकता, गांधीवाद, अम्बेडकरवाद आदि के दर्शन होते हैं। आज का भारतीय जनमानस परम्परा-आधुनिकता का विचित्र रूप है। यहाँ की व्यवस्था में सभ्य समाज की असभ्य बर्बरता पुराने समय से वर्तमान ग्लोबीकृत समय तक जीवन्त बनी हुई है। मंगलग्रहीय पीढ़ी उन मूल्यों को भी सहेजे है जो कभी-कभी तिकड़मों और राजनीति की कुटिल चालों के रूप में अप्रत्यक्ष तरीके से अभेद्य प्राचीरों के तहत घेर दी जाती हैं।

देश के कर्णधारों द्वारा भारत की जनता के लिए भारतीय संविधान 'हम भारत के लोग' कहकर अंगीकार किया गया। सभी पुरानी रूढ़ियों, कुरीतियों, व्यवस्थाओं का परिष्कार, समानता, धर्म निरपेक्षता, सामाजिक न्याय, भाईचारा, अभिव्यक्ति की स्वतन्त्रता का समावेश इसमें किया गया जिनके क्रियान्वयन से नवभारत का सपना फलित होने का स्वप्न समाहित था। हजारों वर्षों की गुलामी सहते मानसिक, आर्थिक, सामाजिक रूप से विकृत भारत को समता-बन्धुता, अपनपौ वाले हरियाते देश का

चिन्तन इसमें समावेशित था। समानता के धरातल पर आदमी का स्तर ऊँचा उठाने हेतु सामाजिक-आर्थिक न्याय से सम्बन्धित बहुत से संशोधन, सरकारी आदेश जन-कल्याण हेतु संघ एवं राज्य विधायिकाओं में हुए हैं परन्तु इनसे कुछ विशेष हासिल हुआ दिखलायी नहीं पड़ता है। शोषक और शोषित, भोग्या और भोक्ता के सम्बन्ध यथावत कायम हैं। सामाजिक न्याय की अवधारणा के बावजूद राजा और प्रजा के बीच बड़ा भारी गैप बना हुआ है। जिन आशाओं-आकांक्षाओं से प्रजातान्त्रिक राज्य की स्थापना की गयी थी उसे वर्णगत भेदभाव और सामन्ती सोच बिरा रहे हैं। छल-प्रपंच, जड़ता, उदासीनता, सोच के बहुरूपियापन, कोरी समानता की लफ्फाजी के कषाय ने मानसिक स्तर पर मार-काट वाली स्थिति पैदा कर दी है। व्यवस्था की व्यवस्था है कि लाचार की नाक में नकेल डाली जा रही है। जातीयता का विष, वैमनस्यता, ईर्ष्या के कारण साधन-सम्पन्न राष्ट्र की भाटगीरी करने वालों की बेईमानी बड़ी स्पष्ट होती जा रही है। यह सही है कि भारत आज वैज्ञानिक युग में अपनी मेधा और मेहनत का लोहा मनवा रहा है, परन्तु राष्ट्रीय स्तर पर रूढ़ियों में आबद्ध अलगाववाद, जातीयता की खाइयाँ चिन्ता का विषय हैं। हम जिस गौरव-गरिमा, अस्मिता की बात संविधान में करते हैं क्या समग्र विकास के बिना सम्भव है? अतीत को टेंटियाये हम वर्तमान और भविष्य के प्रति निशा खातिर कैसे हो सकते हैं? हमारी अवरुद्धता और अलगाव का हेतु ऊँच-नीच संकीर्णता का गलियारा रहा है। "जनता के पास छल-प्रपंच और दाव-पेंच उतने नहीं होते जितने पंडितों के पास होते हैं। परिणाम यह होता है कि पंडित देश में जैसी दार्शनिक धारा चला देते हैं, जनता के कर्म बहुत कुछ उसी के अनुरूप हो जाते हैं।"[1] दिनकर जी के इस कथन के पीछे विचार है कि प्रथम पाँत जो कुछ स्थापित कर दे वह विरंचि की लीक है उसमें टस-से-मस नहीं। प्रजातन्त्र और राजनीति के समाजीकरण की वकालत अम्बेडकर ने संविधान सभा में ही की थी। जीवन-सिद्धान्तों में स्वतन्त्रता, समानता और बन्धुत्व की मान्यता से रहित राजनीतिक व्यवस्था एक तरह का राजनीतिक कदाचार है।

भारतीय व्यवस्था, नेताओं, समाज-चिन्तकों की द्वन्द्वात्मक सोच को ध्यान में रखते हुए संविधान सभा में ही यह आह्वान किया गया कि सभी की सहभागिता और सहयोग के बिना सही अर्थों में वैमनस्यताहीन, असमानता रहित भारत का निर्माण सम्भव नहीं है। प्रथम कानूनमन्त्री का कहना था– "भारत में राजनीतिक सत्ता पर केवल थोड़े से लोगों का एकाधिकार रहा है और बहुसंख्यक लोग न केवल बोझा ढोने वाले पशु हैं, बल्कि शिकार के पशु भी हैं। इस एकाधिकार ने न केवल उनहें उत्थान से वंचित रखा है बल्कि जिसे जीवन का सार कहते हैं उससे भी उन्हें वंचित कर दिया गया है। ये पद-दलित वर्ग शासित होते-होते थक चुके हैं, वे स्वयं को शासन करने के लिए आतुर हैं। पददलित वर्गों में इस आत्मानुभूति की प्रेरणा को एक वर्ग-संघर्ष या

वर्ग-युद्ध के रूप में विकसित होने की स्थिति नहीं आनी चाहिए। यह घर के विभाजन की ओर ले जायेगी। जो कि विनाश का दिन होगा। लिंकन ने कहा था कि जो घर स्वयं में विभाजित हो, अधिक समय तक नहीं टिक सकता। निस्सन्देह स्वतन्त्रता खुशी का एक विषय है, किन्तु हमें यह नहीं भूलना चाहिए कि इस स्वतन्त्रता ने महान दायित्वों को सौंपा है। स्वतन्त्रता की प्राप्ति से, किसी भी दोष के लिए ब्रिटिश शासन के प्रति अपने द्वारा आरोपण करने का बहाना समाप्त हो गया है। यदि अब के बाद चीजें गलत मोड़ लेती हैं तो हमें अपने सिवाय अन्य किसी के प्रति दोषारोपण करने का बहाना समाप्त हो गया है। यदि हम उस संविधान को सुरक्षित रखने के इच्छुक हैं जिसमें हमने जनता की, जनता के लिए और जनता द्वारा सरकार के सिद्धान्त को स्थापित किया है तो हमें उन बुराइयों की पहचान में धीमा नहीं होने का संकल्प करना चाहिए जो हमारे मार्ग में आड़े आती हैं और जो लोगों को जनता द्वारा सरकार के स्थान पर जनता के लिए सरकार को पसन्द करने को प्रभावित करती हैं।''[2]

उदारीकरण और भूमंडलीकरण की इस शती में वंचित जन अपनी पीड़ा किससे कहें और कैसे वह सामाजिक समानता के स्तर पर स्वयं को स्थापित करें। सरकारी, गैर-सरकारी संस्थाएँ भूमंडलीकरण, विश्व अर्थव्यवस्था और रहन-सहन के नित नूतन रूपों को अंगीकार करते समाज के महरूम वर्ग से दूरी रखते हुए यह कोशिश करें कि शैक्षिक, आर्थिक, राजनैतिक स्तर पर किसी भी प्रकार ये बराबर न होने पायें तो कलम के पहरुओं का इस त्रासदी को वाणी देना आवश्यक बन जाता है। आज के जटिल सामाजिक-आर्थिक जीवन में राजनीति का चरित्र इतना क्रूर और भयावह हो गया है कि कवि-कर्म भी उसी अनुपात में और अधिक जटिल और दुरूह ही नहीं, वरन् जोखिम भरा भी हो गया है। कवि की चेतना विभाजित होने लगती है। आजादी के बाद तमाम आशाएँ बलवती हुईं परन्तु शीघ्र ही उन पर तुषारापात हो गया। 1943 में फैज अहमद फैज ने कहा था– ''यह दाग, दाग उजाला। उस वक्त सबने बहुत तारीफ की थी, पर बाद में उसका राज पता चला था कि उस दाग-दाग उजाले के पीछे कितना अँधेरा था।''[3] पराधीनता के अवसान के पश्चात देश के असमान विकास और पूँजी के एक ही वर्ग में संकेन्द्रित हो जाने से मजदूर और दलित वर्ग की स्थिति बड़ी ही दयनीय और चिन्तनीय होती गयी। बदलते हालात में स्थितियाँ बहुत तेजी से गतिमान हैं। भारतीय मानस पटल पर पाश्चात्य चिन्तन, चिन्ता पैदा करने वाला है। हमारी प्राथमिकताएँ, अभिरुचियाँ, व्यवहार, भाषा सब इसकी चपेट में हैं। एक ओर आधुनिकता के प्रति मोह में बेतहाशा वृद्धि हुई है तो दूसरी ओर सनातनी संस्कृति और परम्पराओं को बचाये रखने की उत्कट कोशिशें भी जारी हैं। देश के बड़े हिस्से को अभी प्रजातान्त्रिक और स्वाधीन दिनों की आस है। उच्चवर्णीय-उच्चवर्गीय ब्राह्मणीय और नव-ब्राह्मणीय विचारधारकों के जेहन में अभी लोकतन्त्र को स्वीकृति

नहीं मिली है। बुनियादी विकास से वंचित जन कुछ पाते भी हैं तो? कुमार अम्बुज अपनी काव्य पंक्तियों में राजनीतिक विश्लेषण करते–

यदि कभी हम राजा बन भी गये तो
दो पल में ही खो देंगे सिंहासन
हममें है ही नहीं वह रौब-वैभव
वह नखरा नफासत और शिकारीपन
जो होने चाहिए एक राजा में
हममें तो है इतनी सरलता जैसे मूर्खता
हमारा क्रोध इतना घरेलू है
कि हम सिर्फ पति और पिता बन सकते हैं
हममें हैं वे सारे गुण
उतनी सारी दीनता सहनशीलता विनम्रता
और क्रान्ति-विहीनता
जो एक अच्छी प्रजा में होनी चाहिए।[4]

प्रश्न रखते हैं कि क्या हमें ऐसा जनमुखापेक्षी लोकतन्त्र चाहिए जहाँ अराजकता है, हिंसा है, रसूखपन है, कुटिलता है और सरलता-सहजता को मूर्खता माना जाता हो। ये तमाम सवाल हमारी चेतना में बराबर बने रहते हैं तथा अभिजात्यीय प्रजातन्त्र, राजनीतिक कदाचार में टुकुर-टुकुर देखने वालों के प्रति कषाय का भाव पैदा करते हैं। "सामाजिक न्याय की लड़ाई का अर्थ राजनीतिक अवसरवाद और जाति-घृणा नहीं है। अम्बेडकर ने कहा था, 'हम ब्राह्मणों के विरुद्ध नहीं हैं, हमारा आक्रमण ब्राह्मणवाद पर है। हमें ब्राह्मणवाद ग्रस्त ब्राह्मणेतर आदमी दूर प्रतीत होता है और ब्राह्मणवाद रहित ब्राह्मण नजदीक लगता है।' दलित अपनी पुरानी स्थितियों में सब कुछ टुकुर-टुकुर देखता है और प्रतीकों का झुनझुना सुनता है।"[5] इस चुप्पी को तोड़ता है दलित कवि। वह वर्तमान से टकराता है—जूझता है। इतना ही नहीं विसंगतियों और विडम्बनापूर्ण परिस्थितियों को भी उद्‌घाटित करने की कोशिश करता है। ताकत और वाणी देती कविताएँ लोकतन्त्र-प्रजातन्त्र के जालियों-जालसाजों का मुखौटा नोचती हैं। नवेन्दु महर्षि इसके चरित्र को बदल डालने की वकालत करते हुए लिखते हैं–

अँग्रेजों की जगह दलितों को गुलाम
कौन बनाये हुए है... तुम
तुम्हारे सिवाय
शेष दलितों के लिए
आजादी एक गाली है

इस लोकतन्त्र का चरित्र बदलना होगा
क्योंकि यह लोकतन्त्र जाली है।[6]

1920 में मूक नायक के अंक-3 में डॉ. अम्बेडकर ने स्पष्ट लिखा था कि स्वराज्य हो तो ऐसा जिसमें हमारा भी थोड़ा-बहुत राज्य हो। उन्हें सन्देह था कि हिन्दू आजादी मिलने के बाद अछूतों को कुछ भी नहीं देंगे। उनकी चिन्ता थी कि स्वराज्य मिलने पर उससे प्राप्त होने वाली स्वयं सत्ता सभी जातियों में कैसे विभाजित की जायेगी जिसके चलते स्वराज्य ब्राह्मण राज्य न हो जाये। उन्हें आशा थी कि हिन्दुस्तान का भावी राज्य एक सत्तात्मक या प्रजा सत्तात्मक न होकर प्रजा प्रतिनिधि सत्तात्मक राज्य होने जा रहा है। इसलिए उन्होंने माँग रखी थी कि इस प्रकार के राज्य को स्वराज्य होने के लिए मतदारी का अधिकार करके जातिवाद प्रतिनिधित्व देना जरूरी है। उन्हें यह भी मालूम था कि भारत का मतदाता प्रत्याशी की योग्यता नहीं जाति की ओर निहारता है। सात दशक छूती व्यवस्था में बाबा साहब के विचार लगातार सही सिद्ध हो रहे हैं। हम पुराने घड़ियाल-घंटा हिलाते हैं, हाथ में कलावा और टच स्क्रीन से मंगल को टच करने की मंगल कामना भी करते हैं। इन सबसे इतर ब्राह्मण महासभा, क्षत्रिय सेना, वणिक संगठन और सेवक वाहिनियों का गठन कर येन-केन-प्रकारेण वोट बैंक पर कब्जा ठोंकने की जुगत भी की जाती है। औद्योगीकरण, नगरीकरण और ग्लोबल विलेज में बन्धन ढीले हुए दिखते हैं परन्तु जरा चश्मा उतारकर पैनी दृष्टि से निहारने पर ये जातीय बन्धन पेंचीदे नजर आने लगते हैं। यहाँ जातिभेदीय मारकाट का रूप मैनर्ड, कूटनीतिक, परोक्ष है जो खुली सभ्यता-व्यवस्था से भी अधिक भयंकर और भयावह है। यहाँ परिचय में राज्य, जनपद, ब्लाक, मौजा और गली तक के अन्तर संजालीय नेटवर्क से वर्क लेने की सफेदपोश सोचें हैं और समता की वाहवाही के फेस, फेसबुक में। उदारमना व्यवस्था में पूँजी का खेल है जिसके पास पूँजी है, पूज्य है। अन्य सब मूल्य उससे महत्त्वहीन और गौण हैं। हमारी सामन्ती सोच और व्यवस्था, कोशिकाओं में ज्यों-की-त्यों संचित हैं। चमक-दमक में हमारी महान शोषणकारी विरासत तिजोरी में सुरक्षित है, क्योंकि इसी से समृद्धि और सत्ता समृद्धिशील होगी! दलित कवि लिखता है—

हम कितने महान हैं
कि हमने मरने नहीं दी
अपनी सामन्ती संस्कृति
इस उत्तर-आधुनिक वैश्वीकरण की व्यवस्था में भी
जिसके बिना सम्भव ही नहीं
हमारा विकास हमारी समृद्धि और हमारी सत्ता।[7]

गत शती के अन्तिम दो दशकों से कविता केन्द्रीय धारा के साथ सीधे संवाद करती प्रतीत होती है। ऐसा संवाद जो अपने होने के बोध को लेकर कोई भी सचेतन जन समुदाय करता है और अस्मिता बनाये रखने के लिए पहल करने को तैयार रहता है। यह रचनाकारों को समाज, परम्परा और पुरानी रूढ़ियों तथा मूल्यों के मूल्यांकन की सम्यक दृष्टि देता है जिससे इनमें नया इतिहास-बोध विकसित होता है। यह नया बोध इन्हें आधुनिक बनाता है। बकौल मोहनदास नैमिशराय ''दलित कवि आधुनिकता बोध से अपने समाज, इतिहास और परम्परा का मूल्यांकन करके मानवतावाद के लिए संघर्ष करते हैं, दूसरी ओर सवर्ण कवि आधुनिकता बोध 'अतीत की पुरातन रूढ़ियों' पुराने राजतन्त्रों के 'न्याय और शासन' में मानवतावाद को तलाशते हैं।''[8] अन्तिम पाँत में बिठाना, अकर्मण्य रहकर या चतुराई से श्रमशीलों का मेहनताना डकार जाना ऐतिहासिक-पौराणिक है। वास्तव में व्यक्ति ही व्यक्ति का दोहन नहीं करता वरन् एक-सी मनोवृत्ति के समूह समाज और देश तक एक-दूसरे को शोषित करने से नहीं चूकते। दलित काव्य उस पूरी व्यवस्था के तिकड़म से खुलकर दो-दो हाथ कर रहा है जिसने एक खास वर्ण-वर्ग को अर्द्धमानव के ऊपर न उठने के चक्रव्यूह रच रखे हैं। ये जाहिल, अयोग्य करार दिये जाते रहे तथा शिक्षा, ज्ञान, विवेक से दूर किये जाते रहे। इनकी मुसीबतों को समूल विनाश करने वाले खैरख्वाह आते रहे परन्तु परेशानियों के समाधान की आड़ में सत्ता की दावेदारी पक्की करते रहे। इनमें दो फाड़ कर लोकतन्त्र के झुनझुने के राग भैरवी पर अपनी सिद्धि को साधते तथाकथित राजपुरुष की पहचान कराती मोहनदास नैमिशराय की काव्य पंक्तियाँ इनके हाँ में हाँ मिलाने पर तीखा विरोध दर्ज करती हैं–

चुनाव के दिन
वे सभी एक हो जाते
जैसे किसी युद्ध के मैदान में
जीतने
समेटने
भोगने को आतुर
दूसरी ओर मूक
गरीब
दलित
आदिवासी होते
विवाह के इन्तजार में बुढ़ाती लड़कियों जैसे
लोकतन्त्र को सीने से चिपकाये
मत से सम्मत का रिश्ता जोड़ते।[9]

राजनैतिक सत्ता की आधिकारिक लड़ाई प्रभु-वर्गों की राजनैतिक पार्टियों की ही लड़ाई है। उनकी लड़ाई छद्म रूप में राजनैतिक वर्चस्व के साथ-साथ सामाजिक प्रतिष्ठा, धन-धान्य सब कुछ अपने ही पास रखने की है। तीसरी शक्ति को जिस प्रकार से प्राचीन काल से सेवक के रूप में माना जाता रहा आज भी उसी प्रकार 'दो फाड़ करो-सेटिंग करो और राज भोगो' के चिन्तनों के आधार पर अलग-अलग रख उनकी शक्ति को निस्तेज बनाये रखने की पुरजोर कोशिश करते हैं। देश का कोई भी दल या व्यवस्था देने वाला आका हो उनके मुद्दों में भले ही समानता न हो परन्तु उनकी मनोवृत्ति में पूरी-पूरी तारतम्यता है। वे लोकतन्त्र को साधने में जो लम्बे-चौड़े सिद्धान्तों की दुहाई देते हैं दरअसल, वह व्यक्तितन्त्र को साधने की स्याह सोच है। इनकी व्यवस्था में जो दखलन्दाजी करने की हिमाकत करता है उसके लिए इनके पास जाँच करने के दिव्यास्त्र हैं, फाइलें पुन: मथने के ब्रह्मास्त्र हैं। दलित-शोषित जायें तो किसके पास? शिकायत भी उसी प्रभु-वर्ग की और सुनने वाला भी उसी का सूत्र मिला लेने वाला। परिवर्तनशील पदों से इन्हें दूर रखने के लिए पदोन्नति जैसे गुड़ लगे हँसिए हैं। प्रभुजनों की ऐसी काइयाँ सोचें उनकी बुद्धिमत्ता और समस्या को टैकल करने की मेधा हैं। राजनीति के टुच्चे बनते जाने पर इन तथाकथित विज्ञों के चेहरों से नकाब उतारता कवि लिखता है-

तुम सिर्फ चालाक हो
योग्य नहीं
योग्य तो हैं वे...
जो
चट्टान तोड़ते हैं
जूता बनाते हैं
कोयला निकालते हैं
अन्न उगाते हैं
तुम तो
अँगूठा कटवाते हो
सिर कलम करते हो
कान में पिघला शीशा डालते हो।[10]

अम्बेडकरी दर्शन से लबरेज दलित काव्य व्यवस्था बदलने के लिए कृत संकल्प है। और नये विकल्पों का आह्वान करता है। जगदीश चन्द्र भारती की कविता में इसका अहसास होता है-

अब समय आ गया है

जब दलित अँगड़ाई लेगा
उसका भी खून, खून है
वह यह साबित करेगा
गुलामियत की जंजीरें तोड़कर
एक ऐसे समाज की रचना करेगा
जहाँ किसी मजबूर को
अपना हक माँगने पर
जिन्दा न जलाया जाये
गोलियों से न भूना जाये।[11]

सत्तर के दशक में नक्सलवादियों ने सामन्तवाद के विरुद्ध अपनी लड़ाई को निर्णायक मोड़ देना चाहा था। परन्तु उनकी इच्छा खून और आँसुओं में बह गयी। परिणाम किसानों, मेहनतकशों को भोगना पड़ा। सामन्ती शक्तियों द्वारा गरीबों को सबक सिखाने का कार्य समय-समय पर होता रहा है। सन् 1977 में भारत के प्रजातन्त्र में बिहार सूबे के बेलछी गाँव में पच्चीस दलितों को जिन्दा आग में झोंका गया। आग से बाहर निकलने की जो भी कोशिश करता उसे गोली मार दी जाती। तब श्रीमती गांधी हाथी पर सवार होकर बेलछी के दलितों का दुःख-दर्द सुनने गयी थीं। बाबा नागार्जुन की कविता 'हरिजन गाथा' इसी बेलछी कांड को केन्द्र में रखकर लिखी गयी थी। दलित कवि के सपने बहुत विशाल-भारी नहीं हैं उसकी कल्पना तो मात्र रत्ती-भर है। क्योंकि–

ये जाली सरकारें आयीं चुनकर
सदियों से ही झूठे वादे देकर
नरभक्षी गिद्ध बैठे सिंहासन पर
नहीं अपने घर में रोटी
जोड़ के भूखे कंगालों की डोर
हे बन्धु, चल आजादी की ओर
मजबूर-दलित-किसान मिलकर आओ
फौलादनुमा हाथों में हाथ मिलाओ
बन्द मुट्ठी के सपनों को उकसाओ
गिने-चुने दुश्मन को मार गिराओ।[12]

समता-स्वतन्त्रता, भाईचारे का नारा बुलन्द करने वाले मंच से चाहे जितनी लच्छेदार भाषा का प्रयोग कर करतल नाद करवा लें परन्तु मंच की सीढ़ियाँ उतरते ही जातीय-वर्गीय सीढ़ियों का ख्याल साथ हो लेता है। सब को सब कुछ कब

मुहैया होगा, कविता की चिन्ता है। दलितों के नवासों तक पर किये जाने वाले भेदभाव को चन्द्रकान्त देवताले मार्मिक अभिव्यक्ति देते हैं–

असंख्य बच्चों के लिए
कीचड़-धूल और गन्दगी से पटी
गालियाँ हैं जिनमें वे
अपना भविष्य बीन रहे हैं
एक हाथ में रखी आधी रोटी को
दूसरे से तोड़ रहे हैं
उनकी स्मृतियों में फिलवक्त
चीख और रुदन
और गिड़गिड़ाहट की हिंसा है
उनके भीतर शब्द-रहित भय
और सिर्फ जख्मी आज है।[13]

तमाम राजनीतिक आश्वासनों के बीच कवि मजलूमों का मार्ग तलाशता है। रजत रानी मीनू का मानना है कि– ''बदलते मूल्यों के संक्रामक दौर में सामन्ती शानो-शौकत, जातीय वरिष्ठता, वंशवादी कुलीनता, धार्मिक कूपमंडूकता, सामाजिक उजड्डता और राजनीतिक आश्वासनों के लुभावने मिथकों के बीच दलित कविता अपना रास्ता खोजती है।''[14] सत्ता में बने रहने के लिए बाँटने के हथकंडे अपनाये जाते हैं। यह वर्ग वास्तविक समस्याओं से जनता का ध्यान हटाकर निरन्तर अपनी स्थिति मजबूत करता चलता है। देश का मजदूर और दलित वर्ग इन सब परिस्थितियों के बीच पिस रहा है और राष्ट्रीय ही नहीं अन्तरराष्ट्रीय षड्यन्त्रों का शिकार हो रहा है। कवि की चिन्ता दलित वर्ग के उन व्यक्तियों की चिन्ता से मिलकर एकाकार हो जाती है जो जीवन के कटु अनुभवों के बावजूद एक ही समय में इकहरा व्यक्तित्व जी रहे हैं और जो पूँजीवादी समाज के द्विमुखी, त्रिमुखी या सहस्रमुखी चरित्र को भाँप नहीं पा रहे हैं। इसलिए वह व्यवस्था के शोषण तन्त्र में निरन्तर पिसता चला जा रहा है। राजनैतिक आपाधापी ने आजादी और समता को तो निरर्थक बनाया ही है ऐसे में आर्थिक उदारीकरण का स्वप्न, भूमंडलीकरण, विश्व बाजार में भागीदारी ने भी एक-चौथाई जनता की चिन्ताएँ बढ़ायी हैं। ग्लोबीकरण की अवधारणा में समानता की डींगें मारने वालों को भी इसकी कुटिल मुस्कान का भान होने लगा है। ''नव-उदारवादी पूँजीवाद ने भूमंडलीकरण के जरिए लोकतन्त्र के जिस नये रूप की रचना की है, उसके तहत दलितों जैसे हाशिए पर पड़े तबके के लिए खतरा पैदा हो गया है। अब न केवल जाति-विरोधी जमीनी संघर्षों को उत्तरोत्तर मजबूत किये

जाने की जरूरत है, बल्कि अन्तरराष्ट्रीय मोर्चाबन्दी भी आवश्यक है।''[15] देश की राजनीति और अर्थव्यवस्था में भूमंडलीकरण की बयार के चलते व्यापक परिवर्तन आये हैं। जिनसे जनसामान्य चिन्तित है। वसुधैव कुटुम्बकम् का प्रवचन देने वाली व्यवस्था के बहुरुपिए चरित्र पर दलित कवि टिप्पणी करते हुए लिखता है–

> वाह! हिन्दोस्तान वाह!
> महात्मा की बकरी खाये किसमिस
> धन्ना सेठ की कुतिया को आइसक्रीम
> और मेहनतकश इन्सान को मिले
> सीवर में सौ फीसदी आरक्षण।[16]

कवि सामाजिक विषमता के बीच नयी दुनिया रचना चाहता है। उसके पात्र किसी राजा–महाराजा, सेठ–साहूकार की औलाद नहीं हैं। ये माटी की सन्तानें हैं जो मेहनत करते हैं और सिर उठाकर चलते हैं। रचनाकार के भीतर जो रचा–बसा है उसे पाठक तक पहुँचाने की कोशिश की जा रही है।

गैर–जिम्मेदार और भ्रष्टाचार से समृद्ध व्यवस्था का जन मन्दिर इनके पूर्वाग्रहों और मूर्खताओं के चलते सहमति–असहमति के छुपम–छुपाई खेलों में अपने अमूल्य समय को जाया कर देता है। लेनिन ने ठीक ही कहा था कि संसद एक गपशप की दुकान मात्र है, जिसमें बातचीत तथा बहस के जरिए आम आदमी को बेवकूफ बनाया जाता है। किसी भी तरह सत्ता के रसों का भोग करना राजनीति का ध्येय है। भारत के राजनीतिक मंच पर एक समझौते के तहत पटकथा की इबारत रची जा रही है जिसकी भाषा आमजन, श्रमिक, शोषित–दलित की समझ से परे है। वह शब्दों की बाजीगरी नहीं जानता, तहजीब–संस्कार उसमें कहाँ, शायद इसलिए ये उजड्ड हैं, गिरहकाट हैं, जाहिल हैं! झूठी बहानेबाज मक्कार व्यवस्था पहले तो दाल, चावल, आटा, तेल, दूध, चीनी, आलू–प्याज इनकी पहुँच से दूर करती है तत्पश्चात इनके लाल–पीले कार्ड बनाकर जमीर को लाचारी–भिखमंगई में तब्दील कर इनकी मानसिकता तक को नीच–अस्पृश्य–दमित–दलित बना डालने के लिए योजनाओं को बड़े सुन्दर नाम देकर इनका वोट बैंक फिक्स डिपॉजिट करती है। अनाज गोदामों में सड़ जाये, भंडारण के लिए बोरे न उपलब्ध हों, कालाहांडी हमारा अलंकरण है! बुन्देलखंड, विदर्भ में दिल दहला देने वाली घटनाएँ व्यवस्था को तिल–भर विचलित नहीं कर पातीं। व्यवस्था में व्यवस्था है कि लाख–दो लाख फेंक दीजिये, सब शान्त। और देना कहाँ है, कागजी घोड़े ही तो दौड़ाने हैं, क्लिपिंग–प्रेस विज्ञप्ति और फ्रंट पेज की खबर अगले दिन संवेदना हीन! कहाँ राजनीति को सामाजिक विषमता और आर्थिक शोषण से मुक्ति पाने के सशक्त माध्यम के रूप में

परिभाषित किया गया था। दलों के पास दलन-शोषण के दिव्यास्त्रों से भरा तूणीर है। ये कभी धर्म का जुनून पैदा कर, कभी साम्प्रदायिकता बनाम धर्म निरपेक्षता की बहस चलाकर और कभी उदारीकरण की उदार नीतियों से लोगों को बरगलाते, असल मुद्दों से ध्यान भटकाने में कामयाब हो जाते हैं। एक अच्छी एवं स्वस्थ राजनीतिक व्यवस्था से राष्ट्र की उन्नति-विकास और उद्धार होता है, परन्तु जहाँ अड़ियल सोच और माफिया तन्त्र की अदला-बदली मात्र हो वहाँ जो कुछ किया जायेगा उसमें भविष्य दृष्टि जन कल्याणार्थ से इतर ही होगी।

कविता सृजन करती है और सृजन की नवीनता कविताओं की मौलिक ताकत होती है। दलित चिन्तन सदियों से बेखबर-बेसुध, श्रमरत मानव को सचेत करता है, आगाह करता है व्यवस्था की महीन परतों से, जिनमें वह छटपटाता रहा है। ओम प्रकाश वाल्मीकि अपनी रचनाओं में सम्भावनाएँ तलाशते हैं–

रहे बेखबर
उस दुश्मन से
जिसकी सेवा-टहल में
खप गयीं पीढ़ियाँ
बिक गयीं भूखी नंगी
मर गयी बेमौत
बेनाम चिर-परिचित गलियों में
जन्म लेने भर की
इतनी बड़ी सजा
आखिर कुछ तो सोचा होता![17]

सत्तासीनों के बीच उथली-छिछली बातों का शोर बढ़ रहा है। गम्भीर मसलों पर सतही चर्चा और उन्हें सतही रूप देने में ये उस्ताद हैं। दुनिया के सबसे बड़े लोकतन्त्र में जीवित जातितन्त्र इसके विरोध में खड़ा है और अपनी गिरफ्त में लेता जा रहा है। सम्पूर्ण राजनीतिक प्रक्रिया जातीय-वर्णीय अवरोधों से लहू-लुहान है तथा खैरख्वाहों के बीच अनगिनत विरोधाभासों के बावजूद बहिष्कार की मौन सहमति है। दलित कवि अतीत का पुनर्मूल्यांकन, वर्तमान से संवाद और भविष्य के प्रति सजग रहते हुए लेखक और सामाजिक तत्त्व की दोहरी भूमिकाएँ निभा रहा है।

मन्त्रणा-यन्त्रणा से उर्वरित दलितों की प्रताड़ना ब्राह्मणवादी वैचारिकता का सामन्ती गठबन्धन है। यह महागठबन्धन सृष्टि के अभ्युदय से ही चल रहा है। दोनों में परस्पर सहयोग है और ये सहोदर भी हैं। इनकी चूल्हा न्योती आज भी बरकरार है। भइयाचारी में खटाई डालने की जिसने कोशिश की उसे ही कसैला कहकर घूरे में फेंक दिया

गया और ये एकमेव बने रहकर शासन करते रहे। राम और शिव का युद्ध जब भी हुआ, निरपराध गण-सेवक स्वर्ग की दुहाई देकर कोपभाजित किये गये, वहीं दोनों ध्रुव एक दूसरे का संकीर्तन करते रहे सो खेल लगभग वैसा ही है। सामन्तवाद ब्राह्मणवाद का पोषण करता है तो ब्राह्मणवाद और ब्राह्मणीय सोच जातीयता-वर्गीकरण को पुष्ट करती है। दलित उत्पीड़न कभी धर्म की आड़ लेकर किया जाता था, लेकिन अब प्रशासन और राजनीति का गठजोड़ इसका महत्त्वपूर्ण कारण है। सरकारी तन्त्र में मसनदी वर्ण-व्यवस्था के खुर्राट पोषक तत्त्व किस प्रकार दलित-वंचित विरोधी साजिशें रचते हैं इसकी फेहरिश्त लम्बी है और लम्बी ही होती जा रही है। व्यक्ति की सही पहचान बनती है समानता से, स्वतन्त्र अभिव्यक्ति से और भेदभावरहित व्यवहार से। लोकतन्त्र का मूल निश्चित ही परिवार में है जहाँ पुरिखा छोटे-बड़े सबको समान मानते हुए कल्याणकारी दृष्टिकोण रखता है। परिवार रूपी सामाजिक इकाई ही वृहत रूप में राष्ट्र निर्माण की नींव बनती है। इसकी अवधारणा में करुणा, मैत्री, समानता, स्वतन्त्रता और उन्नत मूल्यों से ही उदात्त राजनीति का गठन होता है। समग्र विकास, सर्वसमभाव, समादर भाव आदि मिलकर व्यवस्था की आदर्श धुरी का निर्माण करते हैं। परन्तु संकुचित वैचारिकता में कैद रहनुमा ब्राह्मणवादी व्यवस्था की कंठी लटकाये शिक्षा, ज्ञान और परम्परा-बोध को और इतिहास-ज्ञान को अपने सिंहासन के लिए इस्तेमाल करते रहे। धार्मिक अवधारणाओं को ईश्वर से जोड़कर प्रायश्चित-पुण्य-पाप के भयों से अपने अटूट मठों को सत्ता संरक्षण दिलाते हुए इन्हें ही सत्ता-प्रतिष्ठानों में तब्दील करने की लिजलिजी नीति और नीयत को ढहाने का आह्वान करते रामशरण विद्यार्थी लिखते हैं–

> तड़पता हो इन्सान जहाँ रोटियाँ को
> ऐसी खुदाई मिटाओ तो जानें
> अछूतों के हमदर्द बनते अगर हो
> छुआछूत का गढ़ ढहाओ तो जानें।[18]

वंचित-दलित की समझ में आने लगा है कि उसे जलालत और पशुवत जीवन से ऊपर कैसे उठना है। वह अहसास करने लगा है कि सम्मान से जीने का हक उसका भी बनता है। उसमें तार्किकता के साथ बात रखने का साहस पैदा हुआ है।

बहुराष्ट्रीय आवारा पूँजी के बढ़ते वर्चस्व के इस दौर में जब ''राष्ट्रों की राजनीतिक सीमाएँ तेजी से भंजनशील हो रही हैं और बहुराष्ट्रीय आवारा पूँजी की आकांक्षित और सम्पोषित 'अधि राष्ट्रीयता' उठान पर है तब 'राष्ट्रों की सम्प्रभुता' का वास्तविक अर्थ क्या ठहरेगा? कल तक हम मानते रहे हैं कि 'सम्प्रभुता' राष्ट्र की जनता में निवास करती है, लेकिन अब साफ होता जा रहा है कि 'सम्प्रभुता' का वास्तविक वास पूँजी

में होता है। विश्व व्यवस्था का तकाजा है कि जिसकी पूँजी होगी सम्प्रभुता उसी की होगी।''[19] ढरककर आयी इस नयी व्यवस्था ने भारत की राजनीतिक सम्प्रभुता को पूँजीवादी वर्चस्वशील शोषणपरक दुरावस्था में तब्दील करने का काम किया है। पूँजी चंचला होती है, जिधर-जिधर डोलती है, बोलती है। एकजुटता को फोड़कर यह पृथक्करण की शैली को अंगीकार करती है। ''असल में पूना पैक्ट के बाद से ही दलित राजनीति ब्राह्मणवाद और पूँजीवाद से नियन्त्रित और संचालित हो रही है। यही उसकी सबसे बड़ी समस्या है।''[20] इसलिए रचनाकार लफ्फाजों, मक्कारों से मुक्ति चाहता है। सोहनपाल सुमनाक्षर बन्धनों को तोड़ देने की बात कहते हैं–

तुम शोषक हो, लुटेरे हो, नर-पिशाच हो
और हम 'बन्धक'
पर अब ये 'बन्धक जीवन'
और ज्यादा दिन नहीं चलेगा
अब हमने मरना सीख लिया है
तुम्हारी गुलामी
अब न मैं करूँगा
न मेरा बाप और न मेरी माँ
और न मेरी आने वाली पीढ़ी।[21]

साथ में स्वाधिकार लेने का दृढ़ निश्चय भी कविताओं में केन्द्र बिन्दु के रूप में सामने आता है। कवयित्री धनदेवी लिखती हैं–

कसम उठाओ, मत घबराओ
नहीं सहेंगे दुर्व्यवहार
जुल्म-सितम का करो सामना
लेकर रहेंगे स्वाधिकार।[22]

परन्तु दलित-पिछड़े, अल्पसंख्यीय समान विचारधारा का मानव समाज जाति-व्यवस्था को अक्षुण्णता के साथ-साथ शक्तिशाली बना रहा है। वास्तव में न्याय-समता का पहला कदम ही सभी प्रकार की विषमताओं, असमानताओं की गहन गुफाओं से निकलकर समानता, स्वतन्त्रता और भाईचारे के आलोक में जाता है। न्याय की अनन्य शर्तों में सर्वप्रथम समानता ही आती है। जो समानता चाहेगा वही सामाजिक न्याय की बात करेगा। यह समानता उसे सामाजिक, आर्थिक, वैचारिक, शैक्षिक, स्थानीय एवं वैश्विक बाजार व्यवस्था में हासिल करनी होगी। कोई सम्मान, इज्जत की रोटी उसे बिना संघर्ष प्राप्त होना मुश्किल है। इस वातावरण को तैयार करने का काम बुद्धिजीवी लेखक-कवि करेंगे। सरेआम होते अत्याचारों में अपने

को लहूलुहान पाता कवि भारतीय प्रजातन्त्र के उस यथार्थ से रू-ब-रू कराता है जहाँ–

अलग-अलग हैं घाट
अलग-अलग हैं ठाँव
जिनके पास सब कुछ है, वे चाहते हैं और
जिनके पास कुछ भी नहीं, उनकी चाहत
समर्थ को पहुँचाती चोट और आगे भी पहुँचायेगी।[23]

संवैधानिक दृष्टि से स्वतन्त्रता-समानता होने पर भी इनके घाट और गाँव-टोले-मौजे अलग-अलग हैं। समाज का देववर्ग लगातार अतृप्त बना हुआ है और उसकी चाहत पूरी होने वाली नहीं दिखती। बड़ा लचीलापन है इस प्रभु-वर्ग में। जहाँ जैसी परिस्थितियाँ पैदा होती हैं स्वयं को उनसे एकाकार कर लेता है। पंक्ति भेद में तब्दील वर्ग की दिक्कत ये है कि यह लचकता नहीं स्वाभिमान के लिए शहीद हो सकता है, और अभी तक वीरगति ही तो प्राप्त करता आया है। इस देश में किसी सवर्ण या प्रभु वर्ग को यह उद्घोषित करने की जरूरत नहीं है कि वह पूज्य कौमीय है। यह तो लाचार-मजबूर जन समुदाय है जो परिचय का मुँहताज है। प्रभुवर्ग ने व्यवस्था के साथ सौदेबाजी की है– शोषक वर्ग दलालों को कौर फेंकता है कुछ दौड़ते हैं और गोटी चित्त करने के लिए कभी-कभी एक आदर्श विग्रह स्थापित करने के लिए इनके तसले में पदों-कुर्सियों की बख्शीशें-कृपाएँ डाल दी जाती हैं परन्तु शेष वैसे ही शेष...। गोरों ने यहाँ सैकड़ों वर्ष हुकूमत की, अपनी ताकत की बदौलत नहीं वरन् यहाँ की ताकत को तोड़कर। दलित राजनीति का सबसे बड़ा पेंच कुछ इसी तरह फँसा है इनके तथाकथित रहनुमाओं ने उन्हीं से साठ-गाँठ की जिन्होंने पीढ़ी-दर-पीढ़ी इन्हें अमानवीय जीवन बसर करने के लिए बाध्य किया। ''यहाँ जितने भी बड़े आन्दोलन चले, वे एक व्यक्ति की शक्ति और प्रभाव पर निर्भर रहे। गाँधी, अम्बेडकर और लोहिया– तीनों पर यह बात घटती है। इन तीनों महापुरुषों के अनुयायी निकम्मे सिद्ध हुए। डॉ. अम्बेडकर अपने जीवन के अन्तिम 6 वर्षों में ऐसा राजनीतिक समीकरण बनाने की कोशिश करते रहे जिसमें वर्ण-व्यवस्था के सताये सभी वर्ग एक मंच पर हों और अन्य तबकों में जो संवेदनशील प्रगतिशील और समाज के बदलाव के प्रति समर्पित लोग हों उनका सहयोग भी प्राप्त किया जाये।''[24] परन्तु ये सब शोषित जन कभी एक हुए नहीं और इनकी फूट हुकूमत के लिए कठिनाइयाँ कम करती रहीं। कालीचरण सनेही 'कौन बड़ा है' कविता में जो प्रश्न रखते हैं वह व्यवस्था की पोल खोलने वाला है। कवि पूछता है–

तुमने हमारी खातिर

दिल्ली का आलीशान 'राष्ट्रपति भवन'
तो
खाली कर दिया–
मगर अभी खाली नहीं किया–
गाँव का छोटा-सा जीर्ण-शीर्ण
'राम जानकी' मन्दिर
दोनों में कौन बड़ा है–
यह सवाल मेरे सामने
अब भी खड़ा है...[25]

डॉ. अम्बेडकर के अवसान के पश्चात भारतीय राजनीति का महासागरीय मन्थन होता रहा। अनुयायी नेताओं, खैरख्वाहों के दीन-दलितों व सामाजिक, आर्थिक-राजनीतिक सुधारों के प्रति वितृष्णा भाव एवं सत्ता-शक्ति प्रतिष्ठा की ललक ही दिखाई पड़ती है। शोषण को समूल नष्ट करने वाले महापुरुष के कारवाँ को डुबाने वाले उनके कभी के विश्वसनीय नेता ही हैं जो सत्ता सुखभोग, पदों की हनक में अपने ही बन्धु-बान्धवों को बिसारते जा रहे हैं जिन्होंने सामन्तों, तानाशाहों की औरंगजेबीय निरंकुशता को सहा है। जीवन के हर कोने का निर्धारण परम्परागत मानदंडों से जिनमें प्रजातन्त्र कम, प्रताड़ना और परायापन अधिक है। जिन बुद्धिवेत्ताओं को परिवर्तन लाने हेतु अभियान का आरम्भ करना था वे सत्ता से गठजोड़ कर सुविधाभोगी हनीमून एन्ज्वाय कर रहे हैं। स्वाधीनता समानता की वकालत बाबा साहब ताउम्र करते रहे। जाति उन्मूलन में उन्होंने लिखा "आपसे यह अवश्य पूछा जा सकता है कि यदि आप जाति के विरुद्ध हैं तो आपके विचार से आदर्श समाज किसे कहा जा सकता है ? अगर आप मुझसे पूछें तो मेरा उत्तर होगा, जो स्वाधीनता, समानता और भाईचारे पर आधारित हो।"[26]

समय की वास्तविकता को ईमानदारी से अभिव्यक्त करती दलित कविता ब्राह्मणीय, नव-ब्राह्मणीय, सांस्कृतिक राष्ट्रवाद और वर्चस्ववादी शक्तियों के फैलाव के विरोध में खड़ी है। यह जनवादी-लोकतान्त्रिक मूल्यों और अधिकारों की रक्षा के लिए संकल्पित है। जय प्रकाश लीलवान अपनी कविता 'आज का गणतन्त्र' में लिखते हैं–

गणतन्त्र
इस देश के
खानाबदोशों, शूद्रों
व दलितों के लिए
घुटनों के

पीछे की चोट है
जिसमें कि
आज भी उसकी शक्ल
उनकी जातियों-जैसी
आँकी जाती है
जहाँ
गद्दारों को
रुतबेदार होने के
हालात
उपलब्ध कराये जाते हैं
जीतने के बाद
गणतन्त्र के मुँह पर
जातियों का
थूक थूकने के अलावा
अगर
बात करते हैं
तो बस
भ्रष्टाचार की बात करते हैं।[27]

शब्दों को ज्वालामुखी में तब्दील कर समाज को नये आयामों की ओर अग्रसर करने का काम दलित काव्य कर रहा है। इसमें तमाम सम्भावनाएँ हैं और उम्मीदें टिकी हैं। परिपाटियों-परम्पराओं की पगही थामे इन्हें जोतने का जो सिलसिला रहा है उसमें तमाम लेंगड़ और बंजर जमीनें काल को भी कलंकित करने वाली और जख्मों की गवाह हैं-

वहाँ न वर्तमान सत्य है
न सच है भविष्य
जो कुछ है सिर्फ भूत है
इसलिए आबादी का बहुत बड़ा हिस्सा
एकदम अछूत है।[28]

काल के कपाल पर नयी इबारत रचती दलित-शोषितों की व्यथा-कथा भारत की उस वास्तविकता से वास्ता रखती है जहाँ तीस प्रतिशत आबादी अब भी गरीब है, बीस फीसदी छत से महरूम है, पच्चीस प्रतिशत लोग अँधेरे में रह रहे हैं और लगभग नौ करोड़ लोगों को पीने का पानी प्राप्त नहीं है। भगीरथ मेघवाल व्यवस्था की इस व्यवस्था का चित्र उकेरते हैं-

सागर-तट, फुटपाथ
और इंडिया गेट के पास
कितने ही बदनसीब
केवल चाँदनी ओढ़कर
सोये होंगे
वहीं किसी चमचमाती कार में
अधबूढ़े थुलथुल पेट
के साथ
बेबसी छिपा
कोई युवती हँसी होगी
पास ही
किसी भिखारिन के
अधनंगे मैल-जमे
काले-कलूटे बच्चे
रो-रोकर
थककर सो गये होंगे।[29]

भूमंडलीकरण के कारण आज दुनिया विश्वग्राम में तब्दील है। वक्त का तकाजा है कुछ करने का न कि सोचने-विचारने का। पाश्चात्य जगत के चिन्तन उदारीकरण, बाजारीकरण के अन्धड़ में ऊर्ध्व स्थित विचारकों, बुद्धिजीवियों और अभिजात्यों का इसकी तरफदारी करना नियति का निकृष्ट रूप है। इन बड़े-बड़े सफेदाओं का धारा के सापेक्ष चलना और नीचे उगी घास-दूब को कुचलना ऐतिहासिक-पौराणिक रहा है और आज उसे व्यवस्था का जामा पहनाकर लागू किया जा रहा है। इस प्रवाह में, अन्धड़ में छोट-छोटे प्राकृतिक पतवार-दूब न तो उखड़ते हैं और न ही बहाव के साथ स्वयं को बहाते हैं तथा यदि दूब पल्लवित हो जाये तो तुर्रमशाह तक औंधे मुँह धराशायी हो जाते हैं। गौरांग सफेदीय परन्तु स्याह सोच ने पूँजी को पूज्य बनाये रखने के लिए सिर्फ सिद्धि को ध्येय माना साधन को नहीं। प्रफुल्ल कोलख्यान के अनुसार, ''पूँजीवाद ने 'हरिजन' और 'दलित' को एक-दूसरे की विरोधिता में विकसित किया, लेकिन यदि समता-स्वतन्त्रता-बन्धुत्व के लिए संघर्षशील चेतना से सम्पन्न लोग संगठित रूप से 'हरिजन' और 'दलित' में बन्धुत्व की स्थिति बना पाते तो यह काम पूँजीवाद के हितों पर चोट पहुँचाता।''[30] इस ख़तरनाक साजिश को चीह्नने-पहचानने का काम करती है ओम प्रकाश वाल्मीकि जैसे कवियों की बेबाक लेखनी और सुचिन्तित सटीक काव्य भाषिता। षड्यन्त्रों के चक्रव्यूह में अभिमन्यु आज भी घिरा है। सभ्यता-शिष्टाचार के ढोंगी चित्त कर

सवारी भरने के लिए सफेदपोशी के पीछे रक्तीय साजिश को छुपाये हैं–

स्वच्छ श्वेत परिधानों पर
गुनाहों का लाल चोला
दिखायी नहीं पड़ता
कुछ आँखें देख रही हैं
खामोशी के साथ
अँधेरे की गहरी परतों में
खतरनाक साजिश
जो कड़ुए धुएँ का चक्रव्यूह बनाकर
फँसा रही असंख्य अभिमन्यु।[31]

दलित हिन्दी कविता दलित समाज पर घटित घटनाओं का जीवन्त दस्तावेज है। यहाँ भावुकता का कोई स्थान नहीं है। रचनाकार शोषक वर्ग को खबरदार करते हैं तथा शोषित को एकजुट होकर इनका प्रतिकार करने की ऊर्जा प्रदान करते हैं। जयप्रकाश कर्दम नियमों–व्यवस्थाओं और संविधान से प्रश्न करते हैं जिनके रहते हुए दलित के प्रति अमानवीय व्यवहार की घटनाएँ प्रायः देखने में आती हैं। वे लिखते हैं–

निषिद्ध हैं जिसके लिए आज भी
बहुत से सार्वजनिक स्थल
निषिद्ध हैं शासन और सत्ता के प्रतिष्ठान
बेमानी हैं उसके लिए
आजादी और लोकतन्त्र की बातें
व्यर्थ हैं संसद और संविधान।[32]

दलित नेता जिन वोटों की ताकत से सत्ता की सीढ़ियाँ चढ़ते हैं, राजतिलक के पश्चात अपने ही भाइयों से मुँह फेर लेते हैं। मलिन बस्तियों से सपूत दलित समाज के रहनुमा पद प्राप्त करते ही फाइव स्टार जिन्दगी का रसास्वादन करने लगते हैं। आश्चर्य तो तब होता है जब ये राजपुरुष स्वयं उच्च–दम्भीय वर्ग की भाषा में बात करने लगते हैं। लोकतान्त्रिक भागीदारी में बढ़त के बावजूद दलितों की अवमाननाकारी स्थिति में कोई उल्लेखनीय तब्दीली देखने को नहीं मिलती। गोपाल गुरु दलितों की दशा पर अपने विचार व्यक्त करते हुए लिखते हैं– "भारतीय सन्दर्भ में न लोकतन्त्र और न ही राज्य दलितों को अवमानना से संघर्ष में मदद का ठोस आश्वासन देता है। सार्वजनिक संस्थाओं और लोकतान्त्रिक विचारधारा की इस नाकामी के बाद क्या व्यापक नागरिक समाज से उम्मीद की जा सकती है कि वह इस जिम्मेदारी को पूरा करने में अगुआ भूमिका निभायेगा?"[33] वर्तमान के तमाम कल्याणकरी पैकेज दलितों

की कोठरियों को रोशन नहीं कर पाते। यहाँ अभी भी घुप्प अँधेरा और सीलन-बास विद्यमान है। साफ हवा और धूप इनके सँकरे गलियारों के भीतर नहीं पहुँच पाती। मानवता-नैतिकता से मरे खैरख्वाह अपने हित से इतर कुछ सोच ही नहीं पाते। पूरी दुनिया को वेदान्त का गुर बताने वाले विवेकानन्द भी भारत की शोषणपरक व्यवस्था से व्यथित थे। ''निर्धनता, पुरोहितवाद और धार्मिक अत्याचार, सिखाने वाले दर्शनों के स्वामी जी प्रचंड विरोधी थे। इसी प्रकार धनियों के प्रति उनके मन में आदर का भाव नहीं था। उनका कहना था—भारत की एकमात्र आशा उसकी जनता है। ऊँची श्रेणी के लोग तो शरीर और नैतिकता दोनों ही दृष्टियों से मर चुके हैं।''[34] यह मुर्दा नैतिकता समाज की सेवा के लिए चुनाव के समय जोर मारने लगती है। मताधिकार का प्रयोग कर मतदाता अपने दोहन का अधिकार इन्हें सौंप देता है। वह देश का नागरिक नहीं बल्कि एक यूनिट मात्र बनकर औचक रह जाता है। ओम प्रकाश वाल्मीकि की ये काव्य पंक्तियाँ दलित समाज के प्रति इस विडम्बनात्मक व्यवहार का चित्र उकेरती हैं—

रह जाती है सीमित
अखबार की सुर्खियों तक
विश्व बैंक की धन राशि
रोशनी के उस पार
जहाँ आदमी मात्र एक यूनिट है
राशन कार्ड पर चढ़ी हुई
या फिर कागज का एक टुकड़ा
जिसे मतपेटी में डालते ही
हो जाता है वह अपाहिज
और अभिशप्त भी।[35]

सत्ता का भूत सिर चढ़कर बोल रहा है। कुर्सी हासिल करने के लिए कुछ भी कुत्सित नहीं है! दलितों का मसीहा बनने वाले तथाकथित समाज चिन्तक जनता को रोटी-कपड़ा-मकान मुहैय्या कराने के बजाय हथियार बाँटते हैं। फसाद और बवेला करवाकर मूल मुद्दों से ध्यान हटाना इनके खेल हैं। समाज-राष्ट्र जलता रहे फर्क क्या पड़ता है? कवि मोहन दास नैमिशराय जनता को इनसे बचने की सलाह अपने शब्दों में देते हैं—

लाशें बिछाना
और लाशों की राजनीति करना
दोनों ही हमारी नियति बन चुकी हैं

सच यही है
घर-घर जाकर
कोई रोटी नहीं बाँटता
ढेर सारे त्रिशूल
चाकू
कट्टे
दस्तीबम
बिन माँगे मिल जाते हैं।[36]

तमाम शोषण और त्रासदियों को सहकर भी दलित अपने अधिकारों के लिए मानवता का त्याग नहीं करते। हकों की लड़ाई में वे कलुष राजनीति का हिस्सा नहीं बनते और न बगुला की तरह शिकार पर वार। अपने मुद्दे रखते समय ये किसी छद्म लीपा-पोती का वरण नहीं करते। वे भूखे हैं मगर किसी की थाली पर झपट्टा नहीं मारते–

वे भूखे हैं
पर आदमी का मांस नहीं खाते
प्यासे हैं
पर लहू नहीं पीते
नंगे हैं
पर दूसरों को नंगा नहीं करते
उनके सिर पर
छत नहीं है
पर दूसरों के लिए
छत बनाते हैं।[37]

अधिकारों से वंचित करने की गौरव गाथाओं का दलित कविता बहिष्कार करती है। शब्दों से प्रकृति के स्वरूप, मानव की पीड़ा और जार-जार हो रही संवेदनहीनता को रचनाकार अभिव्यक्त करना चाहता है। चन्द मुनाफाखोरों, धनाढ्यों, रिश्वतखोरों, सफेदपोश नेताओं, मन्त्रियों, भ्रष्टाचार में आकंठ डूबे अधिकारियों, नेताओं के जूते चमकाते चमचों के चेहरों पर चमक है शेष भारत शेष...। भाषणबाजी में महारत हासिल करने वाले महारथियों के प्रति सूरजपाल चौहान भावना में बहकर नहीं बल्कि यथार्थ की गहराई में समोते हुए लिखते हैं–

हत्याएँ, चोरी, ठगी-लूटमार
और नेता मालामाल

जातियों का जाल
विदेशी कर्जे से
डूब चुका बाल-बाल
बुद्धिजीवी–
ड्राइंग रूम में बैठकर
बजाते ढपली
अलापते अपना-अपना राग
देश का नागरिक विदेश का नित करता गुणगान
हाँ हाँ बस यही है
मेरा हिन्दुस्तान! प्यारा हिन्दुस्तान!![38]

अम्बेडकर, ज्योतिबा फुले तथा शाहू जी महाराज के नाम पर मत को बहुमत में बदलने के लिए मंचों से इनके गुणगान किये गये, माल्यार्पण-महिमामंडन होता रहा परन्तु शाही सवारी में गर्द-गुबार न लगे सो दलितों को पास फटकने न दिया गया। अपनी पीठ ठोंकने वाले इन महान जनों ने जो किया है वैसा तो शायद गोरों ने भी न किया हो। गांधी जी कहते थे "भारत में जब तक अछूत रहेंगे तब तक स्वराज्य नहीं मिलेगा। भारत ने जो यह अपराध किया है उससे हीन कोई काम इंग्लैंड ने भी नहीं किया।"[39] कवि ओम प्रकाश वाल्मीकि की पत्रकारीय नजर से देखें तो–

राजधानी के बीच-बीच
चौराहे पर
खड़ी कर दी थी
आदमकद मूर्ति
बदल दिया था
शहर का नाम
लगाये थे भव्य मेले
जिसमें भीड़ थी
हर चेहरे पर चढ़ा था
एक मुखौटा।[40]

जातिवादी साम्प्रदायिक राजनीति से इतर कुछ समय से विकासवाद का नारा बुलन्द करते अगुआ अन्तिम पाँत को कितना आगे ले जा पायेंगे देखना होगा। बाबा साहब चिल्लाते रहे कि जातिवाद की राजनीति न हो, परन्तु उनकी अनसुनी की गयी और देश, जाति-कौम के जिस दलदल में समाता जा रहा है उससे बाहर आने का कोई उपाय सूझ नहीं रहा। सूझे भी क्यों राजनीति के बबूलों और बीहड़ जंगल में लाशों

के झुरमुट हैं, मृत संवेदनाएँ हैं। अम्बेडकर का नाम है, चिन्तन नदारद। राजनीति का गिरता स्तर उस मकाम पर आ खड़ा हुआ है जहाँ भटकावों के सिवाय कोई दिशा नजर नहीं आती। दलितों के हित–संरक्षण के नाम पर सिर्फ वोट बैंक की राजनीति करने वाली वैचारिकताएँ वर्द्धित हो रही हैं। दलित काव्य की आकांक्षा है कि इस देश के अन्य नागरिकों की तरह वह भी आत्म निर्भर हो, स्वतन्त्र हो और जीवन जीने की मूलभूत सुविधाओं को प्राप्त कर सके। यही ख्वाहिश कविताओं में चित्रित होती है–

ओ मेरे समाज
आज मुझे गीत दे दे
गीत
जो हम सबके साथ
एक ही खाट पर
सो सकें
गीत
जो हमारे
खाली कटोरों को
भर सकें
गीत
जिन्हें कि हम
एक साथ
एक ही धुन में
मिलकर
गा सकें
और गीत
जो हमारी एकता की
असीम ऊर्जा में
ढलकर
दुश्मन की मुखालिफत में
लहलहा सकें।[41]

सन्दर्भ

1. संस्कृति के चार अध्याय, रामधारी सिंह दिनकर, पृ. 426
2. डॉ. अम्बेडकर का विधि दर्शन, डॉ. डी.आर. जाटव, पृ. 135
3. अक्षर पर्व, अगस्त 2004, पृ. 44

4. किवाड़, कुमार अम्बुज, पृ. 99
5. दलित राजनीति की समस्याएँ, सं. राजकिशोर, पृ. 95
6. दलित निर्वाचित कविताएँ, कँवल भारती, पृ. 159
7. – उपरिवत –, पृ. 211
8. हिन्दी दलित साहित्य, मोहन दास नैमिशराय, पृ. 295
9. दलित निर्वाचित कविताएँ, कँवल भारती, पृ. 115
10. – उपरिवत –, पृ. 158
11. धम्म दर्पण, अप्रैल-जून 1983, पृ. 26
12. हिन्दी दलित साहित्य, मोहन दास नैमिशराय, पृ. 129
13. लकड़बग्घा हँस रहा है, चन्द्रकान्त देवताले, पृ. 78
14. नवें दशक की हिन्दी दलित कविता, रजत रानी मीनू, पृ. 50
15. दलित राजनीति की समस्याएँ, सं. राजकिशोर, पृ. 66
16. हिन्दी दलित साहित्य, मोहन दास नैमिशराय, पृ. 291
17. अब और नहीं, ओम प्रकाश वाल्मीकि, पृ. 56
18. हिन्दी दलित कविता, डॉ. डी.पी. राही, पृ. 30
19. दलित राजनीति की समस्याएँ, सं. राजकिशोर, पृ. 33
20. वही, पृ. 21
21. धम्म दर्पण, जनवरी-मार्च 1983, पृ. 9
22. हिन्दी दलित साहित्य, मोहन दास नैमिशराय, पृ. 126
23. इतिहास का नया पथ, डॉ. इन्द्र बहादुर सिंह, पृ. 54
24. दलित राजनीति की समस्याएँ, सं. राजकिशोर, पृ. 34
25. कौन बड़ा है, डॉ. कालीचरण सनेही, कौन बड़ा है कविता
26. दलित साहित्य : अनुभव संघर्ष एवं यथार्थ, ओम प्रकाश वाल्मीकि, पृ. 38
27. नये क्षितिजों की ओर, जय प्रकाश लीलवान, पृ. 91
28. दर्द के दस्तावेज, सं. एन. सिंह, पृ. 41
29. पीढ़ियों के सवाल, भगीरथ मेघवाल, पृ. 2
30. दलित राजनीति की समस्याएँ, सं. राजकिशोर, पृ. 50
31. बस्स बहुत हो चुका, ओम प्रकाश वाल्मीकि, पृ. 60
32. गूँगा नहीं था मैं, जयप्रकाश कर्दम, पृ. 28
33. आधुनिकता के आईने में दलित, सं. अभय कुमार दुबे, पृ. 99
34. संस्कृति के चार अध्याय, रामधारी सिंह दिनकर, पृ. 431
35. अब और नहीं, ओम प्रकाश वाल्मीकि, पृ. 86
36. आग और आन्दोलन, मोहनदास नैमिशराय, पृ. 49
37. बस्स बहुत हो चुका, ओम प्रकाश वाल्मीकि, पृ. 77
38. क्यों विश्वास करूँ, सूरजपाल चौहान, पृ. 37
39. दलित राजनीति की समस्याएँ, सं. राजकिशोर, पृ. 101
40. अब और नहीं, ओम प्रकाश वाल्मीकि, पृ. 76
41. नये क्षितिजों की ओर, जय प्रकाश लीलवान, पृ. 87-88

6.

बाजार की मृग मरीचिका : वंचित जन

उदारीकरण और भूमंडलीकरण के चंगुल में फँसी भारतीय अर्थव्यवस्था ने कुटीर उद्योग-धन्धों, छोटे-छोटे शहरी कारखानों पर अपने विष तन्तु फैलाने का काम किया है। उस आर्थिक चिन्तन को आगे बढ़ाने का काम किया जा रहा है जिससे पश्चिमी सभ्यता आजिज हो चुकी है। उसकी धनोपार्जन और पूँजीवादी मानसिक व्यवस्था ने पूँजी के आगे सभी मानव-मूल्यों को नकार दिया है। आज के वैश्विक परिदृश्य में मूल्यों का मूल्य है भी कहाँ? मूल्य है तो पैसे का, पद का। बनावटी जीवन-शैली–ओढ़ी संस्कृति का चकचकाता समय है यह। शोषण की अवधारणा ही मानव-मूल्यों के क्षरण से प्रारम्भ होती है और पूँजीवादी बाजार में बाजार तो पूँजी का ही है। जिस आर्थिक चिन्तन से पश्चात्य समाज असन्तुष्ट, भटका हुआ है, वैज्ञानिक उपलब्धियों के सन्तृप्त बिन्दु तक पहुँच चुका है, अपने बाजार को रहन-सहन के तरह-तरह के सुविधाजनक साधनों से भरे रखकर आदमी की नैसर्गिक कार्यक्षमता का लोप करता जा रहा है उसे शारीरिक रूप से पंगु और सूचनातन्त्र के माध्यम से मानसिक रूप से प्रखर, तब क्या इस प्रकार का मानवीय विकास किसी भी सभ्यता के विकास का कारण बनेगा अथवा मानव समाज के अनिश्चय की ओर ढकेलता जायेगा? जिस आर्थिक जगत से इसके अगुआ ही त्रस्त हैं, असन्तुष्ट हैं उससे भारत का कितना भला होगा तिस पर उनका कितना जो पहले सामन्तशाही में सताये गये और अब नव-सामन्तीय पूँजीवाद में? अन्तरराष्ट्रीय मुद्राकोष, विश्वव्यापार संगठन जैसे नव-बादशाह भारत के भाग्य में क्या लिखेंगे, विचारणीय है।

अस्सी के दशक में मुद्राकोष से कर्ज लेकर भारतीय अर्थव्यवस्था को पहली बार विश्व पूँजीवादी व्यवस्था से नातेदारी के लिए बाध्य किया गया। राजीव सरकार ने इस सूत्र को और मजबूत किया। वी.पी. सिंह की हुकूमत ने भी थोड़ी-बहुत हिचक के पश्चात विश्व अर्थशास्त्रियों के कार्यक्रम को ही माना। राव सरकार ने 1991 के बाद व्यापारिक नीतियों में सुधार-परिष्कार करके भारतीय अर्थव्यवस्था को उदारीकरण की नीतियों के साथ बढ़ाने की कोशिश की। नब्बे के दशक में सोवियत यूनियन के विघटन के पश्चात अमेरिका 'परम स्वतन्त्र न सिर पर कोऊ'

वाली हालत में हो गया। विश्व में वह आर्थिक तथा सामरिक दोनों ही दृष्टियों से एकछत्र शासक हो गया। उस पर किसी प्रकार का अंकुश न रह गया। स्वतन्त्र व्यापार की पक्षधरता के साथ उसने मीडिया, बहुराष्ट्रीय कम्पनियों के अश्वों का अश्वेमेधीय रथ तीसरी दुनिया के देशों की ओर हाँक दिया। आर्थिक संकट के समाधान के रूप में जो उदारवादी पूँजीवाद भूमंडलीकरण के रूप में सामने आया उसने भारत को यूरोपीय देशों के जाल में उलझाने का कार्य किया। दुनिया के श्रमिकों में जाति-भाषा और लैंगिक विभाजन बढ़ा। उदारीकरण से आये बाजारवाद में व्यापारिक हितों के अनुकूल नीतियाँ बनाने की विवशता-सी होती है। औद्योगिक नीतियों का निर्धारण विपणन प्रतिष्ठानों और विश्व व्यापार संगठन के प्रावधानों को ध्यान में रखकर किया जाता है। भारत में स्वदेशी के तमाम नारों के बावजूद नीति-नियन्ताओं की नीयत में आई.एम.एफ. का दर्शन होता है। धनाढ्य वर्ग के हितों को व्यवस्था निर्धारक ज्यादा तरजीह देते हैं। पूँजीवादी व्यवस्था की चौधराहट बरकरार रखते हुए साम्राज्यवादी झंडा बुलन्द है। तीसरी दुनिया के कई देशों में आत्मगौरव को क्षरित कर नयी विश्व व्यवस्था बनाने का सिलसिला चालू है। सामाजिक और जातीय विविधता की नयी अभिव्यक्तियाँ और उनमें निहित राजनीतिक-सांस्कृतिक बहुलता का चालाकी से निकृष्ट लक्ष्यों के साथ दोहन किया जा रहा है। सार्वजनिक क्षेत्र की कम्पनियों तथा सार्वजनिक सेवाओं के निजीकरण ने और राष्ट्रीय बाजारों में बहुराष्ट्रीय निगमों के आगमन ने भ्रष्टाचार-शोषण की गुंजाइशें बढ़ा दी हैं। राजनीतिक तथा पेशेवर जीवन में नैतिकता और लाज-लिहाज के पराभव से इसमें भयावह तेजी आयी है।

बेहतर कल की प्रत्याशा में आदमी ग्लोबल संस्कृति और आचार संहिता का हिमायती बनता जा रहा है। विश्व-व्यापी बाजारीकरण ने इन्सान को बाजार का एक पुर्जा बना दिया है। राष्ट्र परजीवी और कमजोर होकर सहज प्राप्य वस्तुओं के लिए भी दूसरों का मुँह जोह रहे हैं। बाजारू संस्कृति हमारे चरित्र और चिन्तन दोनों को स्खलित करती है। चिन्तन भोगवाद की ओर तथा चरित्र ऐन्द्रिक इच्छाओं को तृप्त करने की ओर उन्मुख है। श्रम और श्रम प्रधान वस्तुओं का महत्त्व चमक-दमक में फीका पड़ा है। इससे जन्मे वर्ग को बाजारवाद का भँवर डुबोने की जुगत में है। गाँवों की वर्ण-व्यवस्था और शहरी वर्ग-व्यवस्था में पूर्व की भाँति आज भी भेद है ऊँच-नीच, अमीरी-गरीबी में गाँव और शहर आज भी बँटे हुए हैं। भूमिहीन अछूत और वहाँ से पलायन कर शहरों की झुग्गी-झोपड़ियों में निर्वासित जैसा जीवन व्यतीत कर रहे अछूतों-दलितों-पिछड़ों की क्या आर्थिक-सामाजिक स्थिति होगी, गम्भीर प्रश्न है। भूमंडलीकरण-उदारीकरण के राजमार्ग पर फर्राटा भरते अभिजात्य जनों के बीच क्या इन लोगों के लिए कोई पगडंडी है, इस पर बाजार की बयार-बहार मौन

है। दलितों-पिछड़ों की समस्याएँ भारत के आन्तरिक-सामाजिक ढाँचे से जुड़ी हैं। अभिजात्य जनों का विशेष सरोकार ग्रामीण भारत से नहीं है, परन्तु दलितों-पिछड़ों का बहुसंख्य जनमानस जो गाँव में ही केन्द्रित है उसे बाजारवादी व्यवस्था में जोहने के अलावा कुछ और मयस्सर नहीं है। लिहाजा इस हाशिएकृत वर्ग की समस्याओं का समाधान ग्रामीण जीवन वहाँ की अर्थव्यवस्था और सामाजिक व्यवस्था में परिवर्तन के बिना सम्भव नहीं है और गाँव आर्थिक विषमता तथा जातिगत विषमताओं के मेगा कारखाने हैं।

दलित चिन्तन इस विचारधारा से वाकिफ है कि स्नेह और दया की भीख माँगकर आर्थिक आजादी नहीं मिलती। दलित हिन्दी कविता में जहाँ समाज में व्याप्त वर्ण-व्यवस्था और सामन्ती व्यवस्था में पिसते-हाशिएकृत लोगों का हाहाकार है वहीं पिछले लगभग तीन दशकों की इन रचनाओं में शहरों-नगरों और महानगरों में बसे दलित, शोषित तबके की आर्थिक विपन्नता की व्यथा-कथाएँ भी हैं साथ ही दलितों में उभरते आक्रोश, विरोध संघर्ष की तीव्र चेतना छवि भी है। श्रमिक तबके ने काम की तलाश में शहरों की ओर प्रस्थान किया, परन्तु जाति दंश ने पीछा नहीं छोड़ा। सवा सौ करोड़ से अधिक आबादी वाले राष्ट्र में पुरवों-गाँवों में मेहनत-मजूरी करने वाले बदहाली का जीवन जीने को विवश हैं। उन्हें मूलभूत सुविधाएँ भी सुलभ नहीं हैं। मार्केट के हंटर से छोटे कुटीर उद्योग-धन्धे लहू-लुहान हैं। व्यवस्था की विद्रूप व फूहड़ दशा को मानव के सामने प्रस्तुत करना और उसके स्थान पर मानवता के सुकून और समानता के साम्राज्य को स्थापित करना कविताओं का मूल कथ्य है। बकौल रजत रानी मीनू, "आर्थिक विपन्नताओं से पग-पग पर घायल होने वाले दलित कवि का संवेदनशील हृदय अर्थाभाव के काले अभिशाप से घिरे हुए समूचे वर्ग को देखकर उद्वेलित हो उठता है। जन-जीवन से जुड़े तमाम प्रश्नों की रोशनी में अपने सुन्दर सपनों को यथार्थ में साकार होते नहीं देख पाता है, तब वह प्रश्नों के समाधान तलाश करते अपने विचारों को कविता की शक्ल देकर पूरा करने का प्रयास करता है।"[1] विशालकाय मशीनों, कम्प्यूटरीकरण, जहर उगलती फैक्ट्रियों ने उस वर्ग-वर्ण को सड़क पर लाकर खड़ा कर दिया है जो दिहाड़ी से अपने पेट की क्षुधा शान्त कर लेता था। हाइटेक इलेक्ट्रॉनिकी की रेलमपेल में गँवई-गाँव, टोले-मुहल्ले और इनके परम्परागत जीवन साधन बिला गये हैं। पण्यीकरण की परिणति से जो खरीद-फरोख्त वाली संस्कृति प्रसरित हुई है उसने निम्न वर्ग का रहा-सहा रोजगार भी छीन लिया है। मशीनी प्रतिस्पर्द्धा से इनकी परेशानी वाजिब है दूसरे परम्परागत सहेज्य निशानियाँ भी नदारद होती जा रही हैं। लीलाधर मंडलोई इस बिलाते जाने-खोते जाने पर निपट अकेले असहाय मानव की लाचारी का चित्रण करते हुए लिखते हैं—

न अब कक्का हैं
न टुटही पेटी
निहन्नी तो किसी संग्रहालय तक में नहीं
बैठते हुए किसी भव्य दुकान में
सब कुछ इतना यान्त्रिक
और नाखून काटने का कोई इन्तजाम नहीं
देखता हूँ नाखून तो
बस एक तीखी याद
वह जो होती तो होते कक्का कहीं
नेलकटरों के इस दौर में
काट तो लेता हूँ लेकिन रगड़ने की मशक्कत
सुविधा कोई कला नहीं
गया एक हुनर काल के गर्त में
एक रिश्ता
बिना उसके मैं इतना नकली कि बिल्कुल अकेला।[2]

कवि जयप्रकाश लीलवान छिनते रोजगार पर अपनी चिन्तना को जोरदार ढंग से उठाते हुए आर्थिक तन्त्र के दोमुँहेपन व दोगली नीतियों पर तल्ख टिप्पणी करते हैं–

बाजार के समुद्र की
व्हेल मछलियों के
नृत्य पर
आज का समय
धर्म और धनाधीशों के वैचारिक कंकालों के
खुश होने का
नजारा देखता है।[3]

दलित रचनाकार साहित्य के रामचन्द्र शुक्लीय विधानों–वाक्यों की रसात्मकता, कलात्मकता व अलंकरण की अपेक्षा कथ्य को अधिक तरजीह देता है। कविताएँ जनभाषा में सीधे जन से मुखातिब होती हैं और तिरस्कृत समाज से आत्मीय सम्बन्ध बनाती हैं। दलित कविता का यह आत्मबोध इतिहास, परम्परा और मिथकीय अवधारणाओं की सामाजिक–सांस्कृतिक संरचनाओं से टकराकर ही विकसित हुआ है। यह वर्तमान से मुठभेड़ ही नहीं करती वरन् वर्तमान की विसंगतियों और विडम्बनापूर्ण स्थितियों को उजागर करने की कोशिश भी करती है। कुकुरमुत्ते की

तरह फैल रही विषबेलीय वैश्विक कम्पनियाँ लघु-उद्योग-धन्धों को लीलती जा रही हैं। राक्षसीय मॉल और शॉपिंग परिसर धनाढ्यों और उद्योगपतियों के धन बटोरू प्रतिष्ठान हैं जो कि दलित- मलिन बस्तियों को उजाड़कर आबाद किये जाते हैं। इनकी गुजर-बसर का सहारा तो छिनता ही है, पेट और पीठ दोनों पर लात मार दी जाती है। दलित साहित्य के आक्रोशमय हस्ताक्षर मोहनदास नैमिशराय आर्थिक उदारीकरण से दलितों के लाभान्वित न होने की बात करते हैं–

वे आये
और खेतों को काटकर
जमीन बेचने लगे
फैक्ट्री धुआँ उगलने लगी
कंकरीट के जंगल
नर्म-नर्म छाती को छीलकर
उगने लगे
नाचने लगी भूख
उजड़ने लगे पनघट
चौपाल
बिखरने लगे कच्चे घर।[4]

इक्कीसवीं सदी के उदारीकरण-भूमंडलीकरण से आये बाजारीय दर्शन के भ्रमजाल और अर्थजाल से मुक्त करने के लिए हिन्दू समाज की परिधि के बाहर पड़े लोगों को हल तलाशने की जरूरत है जो वर्ण-व्यवस्था की प्राचीनता पुरानी मनोवृत्तियों में सड़-गल रहे हैं। भारतीय गाँव आज भी मनुस्मृति के संग्रहालय हैं इन्हें इससे बाहर निकालना... ? आस्था-मान्यताओं की मुनादी को रोकने जैसा होगा। कट्टरता में जकड़ा यह जनमानस सुनने को कतई तैयार नहीं। भारतीय लोक-व्यवस्था से जुदा इनका अलग संघीय ढाँचा है, अलग अर्थ-व्यवस्था है, अलग परम्पराएँ हैं, रीति-रिवाज हैं। आर्थिक सत्ता कुछ मुट्ठी-भर लोगों के हाथ में सिकुड़ती जा रही है। पहले सामन्त-सेठ-साहूकारों का दबदबा था अब नवसेठों-मुनीमों का। यह व्यवस्था का जरा ग्लैमर वाला रूप है। शेष, जैसे थे। शोषण के तरीके बदल गये, शोषण निर्बाध जारी रहा। देश का औद्योगीकरण तो हुआ परन्तु जिस समता-भाईचारे का स्वप्न देखा गया था वह बदलकर पूँजीवादी रूप में उठ खड़ा हुआ। उसकी एक विशेषता रही सर्वव्यापी भ्रष्टाचार, धनलोलुपता, असन्तोष, अत्याचार और अनाचार। पूँजीवादी व्यवस्था में भ्रष्टाचार वह ताकत है जो अयोग्य को योग्य लोगों का चयन करने वाले सिंहासन तक पर बिठा देने का उदात्त-महत्तापूर्ण कार्य करने में सक्षम

है! ऐसे में गधों का पंजीरी खाना आश्चर्य नहीं। अपनी प्रतिभा और योग्यता के बल पर ऊँचा उठना असम्भव नहीं तो बेहद कठिन अवश्य है। ईमानदार, प्रतिभा-सम्पन्न दु:ख झेलते हैं तो बेपरवाह-जुगाड़ू मलाई चाटते हैं। भ्रष्टाचार, धोखाधड़ी, अपराध, अपहरण, हत्याएँ, लूट-खसोट तथा निहित स्वार्थों का रौद्र रूप धारण करना आधुनिक बाजार के गुण हैं। माफिया-नौकरशाह-धन्नासेठों के चंगुल से गरीब और गरीब होता जा रहा है। पूर्व की भाँति समृद्धशाली व्यावसायिक धनाढ्य-अभिजात्य वर्ग की सोच उसकी जीवनचर्या, तौर-तरीके सभी उसके ऊपर छायी साम्राज्यवादी ताकत, उसकी संस्कृति, उसके रंग-ढंग, चाल-ढाल से अनुप्राणित रही हैं। मुस्लिम युग में नवाबों जैसा, गोरों के समय अँग्रेजियत की ठसक उनकी मनोवृत्ति रही है। देशी ग्रामीण सामान्यजन इनका न कभी था न आज है। दलित कविता भूमंडलीकरण की पूँजी पोषक-सभ्यता-संस्कृति को रचनाओं से झिंझोड़ती है। निर्बल असहाय का अक्स यहाँ बहुत साफ हो जाता है। वर्तमान चालाक सभ्यता का तकाजा है कि जो जितना हड़प ले, विज्ञ गिना जाता है। निश्छल जन इसे नहीं समझ पाते और बार-बार तन्त्र के षड्यन्त्र में फँसकर लूटे जाते हैं। ओम प्रकाश वाल्मीकि की ये काव्य पंक्तियाँ कितनी सटीक हैं–

> नहीं जानते थे
> कवायद करना
> लूटना–
> निर्बल और असहाय को
> नहीं जानते थे
> हत्या करना
> वीरता की पहचान है
> लूट-खसोट अपराध नहीं
> संस्कृति है।[5]

दूसरे के मुँह का निवाला छीनने वाला चतुर-सुजान माना जाता है। वर्तमान की इस भयावह व्यवस्था की खामी रही है कि प्रत्यक्ष रूप में समानता, बन्धुत्व के वायदे कर स्वयं ही पीठ ठोंकी जाती है परन्तु परोक्ष में जाति-वर्ण-वर्ग की खाइयों को गहरा किया जाता रहा है ताकि वोट बैंक खिसकने न पाये। रोटी-कपड़ा-मकान के मूलभूत प्रश्न आजादी के सात दशक पूरे होने पर भी पूरे होते दिखाई नहीं देते। तमाम नीतियाँ और योजनाएँ इनके सामने बौनी साबित हुई हैं। दरअसल, उनको सुलझाने की ईमानदारी पूर्ण कोशिशें की ही नहीं गयीं। बकौल गोपाल गुरु दलितों की दशा को सुधार का अमली जामा पहनाने हेतु आवश्यक है कि– "भौतिक

स्थितियों की संरचना आमूल चूल बदल दी जाये और उत्पादन प्रक्रिया से होड़ को हटाकर श्रेणीक्रम की किसी भी अनुभूति से रहित सभी की सहभागिता की गारंटी की जाये तो ऊँच-नीच रहित सामुदायिक जीवन का आश्वासन मिल सकता है।''[6] सर्दी-गर्मी, लू, वर्षा, की परवाह किये बिना श्रमिक वर्ग हाड़तोड़ मशक्कत करता है परन्तु उसका पूरा पारिश्रमिक न तो गाँव में महाजन देता है, न शहर में पूँजीपति। उसके अधिकारों की लड़ाई लड़ने का ढोंग करने वाले तथाकथित दलित खैरख्वाह बाबा साहब की मूर्ति पर माल्यार्पण तो बखूबी करते हैं परन्तु मंच से नीचे बैठे अपने ही भाइयों को दुत्कारने से तनिक भी गुरेज नहीं करते। दलितों के मौलिक अधिकार कागजी हैं। यह अभी भी गुलामी और दासत्व की जंजीरों से जकड़ा हुआ लगता है। जयप्रकाश कर्दम बन्धुता, समता, स्वतन्त्रता का दम भरने वालों से सीधे प्रश्न करते हैं—

> अस्पृश्य, पशु से भी बदतर
> निज श्वासों तक के लाले हैं
> उत्पीड़न की जंजीरों में यूँ कसा-फँसा सदियों से मैं
> न मुर्दा हूँ न ही जी सकता
> मेरे मौलिक अधिकार कहाँ हैं?[7]

जयप्रकाश कर्दम प्रश्न के साथ-साथ समाज के नीति-नियन्ताओं को खबरदार करते हैं। दलित कविता में अपने अधिकारों एवं उतार-चढ़ावों के प्रति आक्रोश एवं विरोध दर्ज किया गया है। सामाजिक सन्दर्भों से जुड़कर वह अपनी अभिव्यक्ति में एक आह्वान है। जयप्रकाश लीलवान दलितों के पूँजीवाद का ग्रास बनने पर तीखा प्रश्न करते हैं—

> क्या
> इस देश के दलित
> इन्हीं के द्वारा
> खा और भोग लिये जाने
> के लिए ही
> पैदा होते रहते हैं
> इन्हीं के
> कुशासन की श्मशान का
> खाद्य बनने का सामान हैं।[8]

धनी धनाढ्यता की ओर तथा गरीब विपन्नता के गर्त में समाता जा रहा है। जय प्रकाश लीलवान की कविताओं पर दलित चिन्तक तुलसीराम की टिप्पणी प्रासंगिक

लगती है, क्योंकि रचनाकार की लेखनी में निश्चित ही अपना मिजाज और तेवर हैं। "जयप्रकाश लीलवान की रचनाओं में अपने नाजुक दृष्टिकोण तथा दहकते हुए स्मृति चित्रों को काव्य में पिरोने की कला-शैली, कंपन और तेवर हैं।"[9] विकास की नींव धरने वाले नींव में समाते चले गये और कंगूरों की उन्नत नक्काशी उन्नत होती गयी। इनके प्रति सरकारी प्रावधानों को कवि मेहरबानी या खैरात नहीं बल्कि अपना अधिकार घोषित करते हुए लिखता है–

दान, दया, भिक्षा नहीं है आरक्षण का अधिकार
यह गांधी, अम्बेडकर पूना पैक्ट करार
आँख-पंख सब कट गये एक-एक सब अंग
आरक्षण को कर दिया निष्प्रभाव।[10]

प्रौद्योगिकी व उदारतावाद ने दलितों की प्रताड़ना में बेतहाशा वृद्धि की है। सरकारी संस्थानों में प्राप्त आरक्षण गलाकाटू प्रतियोगी निजी कम्पनियों में नहीं है। यहाँ दिग्गज प्रतिभाएँ भी हाँफने लगती हैं। एम एन सीज का खालिस उद्देश्य मुनाफे में इजाफा करना होता है और इसके लिए ये योग्यता से समझौता नहीं कर सकतीं। आर्थिक उदारीकरण दलित समुदाय की रोजी-रोटी की समस्या को विकट रूप देता जा रहा है। अशोक भारती दलितों से आग्रह करते हैं कि वे अपने ऊपर किये जा रहे भेदभावपूर्ण व्यवहार को पहचानें तथा अधिकारों के लिए कमर कस लें। अधिकार डब्बा पीटकर या तसला बजाने से नहीं मिलते। दुनिया का कूड़ा-करकट बुहारने वालों को अपने कूड़े से स्वच्छता की ओर अग्रसर करती काव्य पंक्तियों में कवि लिखता है–

सिर पर दुनिया का गू-मूत उठाने वाले
बलशाली हाथों से झाड़ ले कूड़ा उठाने वाले
काश तूने 'उस कूड़े' को हटाया होता–
जो तेरी कौम को कूड़ा बनाता है।[11]

दलित वर्ग को उन्नति के मार्ग पर लाने की पहली शर्त उनके लिए शिक्षा-ज्ञान के कपाट खोलना है। शिक्षा विकास के रास्तों की सारी बाधाएँ दूर करती है। व्यवस्था इन्हें बौद्धिक और वैचारिक स्तर पर अँधेरे में रखना चाहती है ताकि ये अज्ञानी बने रहें और इन्हें हाँके जाना सरल बना रहे। इनके गलियारों-पगडंडियों में कहीं-कहीं सीएफएल, एलईडी की चौंधियाती चमक बख्शी गयी, परन्तु ज्ञान चक्षुओं को मीचते हुए, लिहाजा रूढ़ियों, ढकोसलों, अन्ध परम्पराओं और वैचारिक गुलामी में जकड़े ये अभिजन अपने भले-अनभले को विचारने लायक ही नहीं हुए। विश्व ग्राम की बाजार व्यवस्था को अंगीकार करना, इस तर्क के साथ कि पूँजीवादी

व्यवस्था के बाहर कोई राष्ट्र जी ही नहीं सकता भारत के लिए शुभ नहीं कहा जा सकता। तीसरी दुनिया के देशों पर इस व्यवस्था में समाहित होने का पूरा दबाव है जिससे निचले स्तर पर लीद और गूँ का ट्रिकल डाउन दर्शन छटपटाहट-उबकाई से भरा है। इसकी प्रवृत्ति अन्तरराष्ट्रीय वित्तीय संगठनों को मजबूत करने की है। बाजारवाद के हस्तक्षेप कहें या इसकी सार्वभौमिक विद्यमानता ने सम्प्रभु राष्ट्र-राज्य की अवधारणा को ही संकट में डाल दिया है, क्योंकि अर्थव्यवस्था के निर्धारण में विकसित पश्चिमी देशों एवं बहुराष्ट्रीय कम्पनियों की भूमिका बढ़ती जा रही है। दिन-ब-दिन विकासशील देशों के वित्तीय एवं उत्पादन क्षेत्र पर बहुराष्ट्रीय कम्पनियों का नियन्त्रण होता जा रहा है। ऐसा भूमंडलीय बाजार पैदा होता जा रहा है जिसमें विकसित देशों की शर्तों पर ही सारे कारोबार होने की प्रबल सम्भावनाएँ बलवती-शक्तिधर होती जा रही हैं। "निजीकरण भी दलितों के समक्ष संकट पैदा कर रहा है। निजीकरण को सामाजिक सेवाओं में भी लागू किया जा रहा है, जिनमें शिक्षा और स्वास्थ्य भी शामिल हैं। शिक्षा और स्वास्थ बाजार माल की तरह हो गये हैं और गरीबों के लिए खासतौर से अनुसूचित जातियों और जनजातियों के लिए ये सेवाएँ पाना बहुत ही मुश्किल हो जायेगा, क्योंकि सामाजिक और आर्थिक दृष्टि से वे कमजोर हैं।"[12] लाचार-बेचारे जनों की जिन्दगी के अँधेरों को रचनाकार अपनी मसि से रोशन करने की जुगत करता लिखता है–

उन्हें रोशनी नहीं चाहिए
एक अँधेरा जो सब अँधेरों से बड़ा और घना है
जहाँ रात ही रात है हजारों साल से
बीहड़ जंगलों
और गहरे कुओं के अँधेरे से भी
बड़ा और घना है
छोटे दिमाग का अँधेरा।[13]

चेतना को बौना रखकर इन्सान को बरगलाना सहज होता है। दलित कविता तमाम एनजीओ और वैश्विक कम्पनियों की हाट में परिधि के बाहर पड़े मानव के लिए कुछ भी खुशबयारी नहीं देख पाती। कूड़ा बीनना, झाड़ू लगाना तथा फटे पैबन्दों में लाज को ढँके, स्कूलों से महरूम ये बच्चे चमकते भारत की वह स्याह तस्वीर बनाते हैं जिस पर सफेदपोश मौन हैं। आँख बन्द कर लेने से समस्या समाप्त नहीं होती। बाजार की बयार में स्याहगर्द का बवंडर कवि की पैनी नजर से छुपता नहीं है–

खा गयी हैं दीमकें
उनके हिस्सों की किताबें
स्कूल में दर्ज होने से पहले
कट गये हैं उनके नाम
खुशी एक फूल का नाम है
जिसके लिए वे दोपहर भर
जूझते रहते हैं काँटों से।[14]

पूँजीवाद छलावा है, मृगमरीचिका है जिसमें अधिकार स्खलित हुए हैं। शिक्षा, सम्पन्नता, रहन-सहन, साधन-प्रसाधनों में गाँवों-शहरों के बीच बढ़ती दूरियाँ भारतीय बुद्धिजीवियों, राजनीतिज्ञों की नीतियों और नीयत को उजागर कर रही हैं। राष्ट्रीय हितों की तुलना में स्वहित एवं स्थानीय हित प्रभावी होते जा रहे हैं। समानता, न्याय और सर्वजन हिताय के सिद्धान्तों का अवमूल्यन राष्ट्रीय एवं वैयक्तिक, चारित्रिक विकास की कलई खोल रहा है। पद और पैसे की चाहत में नीति-नियामकों का बौनापन वृद्धि कर रहा है। नियमों-कानूनों को धता बताना बड़ों की प्रतिष्ठा-रसूख के परिचायक हैं। भूमंडलीकरण के साथ मिले अति आधुनिकता के परिवेश ने सामाजिक न्याय में पेंचीदीगियाँ पैदा कर दी हैं। जब समाज का व्यवहार धर्म, जाति और ग्रेड से तौला जाये तो राज्य शासन का मूल्य गिरना स्तब्ध करने वाला नहीं रह जाता! देशी प्रभुओं और विदेशी विधाताओं के बीच कुटिल समझदारी के तहत पूँजीवादी प्रभुत्व को प्रखर किया जा रहा है। समता-स्वतन्त्रता की बहस राजनीति से अलग नहीं की जा सकती। आर्थिक समता लाये बिना समता का अर्थ नहीं अनर्थ व्याख्यायित कर किस भइयाचारी की चौपाल लग सकती है? ग्राम पंचायतों से लेकर देश की महापंचायत संसद तक में दलितों को नुमाइन्दगी तो जरूर मिली मगर ये जनप्रतिनिधि भी उधारी कृत व्यवस्था से अलग किसी व्यवस्था का विकल्प न दे पाये, परिणामत: दलित और विपन्न अभावों के गर्त में गिरते गये। मशीनीकरण जो आधुनिकता और विज्ञान की स्थूल अभिव्यक्ति है, ने भी बेरोजगारी को कमतरी के बजाय उर्वरित-पल्लवित ही किया। बकौल गोपाल गुरु ''पूँजी प्रधान अर्थ-व्यवस्था में दलितों को बड़े पैमाने पर बेरोजगारी की समस्या का सामना करना पड़ सकता है।''[15] जयप्रकाश लीलवान पूँजीवाद को पाशविक करार देते हैं। मशीनों के आने से श्रम और सृजन की महत्ता घटी है तथा पूँजीपतियों की शर्तों पर श्रम को नीलाम करने का शर्मनाक खेल जारी है। इससे निष्पन्न बेगारी, लाचारी को कवि छायांकित करता है–

पूँजीवादी पाशविकता की पाठशाला में
पढ़कर आये ये भेड़िए

अब पूरे भूमंडल पर
अपनी वीभत्स कामुकता का प्रदर्शन
करने निकल चले हैं
तकनीक उनकी रखैल है
और विज्ञान के उपकरण
इस रखैल के
अलंकार-शृंगार बना दिये गये हैं।[16]

ऐसी काव्य पंक्तियाँ पूँजीवाद की विद्रूपताओं के साथ दलित जनता के दर्द और सपनों की छवि का छायांकन है। एकलव्य का अँगूठा आज भी साजिशों के तहत काटा जा रहा है। केवल तरीके बदले हैं, शोषण बदस्तूर जारी है। ऐसी सभ्यता को कविताएँ बेईमान और दोगला करार देती हैं। सूरजपाल चौहान सभ्यता की समृद्धता पर अपनी बेबाक राय व्यक्त करते हैं–

दिन-भर
मर के खप के
सारे गाँव
और शहर की गलियों की
गन्दगी को साफ करके
जब मैं अपने घर आता हूँ
तो
मेरे बच्चों
और पत्नी के फटे लत्तों से
झाँकती नजर आती है
भारतीय संस्कृति।[17]

शिक्षा का निजीकरण तथा दोहरी शिक्षा-प्रणाली की सारी व्यवस्थाएँ दलितों के शैक्षिक विकास को रोकने के ही कुचक्र हैं। इसी कारण से केन्द्र और राज्य सरकारें शिक्षा पर सबसे कम बजट का प्रावधान करती हैं।[18] विकास दर का रेखाचित्र ऊँचा उठने की जुगाली करने वाली सरकारें दलितों को उनके परम्परागत पेशे से पूरी तरह विलग कर स्वस्थ सम्मानजनक व्यवसाय, रोजगार मुहैया कराने में असफल रही हैं। ''1993 के शुष्क शौचालय निषेधक कानून के बावजूद आज भी बारह लाख लोग मैला उठाने के काम में लगे हैं, क्योंकि वे ऐसा करने के लिए मजबूर हैं।''[19] उनका यह सन्ताप कविताओं में फूट पड़ा है। ओम प्रकाश वाल्मीकि लिखते हैं–

संकीर्ण पतली गलियों में
कुनमुनाती गन्दगी से
टखनों तक सने पाँव से
सुना है
दहाड़ती आवाजों को
किसी चीख की मानिन्द
जो हमारे हृदय से
मस्तिष्क तक का सफर तय करने में
थककर सो गयी है।[20]

तमाम नीतियों का लाभ पहले बड़े लोगों को मिलता है क्योंकि उनकी पहुँच, पहुँचे हुए लोगों तक होती है। राजीव गांधी का प्रसिद्ध वक्तव्य– "जब शीर्ष स्तर से 100 पैसा जारी किया जाता है तो वह निचले स्तर पर 15 पैसे के रूप में पहुँच पाता है। यानी विकास का अल्पांश ही दलित तक पहुँच पाता है।"[21] भारत की नयी ज्ञान आधारित अर्थव्यवस्था के चलते जो मलाईदार सेवाएँ आयी हैं उनका लाभ पहुँच वालों तक विशेषत: पहुँचा है। जाति का शोध और इससे ही चाकरी का प्रतिपाद्य निर्धारित करना व्यवस्था के चरित्र हैं। पूँजीवादी सामन्ती ताकतों का वर्चस्व बहुत कुछ निर्धारित कर रहा है।

दलित हिन्दी काव्य चिन्तन अमानुषिक, दुर्व्यवहार से खौफजदा है। सूरजपाल चौहान ने दलितों पर होने वाले अत्याचार उनके विरुद्ध सुनियोजित साजिश और फिर धैर्य के साथ मुकाबला करने, संकुचित-संकीर्ण मानसिकता दूर करने, व्यवस्था परिवर्तन के लिए संघर्षरत रहने, अपनी अस्मिता को अक्षुण्ण रखने के लिए सामयिक विषयों की अभिव्यक्ति करने में सफलता पायी है। अम्बेडकर दर्शन से अनुस्यूत कवि की रचनाएँ अपने अधिकारों की बात करती हैं। दलित ज्यादती सहने को कतई तैयार नहीं होने चाहिए। कवि का कंठ फूटता है–

उनका खेत उन्हीं का बैल
और उन्हीं का है ट्यूबवेल
मेरे हिस्से मेहनत आयी
उनके हिस्से है आराम
देकर जूठन बहकाते
दिन-रात गुलामी कर-करके
थक गये बिवाई फटे पाँव।[22]

दलित काव्य अभिजात्यों द्वारा दलितों पर हो रहे अमानुषिक अत्याचार का

पटाक्षेप करता है। बकौल मोहन दास नैमिशराय– "दलित साहित्य तो अभिजात्य वर्ग या भद्र लोक के राजसी सुविधा भोग–कर्म का भंडाफोड़ करने वाला संघर्षमूलक साहित्य है।"[23] आठवें दशक से पनपी व्यवस्था की वैमनस्यता ने नवें दशक में भूमंडलीकरण की उर्वरता से एक वट वृक्ष का रूप ले लिया। महाजनी सभ्यता जिसे पूँजीवाद की पूर्व पीठिका कहा जा सकता है, में अर्थसत्ता अनुदार और लोकतन्त्र विकृत रूप लेते गये। दलित कविता अतीत की अनुदारता वर्तमान की निष्ठुरता और भविष्य की चिन्ता को समाहित किये है। परम्परा–पोषित व्यवस्था से रचनाएँ तीन हजार वर्षों का हिसाब–किताब माँगती हैं। सत्ताधीशों के समता और परिवर्तन विरोधी तमाम कामों की बैलेन्सशीट जयप्रकाश लीलवान प्रस्तुत करते हैं–

क्या है यहाँ
गैर–बराबरी की गुलामी
भुगतते रहने के
दिनों के सिवाय
क्या यही कर्ज होता है
जिसे चुकाने के लिए
हमारी तमाम पीढ़ियों को
जोर–जबरदस्ती
मुकर्रर कर रखा है।[24]

दलित–श्रमिक की एक वस्तु से ज्यादा कोई अहमियत नहीं रह गयी है। इन्हें एक उपयोग की वस्तु की तरह इस्तेमाल कर फेंक दिये जाने का वर्चस्ववादी–बाजारीय तिकड़मी तन्त्र तैयार है। क्या मानव का सारा जीवन बाजार बनकर दम तोड़ देगा? किन दबावों के चलते दलित अवांछनीय होता जा रहा है? दरअसल, दलित समस्या सिर्फ दलित समाज की नहीं है। अधिकारों से वंचित व्यवस्था के पायदान पर ऋणात्मक चतुर्थांश में प्रताड़ना, शोषण, द्वेष, वैमनस्य और भेदभाव से दबा जन अपनी अस्मिता की तलाश कर रहा है। उद्वेलित करती काव्य पंक्तियाँ हैं–

धूप झुलसाती है क्यों
हमारी ही त्वचा
बहा ले जाती है बारिश
हमारे ही घर
क्यों मर जाते हैं ठंड में
बूढ़े माँ–बाप हमारे ही
थोड़ा–थोड़ा जानने लगा हूँ

टुच्चे लोगों की असलियत
कानफाड़ू शास्त्रीयता
और छद्म शब्द जाल का रहस्य।[25]

ऐसी रचनाएँ उस व्यवस्था को आड़े हाथों लेती हैं जो जन्मना मान्यताओं के आधार पर मानव को नीचे का दर्जा देती है। प्रतिभा ज्ञान को यह कहकर कि इनमें भी कुछ बुद्धि-विवेक है, इनकी मेधा की अवमानना है। कभी-कभी इनके पदासीन होने से सामन्तशाही अहंकार को आघात लगता है। व्यवस्था की कुरूपता से दो-चार हुए भुक्त-भोगी कवि मूक नहीं रह पाते और उनके अन्तस की टीस आदि कवि के समान बरबस निकल पड़ती है–

सब कुछ था
मेरे जन्म से पहले भी
और जन्म के बाद भी
लेकिन मैं
उसे अपने पक्ष में
कर लेने में रहा असमर्थ ही
मेरी इस असमर्थता में
बहुत बड़ा हाथ था
मेरे धर्म का।[26]

जन्म पर मनुष्य का वश नहीं है। दलित-वंचित को महज इसलिए वंचित रखा जाता है कि उसके परिचय के लिए समृद्ध अतीत और विरासत नहीं होते। दलित काव्य में जो आक्रोश और विरोध की भाषा है, उसकी अभिव्यंजना अर्थपूर्ण है। सामाजिक सन्दर्भों से जुड़कर वह अपनी अभिव्यक्ति में एक आह्वान है। सी.बी. भारती का प्रश्न है–

हमारी भागीदारी के लिए
योग्यता की शर्त
कब तक फेंकोगे तुम
अपना मकड़जाल हम पर।[27]

वर्तमान सूचना जगत जो कि बाजार का खबरनवीस है, इलेक्ट्रॉनिक और प्रिंट दोनों विधाओं से पूँजीपतियों और नवधनाढ्यों के लिए तुरही पर दम साधे है। यह वही फेरी लगाता है जिसकी बोली ज्यादा लगती है। जनसामान्य और अलग-थलग लोगों का जीवन इसकी आँख से दूर है। सेलिब्रिटीज का दामन पकड़े सूचना संजाल अपनी अलग मार्केट सेट कर चुका है। पत्रकारिता के सैद्धान्तिक मानकों से चुका

मीडिया समाज वंचित, दलित के प्रति फर्ज निभाने में असफल है। सब कुछ एक जैसा, सब पर एक ही मुलम्मा चढ़ाकर अपनी संगीत साधना पर ब्रेकडान्स कराना आज के ग्लोबल थॉट के लक्ष्य हैं। रसमलाई और रबड़ियों के लार टपकाऊ फ्लेवर से इसने दहलीज-रसोई तक धमक बना ली है। बाजारवाद बाजार की तार्किक परिणति है। बाजारवाद आवश्यकताओं को उग्र करता है और बाजार उनकी पूर्ति का जिम्मा लेता है। अब सम्पादक की कुर्सी पर पत्रकारिता का विद्वान नहीं बल्कि मार्केटिंग का मैनेजर बैठता है। उसका ध्येय संसार का सरोकार नहीं बल्कि कुछ विशिष्ट जनों के सरोकारों तक सिमटता जा रहा है। राष्ट्रीयता की भेरी बजाने वाली और गोरों की नाक में नकेल डालने वाली व्यवस्था की खामियों का खामियाजा भुगताने में समर्थ मीडिया पूँजीपतियों का चाकर बनता जा रहा है। दबे-कुचलों, लाचारों की आवाज दब रही है। मीडिया बाजार की जो नयी इबारत पुख्ता कर रहा है वह भारत और भारतीयता के लिए शुभ नहीं कहा जा सकता है। खबरों की बाजार में मरने-खपने वालों की मौत पर बाजारू मीडिया के नोटिस न लेने पर दलित कवयित्री पूनम तुषामड़ लिखती हैं—

मैं जानता हूँ
मेरी मौत पर
नहीं रखी जायेगी
कोई शोक-सभा
न ही धारण
किया जायेगा मौन
आखिर मरा है कौन?
एक अदना सफाई कर्मचारी
नहीं झुकेगा कहीं
राष्ट्र-ध्वज
करते नरक सफाई
मैंने अपनी जिन्दगी गँवाई
मैं पूछता हूँ—
क्या यही है
मेरे हिस्से का भारत?
जो है निरन्तर
प्रगति पथ पर अग्रसर![28]

देश के तमाम सफाई कर्मचारी, कचरा उठाने वाले कचरा बीनते-बीनते स्वयं

कचरेनुमा हो जाते हैं। रचनाएँ उस व्यवस्था को कठघरे में खड़ा करती हैं जिसमें एक आदमी दूसरे का गूँ-मूत और थूँक सर पर ढोता है। बास, सीलन और अँधेरी कोठरियाँ इनके जीवन का अविभाज्य घटक हैं।

बाजारोन्मुख सामन्ती शोषण, उत्पीड़न और अत्याचारों से मुक्ति तभी सम्भव है जब दलित संगठित होकर अपने अधिकारों के लिए संघर्षरत हो। क्रान्ति की यह मशाल जल चुकी है। परिधि के बाहर का समाज किस तरह जूझ रहा है इसका तमाम दलित-गैर-दलित रचनाकार संज्ञान लेते हुए लेखनी की असि का प्रयोग कर रहे हैं। दक्षिण अफ्रीका, अमेरिका और जापान आदि देशों के वर्णीय भेदभाव भूमंडलीय सभ्यता की त्रासद सच्चाइयाँ हैं जिसका राष्ट्रीय परिप्रेक्ष्य में भी व्यापक असर बना हुआ है। इस मुँह चिढ़ाती क्रान्तिक कोण की मृगमरीचिका पर आन्द्रे बेते का वैज्ञानिक तर्क है कि– ''सामाजिक श्रेष्ठता के खिलाफ संघर्ष करते समय हम नस्ल की अवधारणा को ठुकराने के बाद उसे उत्पीड़ितों के पक्ष में इस्तेमाल करने के लिए पिछले दरवाजे से वापस नहीं ला सकते। चाहे श्वेत श्रेष्ठता का दावा करने के लिए हो या वंचित समूहों के लिए माँगें करने के लिए हो, नस्ल का रूपक दोनों ही लिहाज से खतरनाक है।''[29] बाजारवादी व्यवस्था में मुनाफा सर्वोपरि साध्य है इस सिद्धि के लिए वैश्वीकृत व्यवस्था साधनों का वांछनीय-अवांछनीय प्रयोग करती है। इसका वर्चस्व कायम रहे इसके लिए वंचित तबके को तोड़ते रहना इसका अभीष्ट। देखने में आता है कि तमाम उपजातियों में विभाजित वंचित जनमानस आपस में ही भोज-भात का रिश्ता नहीं रखता। पासी, कोरी, दुसाध, डोम, भंगी, चमार, धोबी तथा चूहड़ा इत्यादि जातियाँ आपसी कटौंधन का शिकार हैं। होना तो यह चाहिए था कि ये उपजातियों के बन्धन तोड़कर आपस में विवाह-नातेदारी कायम कर अपनी एकता को सुदृढ़ करते तो सवर्ण और पूँजीपरक व्यवस्था इनके हक हड़पने के पहले तनिक हिचकती। सैकड़ों वर्षों से इनके शोषण का एक महत्त्वपूर्ण कारण यह भी रहा है कि जिस जातीय ढाँचे को तोड़ने की बात दलित चिन्तन करता है उससे यह स्वयं ही मुक्त नहीं हो पाया है। कदाचित इसीलिए आचार्य हजारीप्रसाद द्विवेदी ने कहा था कि भारत की छोटी-से-छोटी जाति भी अपने से नीची बिरादरी खोज लेती है। इनकी आपसी फूटन शोषण के रास्ते सरल कर देती है। बाजार का शोषण मात्र दलितों-मजदूरों तक सीमित नहीं कहा जा सकता, इसकी परिसीमा से सवर्ण भी अछूते नहीं हैं। ''निजीकरण ने आरक्षण के एजेंडे को बाहर कर दिया है। बेरोजगारी, आर्थिक असुरक्षा और भारी कर्ज की मार सवर्ण और दलितों में भेद नहीं करती। इसका असर कोने-कोने में पहुँचता है। श्यौराज सिंह बेचैन कहते हैं, निजी क्षेत्र को राष्ट्र के प्रति जिम्मेदार बनाना है तो सामाजिक दायित्व का भार उठाना ही होगा।''[30] और यह ऐसा करने को कतई

तैयार नहीं। प्राइवेटाइजेशन अब निजता से 'स्व' तक सिमट रहा है। राष्ट्रवाद का दर्शन ही गायब है। औपनिवेशिक मानसिकता से लबरेज फूट डालने वाले तान्त्रिक तथाकथित नेता, हाकिम शोषण-दलन को राजनीति के अजगर से मुक्त होकर देखने को नागवार समझते हैं। लार्ड ऐक्टन ने कहा था कि सत्ता भ्रष्ट करती है और पूर्ण सत्ता पूरी तरह से भ्रष्ट करती है। अर्द्ध-शिक्षित, अपहृत मानसिकता के अवशेषों से ग्रस्त भारतीय समाज में रातों-रात सत्ताधारियों और समाज में दलालों के बीच एक अलिखित नातेदारी बनती है और फिर शुरू होता है शोषण और भ्रष्टाचार का समाजीकरण।

वर्चस्ववादी नवब्राह्मणवादी मानसिकता ने बाजार से गठजोड़ कर एक बार फिर षड्यन्त्र कर दलितों को अपनी उसी पूर्व स्थिति में लौटाने का प्रयास प्रारम्भ कर दिया है, जिसमें वे हजारों वर्ष पूर्व थे। इस सम्बन्ध में दलित चिन्तक माताप्रसाद लिखते हैं कि "भूमंडलीकरण और निजीकरण से जहाँ बहुराष्ट्रीय कम्पनियाँ मालामाल होंगी, देश के कुछ बिड़ला, अम्बानी, टाटा सम्पन्नता के शिखर पर पहुँचेंगे, वहीं भारत का मजदूर, कारीगर, छोटे किसान, खेतिहर मजदूर, आदिवासी, महिलाएँ और अल्पसंख्यक जिनमें 90 प्रतिशत दलित हैं, वे दुर्दशाग्रस्त होंगे, रोजगार पाने को मोहताज होंगे, झुग्गी-झोपड़ियों में रहकर नारकीय जीवन बिताने और गुलाम बनने को विवश होंगे।"[31] यह भूलना नहीं चाहिए कि भूमंडलीकरण का धावा भिखारीकरण में टिटका लेने का दाव लगाये हैं। हाशिएकृत जन केन्द्र में आ ही रहे थे कि नवपूँजीवाद ने उन्हें गुमराह कर दिया, बाजार के जादू से इनकी खोपड़ी भन्नाई हुई है।

सन्दर्भ

1. नवें दशक की हिन्दी दलित कविता, रजत रानी मीनू, पृ. 77
2. मगर एक आवाज, लीलाधर मंडलोई, पृ. 41
3. नये क्षितिजों की ओर, जयप्रकाश लीलवान, पृ. 80
4. आग और आन्दोलन, मोहन दास नैमिशराय, पृ. 14
5. बस्स बहुत हो चुका, ओम प्रकाश वाल्मीकि, पृ. 100
6. आधुनिकता के आईने में दलित, सं. अभय कुमार दुबे, पृ. 113
7. गूँगा नहीं था मैं, जयप्रकाश कर्दम, पृ. 47
8. नये क्षितिजों की ओर, जयप्रकाश लीलवान, पृ. 40
9. वही, फ्लैप से
10. पलाशवन, डॉ. एन सिंह, पृ. 107
11. कथादेश, फरवरी 2008, पृ. 48
12. दलित राजनीति की समस्याएँ, सं. राजकिशोर, पृ. 75

13. अपनी केवल धार, अरुण कमल, पृ. 25
14. मिट्टी से कहूँगा धन्यवाद, एकान्त श्रीवास्तव, पृ. 20
15. आधुनिकता के आईने में दलित, सं. अभय कुमार दुबे, पृ. 112
16. समय की आदमखोर धुन, जयप्रकाश लीलवान, पृ. 32
17. कब होगी वह भोर, सूरजपाल चौहान, पृ. 55
18. जाति का जहर, सं. राजकिशोर, पृ. 68
19. दलित राजनीति की समस्याएँ, सं. राजकिशोर, पृ. 84
20. सदियों का सन्ताप, ओम प्रकाश वाल्मीकि, पृ. 26
21. प्रगतिशील वसुधा-82, जुलाई-सितम्बर 2009, पृ. 313
22. क्यों विश्वास करूँ, सूरजपाल चौहान, पृ. 22
23. हंस, दलित लेख, मई 2000
24. नये क्षितिजों की ओर, जयप्रकाश लीलवान, पृ. 58
25. अब और नहीं, ओम प्रकाश वाल्मीकि, पृ. 25
26. अब और नहीं, ओम प्रकाश वाल्मीकि, पृ. 19
27. दलित साहित्य का सौन्दर्यशास्त्र, ओम प्रकाश वाल्मीकि, पृ. 83
28. माँ मुझे मत दो, पूनम तुषामड़, पृ. 55
29. आधुनिकता के आईने में दलित, सं. अभय कुमार दुबे, पृ. 371
30. हंस, अगस्त 2004, पृ. 92
31. सामाजिक परिवर्तन में दलित साहित्य की भूमिका, माता प्रसाद, पृ. 115

7.

दलित स्त्री का अरण्य रोदन

इतिहास की धूल झाड़ने पर इबारत साफ होती है कि स्त्री का पुरुष की अपेक्षा निम्नतर स्थान रहा है। धार्मिक, आर्थिक और सामाजिक असमानताओं का शिकार इसकी नियति कहा गया। अरस्तू ने औरत की परिभाषा यह कर दी है कि औरत कुछ गुणवत्ताओं की कमी के कारण ही औरत बनती है। प्राकृतिक रूप से उसमें कुछ कमियाँ होती हैं। अतः मानवता का असली स्वरूप पुरुष है। वह औरत को पुरुष से सम्बन्धित होने को परिभाषित करता है। वह उसे स्वायत्त व्यक्ति नहीं मानता शायद इसीलिए यह मान्यता बनी कि नारी अपने बारे में नहीं सोच सकती। उसकी गढ़न पुरुष के साँचे के अनुरूप होती है। बिना लाग-लपेट के यह साफ दिखता है कि वह पुरुष के लिए भोग की वस्तु मात्र है। पुरुष के मन में दुनिया को लेकर कोई आशंका नहीं है, उसकी स्थिति असुरक्षित नहीं है। यह तो स्त्री है जो आज भी विश्लेषण और विमर्श का विषय बनी हुई है। पुरुष द्वारा उसे दोयम दर्जे की बख्शीशें नसीब हुई हैं जिनका नकार समाज में उसे परम्पराहीन और असंस्कारिक करार देता है और स्वीकृति अनन्त बन्धन-जकड़न। सर्वोच्च सत्ता केन्द्र के चलते पुरुष उसे सुरक्षा प्रदान करता है। भाई, पति, पुत्र और नाती-पोतों के सुरक्षा चक्र में ही वह 'सेफ' है। जिसकी कीमत वह अपनी स्वतन्त्रता के ऐवज से चुकता करती है। इतना ही नहीं इसके लिए श्रेष्ठता-प्राथमिकता के कठोर मानदंडों का पालन भी करती है। बाबा तुलसी सीता मइया के अनन्य उपासक हैं। बावजूद इसके कहते हैं—

एकई धर्म एक व्रतनेमा।
काय बचन मन पद पति प्रेमा। (अरण्यकांड दो० 4)

पद पंकजों की सेवा और चरणोदक पान करना नारी का परम धर्म। सीता के तो राम थे—मर्यादा पुरुषोत्तम। हालाँकि राजा दशरथ स्वयं बहुपत्नियों से अलंकृत थे। कालान्तर में उसी रामराज्य में सीता के साथ जो कुछ घटा वह...। निर्वासन, देश निकाला और अप्रमाणित चारित्रिक दोष पर वैदेही का देह त्याग। आज की भाषा में 'सुसाइड'।

सामाजिक विभाजन, आर्थिक विभाजन से कहीं अधिक शक्तिशाली, असरदार

और गहरा प्रभाव डालने वाला मानव-दुर्भाग्य है। असीम वर्जनाओं के समुद्र में डूबती-उतराती 'साधारणतम मानव प्रजाति' दलित स्त्री भारतीय संस्कृति की भयानक दुर्घटना है। यह कोई प्राकृतिक अस्तित्व नहीं, शुद्ध रूप से क्रमशः गुलामी की मन:स्थिति में जकड़ते-ढलते चले जाने की चेतना शून्य परिणति है। शरीर से यह स्त्री कही जाने के बावजूद नारी होने के अहसास से वंचित है। दशा यह कि एक तो औरत दूसरे उसके सम्बोधन—चमारिन काकी, डोमिन अजिया, पासिनि मौसी, धोबिन भउजी से। यानी सम्बोधन ही घृणापूर्ण हिकारत और अपमान से आच्छादित। दलित बनने की बेहद जटिल मानसिक प्रक्रिया में वह खो चुकी है—प्रकृति प्रदत्त नारी का सम्मान, सृजना का शक्तिस्वरूपा महत्त्व। जननी से भी ज्यादा महत्त्वपूर्ण काम करने की कुव्वत इसी तथाकथित दलित नारी में रही है। प्रसवोपरान्त नवासे को छाती पान कराते समय यह पवित्र? होश सँभालते ही उसी सन्तान के लिए अछूत, दहलीज से ही रोटी तसले में झिक देने का संस्कार! उसका शरीर, बुद्धि, आत्मा, विवेक, चेतना सब पराधीन? वह एक ऐसे अस्तित्व में तब्दील हो जाती है जो नारी की किसी परिभाषा में नहीं समा सकती, जिसका अपना कोई अस्तित्व नहीं, खुद को कुछ भी न मानने, न आँकने में ही जैसे तुष्टि मिलने लगती है। चंचलता, अल्हड़ता, जिद, बतकाटूपन इनकी वय के साथ विलुप्त हो जाते हैं। उसे घोंट-घोंटकर पिलाया जाता है कि तुम स्त्री होकर भी स्त्री नहीं हो। तुम असभ्य हो, अशुभ हो, सृष्टि पर एक अभिशाप हो। भारतीय समाज में नारी का सबसे ज्यादा शोषण-उत्पीड़न होता है, पर दलित नारी का उससे भी ज्यादा। दलित रचनाकार मोहन दास नैमिशराय का यह कथन प्रासंगिक लगता है कि "दलित महिलाओं का संघर्ष दुहरा है, क्योंकि उनका दुहरा शोषण हो रहा है। उन्हें एक गाल पर ब्राह्मणवाद का तो दूसरे गाल पर पितृसत्ता का थप्पड़ खाना पड़ता है।"[1] और वर्ण आधिपत्य की चपेट अलग से।

सिकुड़ती दुनिया में विचारों की सिकुड़न समानुपाती क्रम में जो समीकरण रच रही है उसमें पोस्ट मार्डनिज्म के ग्लोबीकरण को लिओतार और फुकुयामा परिभाषित करने में लाचार हैं। जहाँ लिओतार के चिन्तन से हाशिएकृत जन को केन्द्र में लाने की कवायद थी, सन्दर्भ उठा था कि पिछड़ी गैर-द्विज जातियाँ जो किनारे पर पड़ी थीं उन्हें केन्द्र में लाकर महत्त्व देने का प्रयत्न हो। परन्तु नव उपनिवेशीकरण, रंगभेद, नस्लवाद, जातिवाद की देशी वर्चस्वशील संरचनाएँ, सामन्तवाद का नव रूप, फौजीकरण और देशों की सभ्यता-संस्कृति के अलगाववाद ने दलित समस्या की मड़नी माड़ने का काम किया है। अन्तरराष्ट्रीय मंचों पर नस्लीय भेदभाव की चर्चाएँ नदारद हैं। दलितों को भारतीय समाज में जो उपेक्षा-अपमान-यातना मिली है वह जाति-प्रथा का कलंक है। लम्बे-लम्बे व्याख्यान, संगोष्ठियों में दलित नारी को उत्तरोत्तर ऊर्ध्व स्थापित करने वालों को थोड़ा भारत के पुरवों-गाँवों का रुख

करना चाहिए। पुरुष तो पुरुष, स्त्री तक दलित नारी के साथ खुलेआम अहंकारी, सामन्ती और गर्वोन्मत्त व्यवहार करती हैं जैसे सवर्ण पुरुष दलित नर के साथ करता है। जातीय अहंकार की जड़ पाताल लोक से भी गहरे तक समायी है। पूर्व दीप्ति पद्धति से दृष्टिपात करें तो दलित परिवारों का भयावह यथार्थ माथा पीटने को विवश कर देगा। आँकड़ों से इनके खुशहाल ग्राफों पर बहसें-मुबाहिसें रस्म अदायगी तथा सरकारी बजट का निपटान लगती हैं। जो सरोकार सामाजिक गलियारों से गुजरते हों उन्हें साझा करना कदाचित साहित्यिक मानदंडों को अस्वीकार न हो। होली के उत्सव पर गाँव में पूर्वाह्न काल में बैंड बाजे के साथ होली-मिलन होता। भाँग की ठंडाई के साथ सोमरस का दौर चलता। द्विअर्थी फिल्मी गानों पर कुछ ब्रेक डान्सर कमर हिलाते। एक-दो रुपया घर मालिक दे देता तो यह जुलूस आगे बढ़ता। जब धोबिन टोला, कोरिन टोला में गवइयों का हुजूम पहुँचता तो वे भी इसमें शरीक हो जाते, जो तब तक घरों में रहते। धोबिया गीतों पर अश्लील तुकबन्दी की जाती। इन मुहल्लों की नवविवाहिताओं और लड़कियों के मुँह पर रंग पोता जाता। यह कहने की जरूरत नहीं कि और क्या-क्या होता। फूहड़ता का तांडव कर जब ये सवर्णों के दुआरे पहुँचते तो न नशे का नशा और न ही बेअदबी की हिम्मत। घर का मालिक बाहर चबूतरे पर बैठा रहता सब अबीर लगाते, पैंलागन कर आशीर्वाद लेते। इन घरों की महिलाओं की तरफ कोई निहारने की हिमाकत– सोच भी नहीं सकता था। यहाँ न कोई भउजी थीं, न बूआ? इसके थोड़ा और पीछे चलें तो–स्वामी अछूतानन्द हरिहर जी सन् 1933 के प्रारम्भ में ग्वालियर रियासत गये। यहाँ अछूतों की नयी बहुओं और जमींदारों के बीच डग्गा का खेल होता था, जिसमें नयी ब्याहताओं को जबरन खड़ा किया जाता था। अरहर की लग्घियाँ डाल दी जातीं। जमींदारों के दुलारे इन्हें अश्लील गीत 'रसिया' सुनाते, फूहड़ भाव-भंगिमाएँ बनाते और ये युवतियाँ लग्घियों से मारने दौड़तीं। 'पाला' के इधर आ जाने पर उनकी जो दुर्गति की जाती कि... ।[2] दलित स्त्री को सामाजिक-आर्थिक शोषण-उत्पीड़न से ज्यादा शारीरिक शोषण की जिल्लत झेलनी पड़ती है। सवर्ण मानसिकता उसकी देह को गटक लेना चाहती है।

समता-समानता तथा सहमति की डींगें मारने वाले व्यवस्था साधकों की कोरी लफ्फाजी पर दलित कविता विरोध दर्ज कर चुप नहीं रह जाती है। अवमानना के प्रतिकार हेतु आँख मीचकर भेड़ चाल चलने से इतर अपनी नयी व्याख्या से वैचारिक तन्तुओं का शॉक ट्रीटमेंट करती है। कभी-कभी तो यह कील से कील का इलाज करती है। रामायण-महाभारत का पुनर्पाठ हो रहा है–नये सन्दर्भों, प्रसंगों के साथ जिसमें यथार्थ का पल्लव है, आदर्श की थाती से चिपकी वैचारिक स्तर पर गिरवी रखी नारी को मिला क्या... ? इसलिए इसे अपने अश्रुपूरित नेत्रों को पोछकर

आगे बढ़ने की ताकत देती है दलित कविता–

तू पढ़ महाभारत
न बन कुन्ती न द्रौपदी
पढ़ रामायण
न बन सीता, न कैकेयी
पढ़ मनुस्मृति
उलट महाभारत, पलट रामायण
पढ़ कानून
मिटा तिमिर, लगा हलकार
पढ़ समाजशास्त्र, बन जावित्री
फहरा शिक्षा का परचम।[3]

रजनी तिलक शिक्षा और ज्ञान से इस धुन्ध को छाँटना चाहती हैं। दलित नारी का शोषण कर यौन तुष्टि की जो कुत्सित कामेच्छा उच्च दम्भीय जनमानस की सवर्ण मानसिकता में कुलबुलाती है उसमें दलित आत्मसम्मान को कुचलकर उसे मानसिक रूप से पंगु बनाकर उस पर अपनी यन्त्रणा का वर्चस्व स्थापित करना भी इनके कुरकटपन की चरित्र गाथाएँ हैं। गाँव की दलित स्त्रियाँ आज भी जबरन पुरुष की हवस का शिकार बनती हैं। उसकी देह का अनियन्त्रित और बेखौफ भोग करने वालों में समाज का ठसक वाला वर्ग सम्मिलित है। आँकड़ों पर ही गौर करें तो– ''बलात्कार के आँकड़ों के साथ देखें तो नब्बे प्रतिशत दलित महिलाओं का बलात्कार होता है। 75–80 प्रतिशत दलित महिला भूमिहीन मजदूर हैं...। कायस्थ जाति की महिलाओं को लोग वैसे नहीं देखते जैसे दलित महिला को, उसे चमारिन, भंगिन कहकर अछूत मानते हैं।''[4] अल्पशिक्षा और अज्ञानता के चलते इनके आत्मविवेक को नष्ट करने की साजिशें सहजोर हैं। सोच–समझ सीमित, घरेलू और निःस्वार्थ है कि इनके टोले–मुहल्लों की दशा देखकर टीस–सी उठती है। झाड़–फूँक, जादू–टोना, अगिया बैताल, बरम देव की छायाएँ केवल इन्हीं की बस्तियों के डेरे हैं! सो इन्हें उतारना, वापस ठिकाने भेजना बाबाओं, पुरोहितों, ओझाओं का पेशा क्यों न हो। सात तरह की मिठाई, लाल–काला कपड़ा, जोड़ा लौंग... आदि–आदि। साथ में दारू और देह...। कर्जा–उधारी, रेहन–गिरवी, रखकर भी ये इतवार–मंगल–बेफ्फै के दिवालाओं में जाती हैं। खोपड़ी फोड़ती हैं, बाल नुचवाती हैं, कपड़े बेतरीब। और ये भूत–काली छायाएँ कई–कई महीनों के बाद भी इनका पीछा नहीं छोड़ते। शैतानी छायाओं को शायद ही कभी सवर्ण नारी की देह अच्छी लगी हो। विकृत मानसिकता के साइकिल छाप तान्त्रिकों ने धर्म की मूल भावना को तार–तार किया है। कविताएँ

शोषित-दलित नारी को इनसे खबरदार करती हैं। ईश्वर की कल्पना पर प्रश्न चिह्न लगाती काव्य पंक्तियाँ हैं–

ईश्वर की मौत
उस दिन होती है
जब बनता है कोई मन्दिर या मठ
जहाँ बैठता है कोई
ठग
लुटेरा
गुमराह करने वाला
ईश्वर की मौत
उस दिन होती है।
जब किसी महिला को बनना पड़ता है
देवदासी
जाना पड़ता है वेश्यालय।[5]

कवि उस रहस्य से पर्दा उठाता है जिसमें सम्पन्न तबके का वैभव गरीब के रक्त से सर्जित होता है। तीसरी दुनिया पर काबिज पूँजी की पिट्ठू सरकारें यह नहीं मानतीं कि आर्थिक उदारीकरण से गरीबी नहीं मिटायी जा सकती। संयुक्त राष्ट्र विकास कार्यक्रम (यूएनडीपी) और मानवीय विकास समूह दावा करते हैं कि 20वीं शती में गरीबी की दर में कमी करने की प्रक्रिया सराहनीय व अभूतपूर्व रही है। ये दोनों मानवीय गरीबी सूची में सर्वाधिक हानिकारक पक्षों–अल्पावधिक जीवनकाल, आधारभूत शिक्षा में कमी तथा सार्वजनिक व निजी स्त्रोतों से उपलब्धि में कमी को आधार मानते हैं। इन मानकों पर आधारित इनका गरीबी का आकलन राष्ट्रीय स्तर की वास्तविकता से पूर्णतः विरोधी है। यूएनडीपी की गणना भारत में विपन्नता के स्तर को कम हुआ मानती है परन्तु लाचारी आँकड़ों में नहीं बसती। दलित नारी की रसोई से उठते हुए धुएँ से पूछने की जरूरत है कि उनके चूल्हे में आग कब जलती है। मधु किश्वर का दावा है कि "भूमंडलीकरण के बीच चलने वाले लाइसेन्स-परमिट राज के कारण हमारी जनता की आमदनी कृत्रिम रूप से घटी है, उनका आत्मविश्वास घायल पड़ा है, उनकी आत्मगरिमा का क्षय हुआ है।"[6] दलित स्त्रियाँ सवर्ण पुरुषों द्वारा यौन-शोषण का शिकार होने से अपने को बचा नहीं पातीं। एक तो आर्थिक रूप से वे इसी सवर्ण समाज पर निर्भर हैं। खेतों-खलिहानों, जंगलों व घरों में काम करते वक्त वह सामाजिक रूप से सुरक्षित नहीं। उसके प्रति सवर्ण पुरुषों का रवैया विकृति की स्थिति तक पहुँचता है। उसे केवल

भोग की वस्तु समझा जाता है। समाज में निम्न मानी गयी श्रेणी के कारण सुरक्षा के उन सभी कवचों से दलित स्त्री वंचित है। वह हर समय असुरक्षित स्थितियों में ही काम करती है। पेट में समाया पेट, धँसी आँखें और चिन्ताओं की सिलवटों का चेहरा क्रूर शोषकों को ताजा गोश्त लगता है। सी बी भारती के अनुसार दोजख को भरने के लिए वह अपनी देह तक बेचने को विवश है–

वह तोड़ती है पत्थर
पेट की आग ही मजबूर करती है
उन्हें भट्ठों पर पसीना बहाने के लिए
पेट की आग के लिए ही वह सहती है क्रूरता व शोषण
अपनी देह का उपभोग भी वह
नहीं रोक पाती है उन कामुक दरिन्दों से
पलते हैं जो उन्हीं के श्रम पर इन्सानी घड़ियाल
सारी बेपर्दगी सहती है वह अपने बन्द ओठों से
जबकि तुम नहीं बर्दाश्त कर पाओगे–
अपने घर की औरतों की बेपर्दगी।[7]

फूको के अनुसार देह अत्याचार की इबारत है। आर्थिक निर्भरता व सामाजिक स्थिति जिसके कारण इनके अस्तित्व-अस्मिता को नकारकर इन्हें अपमानित कर सामन्तशाही सोच मूँछों में ताव दे रही है। दलित नारी का रुदन आम नारी से कहीं ज्यादा है। आर्थिक, सामाजिक, धार्मिक व राजनीतिक सुरक्षा के अभाव में उसके अस्तित्व व अस्मिता को बार-बार कुचला जाता है, मसला जाता है। अपने और अपनों के अस्तित्व के लिए वह सब सहती है–

कड़कती ठंड में रोज सुबह आती है वह
और बैठ जाती है बर्तन मलने
रजाई में दुबके चाय पीते हुए
देखते हैं हम उसे
बार-बार बिना गर्म कपड़ों के सिहरते हुए
दुनिया की सारी हलचल से बेखबर
बर्तन मलते हुए तिस पर भी खुश है बाई
कि मिली है उसे एक नयी साड़ी
जिसे पहनेगी वह किसी त्यौहार पर।[8]

नीलेश रघुवंशी की लेखनी से साफ होता है कि ये दुनिया का कीचड़, जूठन, मैला उठाते-उठाते स्वयं उठ जाती हैं मगर अपने लिए न इनके पास समय होता है,

न पैसा। निम्न मानी गयी जातियों के लिए श्रम से जुड़े और आय की दृष्टि से निम्नतर व्यवसाय ही सौंपे गये हैं जिससे इनकी सामाजिक-आर्थिक स्थिति में परिवर्तन नहीं हो पा रहा। जब भी परिवर्तन के लिए कोई व्यक्तिगत या सामूहिक प्रयास इनके द्वारा किया जाता है तब दमन की प्रक्रिया और तेज हो जाती है। सामाजिक बहिष्कार जैसी अमानवीय आदिम व्यवस्था की परम्पराओं के द्वारा दलितों को आर्थिक दृष्टि से दयनीय अवस्था तक पहुँचाकर जाति भेदभाव के कारण अपमानित करके उनके मनोबल को तोड़ दिया जाता है। स्थितियों से समझौता करने के अलावा दूसरा चारा न देखकर ये बार-बार अधीनता में ढकेले जाने पर कुछ नहीं कर पातीं। जन्मना शोषण की कथा ताउम्र चलती रहती है। जातियों के कारखाने गाँवों में ही नहीं यह शोषण शहरों-महानगरों तक अपनी दबिश बनाये हुए है। यहाँ तरीके अलग किस्म के और सूक्ष्म हैं, हाइटेक हैं। चिप युग में चिप की तरह, शातिर। भीषण प्रदूषण-विषाक्त पानी और जहरीली वायु से इन्हें बचाने वाला घी कहाँ से मयस्सर हो? जितनी जगह में सामान्य घरों में शौचालय होते हैं उतने स्थान में इनके घर बनते हैं। मेड़ के बराबर गलियाँ। जितनी बीमारियाँ लग सकती हैं उनका शिकार यहाँ की नारियाँ। गरुड़ पुराण में जिन नरकों की चर्चा छूट गयी हो उनका सजीव दर्शन इन स्लम-एरियाज में किया जा सकता है। और यह सब देश की आर्थिक राजधानी से राष्ट्रीय राजधानी क्षेत्र तक में सहज-सुलभ है। ये जी रही हैं या तिल-तिल कर जिन्दगी काट रही हैं या अपनी लाशें स्वयं ढो रही हैं, लाशों के झुरमुटों के असंवेदनशील श्मशान में देखने वाला कौन है? व्यवस्थाओं के ऊपर परतें चढ़ाती व्यवस्थाएँ-नीतियाँ यहाँ बड़ी बेशरमी के साथ एक तहरीर भर हैं। दलित-महादलित के जुमलों से कुर्सी हथियाने वाले इनसे कितना सरोकार रखते हैं, काबिले गौर है। कुछ दिन पहले एक नवधा युवा दलित नेता का यह बयान कि उसे दलित नेता कहना अच्छा नहीं लगता– अपेक्षा इसके कि उन राजपुरुष को विकास का कर्मकार कहा जाये। ठकुर सुहातियों का मेला है–हुजूम है तो जो चाहे बिरदावली गवायें। जिनके नाम और खैरख्वाही पर ऐसे लोग वहाँ तक पहुँचते हैं उन्हीं के बीच उठना-बैठना या उनसे पहचाना जाना इन्हें चुभता है, टीसता है। ''क्रान्ति की बातें करने वाली ताकतें सोयी हुई हैं या वे पूँजीवाद के हित में सक्रिय हैं और सोने का नाटक किये हुए हैं।''[9] ये अगरबत्ती बनाती हैं, चटाइयाँ बुनती हैं, रद्दी बटोरती हैं, पास-पड़ोस में झाड़ू-पोंछा, बर्तन माँजना, सेवा-टहल कर गुजारा करती हैं। ये दुनिया का दर्द बटोरती हैं मगर इनके अँधेरों को बटोरने वाला कोई नहीं। नगरों-महानगरों को ये चमकाती हैं, परन्तु विशाल शहर-महानगर इनके नहीं। इनकी अस्मिता को खोजते दलित रचनाकार लिखते हैं–

उस सड़ान्ध में
ढूँढ़ है रही
कहाँ है वह स्वतन्त्रता से
पूर्व का मुक्ति-आन्दोलन?
आज सभी स्वतन्त्रता की
खुशियाँ रहे हैं बाँट![10]

स्वतन्त्रता मिली किसको और किससे? टोपियाँ बदलीं, हालात...। 'अबला नारी हाय तुम्हारी यही कहानी। आँचल में है दूध और आँखों में पानी।' राष्ट्र कवि मैथिलीशरण गुप्त की इस नारी से भीषणतम दुर्दशा है इस दलित स्त्री की। इसकी छातियों का दूध सूख चुका है और आँसू मनचाहे नहीं होते कि जब चाहा टैप ऑन कर दिया। उनके इन हालातों पर कवि की नजर टेढ़ी है–

किसने फेंका इस हाल में
भारत की इन बेटियों को
किसने दिया इन्हें ऐसा जीवन
मृत्यु ऐसी बिना दवा की
खाँस-खाँस कर
दुखती पसलियों के साथ
ये मूँद लेती हैं अपनी आँखें![11]

इनकी आँखें भले ही इस भयावह दृश्य से पलकें ओट लें परन्तु कमर कसे दलित कवि अब इसकी पुनरावृत्ति नहीं होने देगा। अपने शोषण के एक-एक वाकए का हिसाब चाहिए इसे–

जब तक कि
समाचार-पत्र की रोशनाई से
उन
बेबस, निरपराधों के
ताजे खून की गन्ध आती है,
जब तक कि
सुर्खियों से
जली झोपड़ियों का मांस
नथुनों से टकराता है
जब तक कि
कानों को फाड़े दे रही हैं

बलात्कार की चीत्कारें
नहीं,
इस बार नहीं
नहीं बनने देना है
इस हादसे को
मात्र
कागजी
दन्त–कथा
माँग लेना है
रेहन रखी साँसों का हिसाब
इतिहास गवाह है
निर्णय
शस्त्र ही लेता है।[12]

सामाजिक स्तर शक्ति का स्रोत बनता है। सैकड़ों वर्षों की यातना–प्रताड़ना ने ही इन्हें अत्याचार की इबारत मिटा डालने की ताकत दी है। शायद इसीलिए इनकी जबान तीखी हो चली है। अपमान, हिकारत से दो–चार हुए मानव समाज का लहजा बहसवीरों की माफिक तोल–मोलकर कहने वाला नहीं हो सकता। टकराने का कलेजा चाहिए। धीरे–धीरे ही सही अब दलित नारी अहिल्या से झलकारी बाई में तब्दील हो रही है। इससे बेफिकर कि शोहरत किसी और के नसीब में। उत्पीड़न की चीख चीरती है—अन्तस तक और इसलिए दलित कविता सौन्दर्य, आत्मा, हृदय से हटकर तमाम मूलभूत चिन्ताओं को अपने में समाहित करती है जिसमें जन्मधात्री, सृजना की फिकर करना इसका सर्वोपरि दायित्व। यहाँ सपने नहीं देखे जाते वरन् सपनों को जीने में आयी दुश्वारियों, लाचारियों से दो–चार होना पड़ता है। सन्ताली कवयित्री निर्मला पुतुल समाज के रंग, वर्ण–भेद का उद्घाटन अपने तरीके से करती हैं जहाँ दिन में दलितों की देह अछूत परन्तु रात के धुँधलके में गदराई और प्रिय लगने लगती है। कवयित्री लिखती है—

वे घृणा करते हैं हमसे
हमारे कालेपन से
हँसते हैं व्यंग्य करते हैं हम पर
हमारे अनगढ़पन पर कसते हैं फब्तियाँ
प्रिय है तो बस
मेरे पसीने से पुष्ट हुए अनाज के दाने

उन्हें प्रिय है
मेरी गदराई देह।[13]

सुख-सुविधाएँ इनके लिए मृगमरीचिका हैं। वैश्विक कम्पनियों की आला दर्जे की प्रगति इनकी झोपड़ियों से परे है। व्यवस्था इनको चूसना जानती है—खसोटने की कुव्वत है इसमें। परन्तु इनके लिए न अच्छे दिन हैं न रात। करकीवा, कलइया, मकोइया और रामेसरी के हाथों में आज भी तसला है। मंगल ग्रह में गृह बनाने वाले इनका मंगल कब सोचेंगे या सोचेंगे भी?? ओम प्रकाश वाल्मीकि का सीधा प्रश्न—

श्च-श्च की ध्वनि से तैरती है
उड़ाती है धूल का गुबार
चेहरे पर कुछ लकीरें हैं
जो वक्त ने उकेरी हैं
जब तक रामेसरी के हाथ में
खडांग-खांग घिसटती लौह गाड़ी है
मेरे देश का लोकतन्त्र
एक गाली है![14]

बकौल रमणिका गुप्ता— दलितों और औरतों को उनके सभी अधिकारों से वंचित रखने वाली संस्कृति की जो गौरव गाथाएँ हैं उनका दलित लेखकों ने बहिष्कार किया है। पुरुषोत्तम सत्य प्रेमी के विचार में भी दलित-संस्कृति की अवधारणा का प्राणाधार दलित साहित्य है, जो वैदिक संस्कृति को नकारता है। माटी का शृंगार करने वाली गाँव की दलित नारी भोर से सन्ध्या ढलने तक महाजनों, जमींदारों और ठेकेदारों की मजूरी करती है। अपरिभाषित कर्ज तले दबे इन्हें कभी-कभी दिहाड़ी भी नहीं मिलती। काठ हो चुका इनका शरीर परिवार के प्रत्येक सदस्य की सन्तुष्टि के लिए जद्दोजहद में लगा रहता है। चूल्हा फूँकते-फूँकते आँखें पनीली हो जाती हैं। रोटी की मिठास कैसी होती है। ये बेहतर समझ सकती हैं। रघुनाथ व्यास लिखते हैं—

रोटी की उलझन में उलझे, कैसे सगुन किनारे
हाथ हथौड़ा लेके पत्थर तोड़े सड़क किनारे
माटी का सिन्दूर हमारा माटी का शृंगार
चूड़ी कैसे पहनूँ रे
जब भी आवे तीर चुभावे
जालिम ठेकेदार।[15]

टी वागस्टफ का मानना है कि विमुक्ति का संघर्ष ही एकमात्र विकल्प है। हमें अपना अलग इतिहास लिखना चाहिए। शायद इसीलिए दलित नारी की बात करते समय कवि सुलगने लगता है–

इसी धरती की परतों में
शोषितों की लाशें दबी पड़ी हैं
महिला और पुरुष ही नहीं
दुधमुँहे बच्चे तक को
जात्याभिमानी हत्यारों ने
बन्दूक की गोलियों से
कई बार भून डाला है
भारत की लाखों बेटियों के
शील भंग होने पर भी
कृष्ण जन्म नहीं लेता
गांधी के राम को तो
शायद खबर ही नहीं
हो भी क्यों?[16]

कविताओं में इस अमानवीय कृत्य पर बेखबर ईश्वर की पूरी व्यवस्था से प्रश्न है? एक-दो नहीं प्रायः नित्य ब्रेकिंग न्यूज...। दलित महिला के साथ बलात्कार, सामूहिक बलात्कार। ईश्वरनुमा हमारी व्यवस्था इन खबरों से कोई विशेष सरोकार नहीं रखती। कहने की जरूरत नहीं कि उदारवाद के साथ ही भारत में मीडिया अपनी बहुमुखी शक्ति के साथ आया और उसने दशानन की तरह अपने मुखों से देश और समाज के बारे में बोलना शुरू किया। हमने उसे घर में पितृ पुरुष के सम्मान से जगह दी और वह अन्ततः हमारा स्वघोषित अभिभावक बन गया। उसने हमसे सोचने-समझने की कुव्वत छीनी और हमारे जेहन की परतों में यह पुख्ता कर दिया कि सोचने का काम अब तुम्हारा नहीं है। उसकी धमक में यह सन्देश था कि वह इक्कीसवीं सदी का प्रस्थान बिन्दु है। तैयारी करो और इतिहास की लदनी उतारो, बाजार घर में घुस रहा है। वहाँ से तुम्हें नया भविष्य ऑर्डर करना है। जो जितनी जल्दी करेगा रसातलीय उपहार पायेगा। आशावाद से आप्लावित-प्रफुल्लित भारतीय समाज हउसा-फउसा इसे पकड़ने को झपटने लगा। भारत के भीतर इंडिया का बर्थ डे सेलीब्रेट हुआ। कार्पोरेट के कायल वैश्विक विचारधारा के पंडितों ने मन्त्र दिया कि भाई मीडिया का काम बिल्कुल जुदा है और यह था–अल्पउपभोगवादी भारत में एक नये स्वप्न-उपभोक्ता युवा पीढ़ी का सृजन-पालन, पोषण। भारत

प्रौद्योगिकी का विराटावतार कहा जाने लगा। मुगालता पाला गया कि दुनिया मुट्ठी में। जबकि दुनिया पूँजीपतियों की कठपुतली बनती गयी। इंटरनेट-स्मार्टफोन की सुनहरी सुरंगों में नवबढ़ुवा वर्ग आनन्द विभोर हो गोता लगाने लगा। पिछले दो-ढाई दशकों में ट्रेड की सुनामियाँ आयीं धन्धे-रोजगार चौपट हुए। खाने-पीने, ओढ़ने-बिछाने के अकूत आविष्कार देखने को मिले। जहाँ एक ओर हैप्पी इकोनॉमिक्स की परिभाषाएँ गढ़ी गयीं वहीं अच्छे दिन, अच्छे-अच्छों के लिए। उपभोक्तावाद में स्त्री महज एक वस्तु है और उसकी मुद्राओं में ही मुद्रा का रास्ता। यह लालच देता है कि देह के आधार पर उसे ताकत दी जायेगी जो उसे सदियों से नहीं मिली, क्योंकि उसकी देह दमदार! इसका आकलन कौटिल्य का अर्थशास्त्र नहीं कर सका। यह तो ग्लोबल कैपिटलिज्म है जो इसके लिए अलग पुष्टाहार प्राप्त कराता है। हाई हील, लिपी-पुती चकाचक पावर वूमेन की आँखें जब करुणा की अश्रुबूँदों से डबडबायी हों तो दलित स्त्री पर गुजर के लिए क्या-क्या गुजरता है, गौर करने लायक है। रजनी तिलक ने सवर्ण और दलित दोनों का तुलनात्मक अध्ययन किया है। देखिये—

> औरत औरत होने में
> जुदा-जुदा फर्क नहीं क्या
> एक भंगी तो दूसरी बामणी
> एक डोम तो दूसरी ठकुरानी
> एक सतायी जाती है स्त्री होने के कारण
> दूसरी सतायी जाती है स्त्री और दलित होने पर
> एक तड़पती है सम्मान के लिए
> दूसरी तिरष्कृत है भूख और अपमान से
> एक सत्ताहीन है
> दूसरी निर्वस्त्र घुमायी जाती है।[17]

उसका जीवन अपना होता ही नहीं है। उसके अधिकारों पर सवर्णीय पुरुष मानसिकता और नवब्राह्मणीय मर्दवादी सोचें अपना फ्री होल्ड कराये हैं वह जुत रही है। शान्ति यादव की काव्य नजर से—

> जब तक जीती है
> तीन मालिक
> बदल जाते हैं
> वह अपने लिए नहीं
> औरों के लिए जीती है।[18]

यह दलित स्त्री अब अपने अधिकारों के प्रति सचेत होने लगी है। नीच चालाकियों के आगे सिर उठाने लगी है। जन्मजात आत्मसम्मान की भूखी उसकी आत्मा अब विद्रोह का स्वर अख्तियार करने लगी है। मुखालिफत की चिनगी सुलगने लगी है। सुशीला टाकभौरे इसके असीम अधिकारों की बात करती हैं–

आज रोम–रोम से ध्वनि गूँजती है
पोर–पोर से पाँव फूटते हैं
प्रचलित परिपाटी से हटकर
मैं माँगती हूँ सब और एक साथ
मुझे अनन्त असीम दिगन्त चाहिए
मुझे अनन्त आसमान चाहिए।[19]

उसके उड़ने पर लासा लगाने वाली व्यवस्था का नजरिया दकियानूसी रूप को छोड़ने को तैयार नहीं। उसका विषम व्यूह दलित नारी को मुक्ति की चुनौती देता है। उसके लिए बहसें, विमर्श, चर्चाएँ, शिरकत और सुनने– शामिल होने के लिए कतई नहीं–

बुहारो ठीक से चमकाओ बर्तन
सिर पर तगाड़ी लिये दसवें माले की ओर जाती
ओ कामगार स्त्री
देखती हो कभी आसमान कभी जमीन
निपटाओ बखूबी अपने सारे काम–काज
होने दो मुक्त अभी समृद्ध संसार की औरतों को
फिलहाल सम्भव नहीं मुक्ति सबकी।[20]

दलित हिन्दी काव्य ने नारी–चिन्तन के गहरे आशयों से संयुक्त सामाजिक बोध के लिए रचनात्मक ऊर्जा खर्च की है। न्याय, शक्ति, दक्षता के लिए संकल्पित कविता दलित नारी में जीने और जीवटता का जज्बा भरती है। उसकी पीड़ा, उदग्र ऐन्द्रीयता, सान्द्रता और सहजता उजागर करती कविताएँ खाप पंचायतों, सवर्ण तालिबानी फरमानों से भयाक्रान्त नारी का दृश्यांकन करती हैं। ''औद्योगिक क्रान्ति के परिणामस्वरूप औरत को उत्पादन श्रम के क्षेत्र में प्रवेश मिला और यहीं से औरत की स्वाधीनता के दावे को आर्थिक आधार मिला, साथ ही विरोधी खेमे और अधिक आक्रामक हो गये। अचल सम्पत्ति का प्रभाव कुछ हद तक घटने पर भी बुर्जुआ पारिवारिक एकता में निजीकृत सम्पत्ति को प्रश्रय देने वाली पुरानी नैतिकता से चिपका रहा। औरत की स्वतन्त्र सत्ता और स्वाधीनता पुरुषों की आँखों की किरकिरी बन गयी। उसको वापस घर के दायरे में लौटने को कहा गया। यहाँ तक कि मजदूर

वर्ग के पुरुषों ने भी औरत की स्वाधीनता पर बन्धन लगाने शुरू किये, क्योंकि वे औरत को अपना खतरनाक प्रतियोगी समझने लगे।''[21] झाँकियाँ सजायी गयीं कि औरत ऊँचा उठ रही है। दलित नारी की तरफ झुनझुना यह कि ठहरो संसद में बिल पास करवाकर तुम्हें तख्तोताज भेंट किया जायेगा! कोरी लफ्फाजी और बगुला बरन से इन्हें भकुवा बनाया जाता रहा–

आदिवासी लड़की का खिला चेहरा
चिपकाकर पोस्टर पर
संसद गिरा देती महिला आरक्षण बिल
'यत्र नार्यस्तु पूज्यन्ते' का मन्त्र रटते
पोंछते हैं इस वीरान में वे
बलात्कार के बाद का पसीना
इनकी खिलखिलाहट है सरकारी आँकड़ों की तरह।[22]

पेश किये गये आँकड़ों और हकीकत के बार ग्राफों में बौद्धिकतापूर्ण चालाकी साफ दिखती है। कानूनी तौर पर मल-मूत्र सिर पर उठाना बन्द करवा दिया गया है। शुष्क शौचालय सन्निर्माण अधिनियम के अनुसार कोई भी व्यक्ति मल-मूत्र हाथ से ले जाने के कार्य में नहीं लगेगा तथा न किसी अन्य व्यक्ति को इस कार्य हेतु नियोजित करेगा। परन्तु इस अधिनियम के बावजूद गाँव से शहर तक मल-मूत्र साफ करने का कार्य पेशेवर तरीके से करने को दलित नारी विवश है। 98% अछूत दलित जिनमें 68% महिलाएँ हैं के कपाल में यह लिख दिया गया है। कागजी घोड़े रेस भर रहे हैं–उसकी उन्नति-मुक्ति की पाटी लटकाये। यह दलित नारी फाइलों में नहीं दलित बस्तियों में बसती है–

वह तुम्हारे गढ़े
झूठे इतिहास की
नायिका नहीं है
न ही वह
तुम्हारे थोथे धर्म ग्रन्थों की
वरदायिनी माँ है
वह तो एक दलित स्त्री है
जो इतिहास के पन्नों
और धर्म ग्रन्थों के
श्लोकों में नहीं मिलती
वह मिलती है दलित बस्ती में

अपने दर्द को छिपाये
हाथ में झाड़ू और
सिर पर टोकरी उठाये।[23]

परम्परागत मानसिकता को वहन करने के लिए वह तैयार नहीं है। उसके हिस्से आये दर्द, अवहेलना, अपमान और अत्याचार, अनाचार का जिक्र पोथन्नों में नहीं मिलता। द्विजीय चालाकी से वह चौकन्ना है। उत्पीड़न से जुड़े आर्थिक अधिकारों और मानवाधिकारों के हो रहे हनन से वह आहत है। अस्तित्व-बोध कुनमुनाने लगा है। शक्ति और सत्ता का खेल इसे दबा रहा है। सत्ताएँ अपने प्रभाव से ही भूमंडलीय व्याप्ति वाली होती हैं और इनकी नियामक पूँजी लँगोटा कसे है कि वह सम्प्रभु है, उसी की चलेगी शेष दर्शन, विचार, विमर्श गौण। चंचला लक्ष्मी का चांचल्य सत्ता-व्यवस्थाओं को दुहने, खसोट लेने को प्रेरित करता है। प्रभुवर्ग और राजनय इन्हें केवल एक संख्या मानते हैं जिनका सहानुभूतिपूर्ण धूर्तता के साथ उपयोग करना इन्हें आता है। ग्लोबल लीडर से इन्हें पथ प्रदर्शन मिलता है– 'महाजनेन येन गताः सो पन्था'। पिछले बीस वर्षों के अर्थशास्त्रीय इतिहास को पलटें तो भूमंडलीकरण के प्रमुख घटक–विश्व व्यापार संगठन के एग्रीमेंट्स का विकसित देशों द्वारा अपने हित में इस्तेमाल किया गया है–विशेषकर कृषि सम्बन्धित। इसका बड़ा प्रतिकूल प्रभाव मजूरी-धतूरी करने वालों पर पड़ा। ट्रिकल डाउन प्रभाव से विकास के रिसकर आने के दावे किये गये थे मगर इस गौरैया की लीद से जो आया उसे समेटने के लिए कोई तैयार न था, लिहाजा दलितों के करम फूटे और यह मुगालता की दलित नारी, रानी बनेगी–मूर्च्छित है। लगता यह है कि डब्ल्यू टी ओ के प्रस्ताव व फैसले सिर्फ विकसित देशों द्वारा प्रभावित होने लगे हैं। 'आँकड़े दर्शाते हैं कि विकसित देशों द्वारा अपने यहाँ किसानों को दी जाने वाली कृषि सब्सिडी में इजाफा किया गया है। साल 1996 में यह आँकड़ा 350 अरब डॉलर था जो 2011 में 406 अरब डॉलर तक बढ़ गया।'[24] किसानों-मजदूरों की हालत बद-से-बदतर हुई है। तब दलित और महादलित नारी ढाह धरकर कर रोये तो आश्चर्य कैसा?

तब वह शायद
अपने आपसे हर बार
एक ही प्रश्न करती है
क्या यही है मेरा जीवन?
तब सरकार के सारे दावे
जर्जर और खोखले हो
ढह जाते हैं

और हम
सारी राज्य-व्यवस्था को
मैले के ढेर-सा पाते हैं।[25]

बाजार की मानव विरोधी गतिविधियाँ, पूँजीपरक वर्चस्वोन्मुख दमनकारी वैश्विक व देशीय नीतियाँ, स्वार्थी परिवर्तनशील मानदंड, फुफकारती आधुनिकता, अहंकार से गर्वोन्मत्त सफेदपोशीय विनम्रता और कोरे काइयाँपन पर आधारित वसुधैव कुटुम्बकम् का थॉट दलितों, स्त्रियों के प्रति घोर अमानवीय व्यवहार का पक्का प्रमाण है। भारतीय समाज के इस अन्तर्विरोधी चरित्र और उसके आधुनिक स्वरूप को कविताओं में बड़ी ईमानदारी से उभारा गया है। अभाव-अशिक्षा के चलते इनका परिवेश समाज के साथ कदमताल नहीं कर सका। काव्य जगत शोषण-उत्पीड़न की आख्या में स्वयं को जोड़ता है और अपने अनुभवों को व्यापक और गहरा बनाता है। समाज का अन्तर्विरोध ब्राह्मणवादी सामन्ती जैसी प्रतिक्रियावादी ताकतों और जनतान्त्रिक-प्रगतिशील ताकतों के बीच दिखाई देता है। दलित समाज की नयी पीढ़ी जनतान्त्रिक प्रगतिशील ताकतों का प्रतिनिधित्व करती हुई, ब्राह्मणवादी-सामन्ती ताकतों के विरुद्ध निरन्तर संघर्ष करके नयी चेतना का विकास करती है। ये जीवन के पन्नों की गाथाएँ हैं। इन कविताओं में स्वप्न लोक का विचरण नहीं, यथार्थ के बियावान हैं। लम्बा इतिहास बताता है कि दलितों के विरुद्ध राजनीतिक-सामाजिक स्तर पर सवर्ण जातियों के बीच अटूट महागठबन्धन रहा है। इन सबके बावजूद दलित नारी में हार को जीत में बदलने की ताकत-विश्वास पैदा हो रहे हैं–

होकर बड़ी
रचूँगी इतिहास
और सृजन करूँगी
मैं–
आने वाली पीढ़ी का
माँ रुको
मुझ नन्हीं जान की
धड़कन सुनो।[26]

स्त्री को अपमानित करने वाला समाज असभ्यता की अमानवीय अँधेरी खाइयों में खो जाता है। परन्तु समाज इस स्याहपन की भयावहता से आँखें मूँदे है। इनके स्वाभिमान को कुचलने के लिए तमाम रास्ते हैं। बाबा साहब ने भी स्त्री प्रश्न को अत्यन्त महत्त्व का दर्जा दिया था। इनके दोहरे शोषण का मर्मस्पर्श डॉ. अम्बेडकर को था। उनमें पारिवारिक जीवन में पुरुष पक्ष में झुके शक्ति-सम्बन्धों और समाज

के पासंघ के प्रति आक्रोश था। उच्च वर्णों के द्वारा दलित स्त्रियों के शोषण के साथ-साथ पारिवारिक दायरे के भीतर भी उनके शोषण का चित्र कविताओं में अलग स्वर में गुंजायमान होता है–

माँ-बाप ने पैदा किया था
गूँगा
परिवेश ने लँगड़ा बना दिया
चलती रही परिपाटी पर
वैशाखियों के सहारे
कितने पड़ाव आये
आज जीवन के चढ़ाव पर
बैशाखियाँ चरमराती हैं
अधिक बोझ से
अकुलाकर
विस्फरित मन हुंकारता है–
बैशाखियों को तोड़ दूँ।[27]

दलित नारी के गूँगेपन उसकी निःशब्दता को दलित कविता शब्द देती है–

क्या
हम वनवासी कन्या
तुम्हारे निकट धन्या
हम तुमारे लिए रुचिकर व्यंजन
हमारा साँवलापन
हमारा केश-विन्यास
हमारी गदरायी मांसलता
तुम्हें बहुत भाती है
हमारा अधनंगापन देख
तुम्हारी शिराओं का खून
हो जाता है गरम।[28]

सामन्ती समाज से ही इनका शारीरिक उत्पीड़न आम बात थी। इनकी ऐसी वीभत्स परम्पराएँ थीं कि इनकी बगुलीय सभ्यता पर घिन आती है। बहू जुठाई की परम्परा भारतीय सभ्य समाज का वह दाग है जिस पर सवर्ण वर्चस्ववादी अहंकारिता मर्दई का गुरूर करती रही है। इसमें दलित नवविवाहिता को विवाह की पहली रात गाँव के जमींदार के साथ रहकर अपना कौमार्य दान करना पड़ता था। इस घृणित

परम्परा को कहीं-कहीं डोला रखवाने की परम्परा के रूप में भी पहचान मिलती रही। खेतों-खलिहानों में बलात्कार की चीखों की परवाह किसे रही? हम एक ऐसे समाज में जी रहे हैं जो मात्र पूँजीवादी ही नहीं है बल्कि नवबढ़ुवापन का दम्भ भरता है। मीडिया क्रान्ति, सूचना क्रान्ति की महान शक्ति, सामर्थ्य और प्रभुविष्णुता जो इधर प्रकट हुई है, उसके पीछे सम्मोहन के प्रौद्योगिकीमूलक रूपों की केन्द्रीय भूमिका रही है। यह चकाचक परिदृश्य हमारे सामने स्त्री-मुक्ति के वास्तविक अर्थों-रूपों को ही प्रकट नहीं करता, अपितु अवशिष्ट नारी-भाव को पुरुष और ब्राह्मणीय सोच द्वारा शोषण का पथ प्रशस्त करता है—जिसके निहितार्थ हैं स्त्री का शोषण और पुरुष मानसिकता की अन्तिम विजय। दलित-शोषित नारी के घर ही क्यों टूटते हैं? उनका छांड़ी-छुट्टा पंचायतों द्वारा कराकर शोषण के रास्ते सरल कर लिये जाते हैं। यह अनसुलझा सवाल कब ड्राफ्ट होगा और कितनी बहसों-विचार शृंखलाओं के पश्चात हल किया जा सकेगा, गम्भीरतापूर्वक गौर करने लायक है—

संविधान के सामने सवाल बनी औरतें
क्या ये कभी अपनी तरह जीने की
आजादी पायेंगी
या इसी तरह आदर्शों के पुराने लत्ते
सीने-पिरोने में खप जायेंगी।[29]

मनुस्मृति में कहा गया है कि—

नास्ति स्त्रीणां क्रिया मन्त्रेरिति धर्मेव्यवस्थितिः।
निरिन्द्रिया ह्यमन्त्राश्च स्त्रियेऽनृतमिति स्थितिः॥ 9.18॥

अर्थात् धर्मशास्त्र की आज्ञा है कि स्त्री का जाति-कर्मादि संस्कार मन्त्र-विहीन हो, क्योंकि वह अज्ञानी होती है। मन्त्र की अनधिकारिणी होने से उसकी स्थिति मिथ्या ही होती है। सामाजिक जीवन की मुख्यधारा में होते हुए भी वह दलितों की तरह उन अधिकारों से वंचित है जिनसे किसी जीवित मनुष्य को अस्तित्ववान कहा जाता है। ऐसे में जन्मना अस्पृश्य-अन्त्यज नारी को शास्त्र के शस्त्र से स्वतन्त्र वजूद से कोसों दूर कर दिया जाता है। वर्तमान व्यवस्था की भयावहता ऐसी कि इनके नग्न घुमाने तक की घटना पर भी समय तक स्तब्ध है—

खंख होते समय में पत्थर की तरह खड़ा रहा मैं देर तक
सोचने लगा कि जिन औरतों को
नंगा करके सताया और घुमाया जा रहा है
शायद वे भी पत्थर, मिट्टी-सीमेंट की कैद से
आजाद हुई होंगी।[30]

चन्द्रकान्त देवताले समाज की उस हकीकत से रू–ब–रू कराते हैं जिसमें माटी की मूर्ति की तो आरती उतारी जाती है परन्तु उसके जीवन्त रूप को कुचलने-मसलने से गुरेज नहीं किया जाता। दलित स्त्री ताउम्र अपने होने का अर्थ ढूँढ़ती रहती है–

धरती के इस छोर से उस छोर तक
मुट्ठी भर सवाल लिये मैं
दौड़ती–हाँफती–भागती
तलाश रही हूँ, सदियों से
निरन्तर
अपनी जमीन, अपना घर
अपने होने का अर्थ।[31]

इसके अर्थ को अर्थहीन करने के लिए समाज कितना क्रूर और पशुतर हो सकता है–

जब तुमने चलाया था हल
तब डोल उठा था
बस्ती के माँझी थान में बैठे देवता का सिंहासन
गिर गयी थी पुश्तैनी प्रधानी कुर्सी पर बैठे
मगजहीन माँझी हाड़ाम की पगड़ी
पता है बस्ती की नाक बचाने की खातिर
तब बैल बनाकर हल में जोता था
जालिमों ने तुम्हें
खूँटे से बाँधकर खिलाया था
भूसा।[32]

ये गुलामों की गुलाम रही हैं। बिडम्बनात्मक यह कि समाज के शोषण से इतर घर–परिवार और पति के शोषण इसके दुःखद शृंगार हैं। दलित पुरुषों का रुख भी नारी–जाति के प्रति प्रशंसनीय नहीं रहा है। कुछ नयी कवयित्रियों ने नारी–विमर्श को दलित चेतना के परिप्रेक्ष्य में देखने की कोशिश की है। रजनी तिलक और शकुन गौतम जैसी रचनाकारों ने दलित नारी के अस्तित्व की लड़ाई को आगे बढ़ाया है। दलित नारी नया इतिहास रचने को प्रतिबद्ध है। इसे देह की कैद से मुक्त कराकर चिन्तन को नया आयाम दिया जा रहा है। प्रश्न करने की ताकत उसमें आ रही है–

आखिर
कब तक रहेगा

यह असुरक्षा बोध?
कब मिलेगा
हमें भी
स्वतन्त्र उड़ने को
यह स्वच्छ
नीला आसमान?[33]

इतिहास बदलना होगा। संहिताओं और फरमानों में तब्दीली की शुरुआत कहीं से तो शुरू करनी ही होगी। इनकी जिम्मेदारी किसी को तो उठानी होगी। अन्यथा असहाय, विपन्नों, बेबसों-लाचारों की हाय से तख्तोताज नेस्तनाबूत होते देर नहीं लगती। अब इसे तसले में झिकी जूठन नहीं चाहिए। क्योंकि–

आज वह जंगल की आग है
बुझाये न बुझेगी
आग का दरिया बन जायेगी
उसके तेवर पहचानो
नंगेपन पर उतरकर
पुरुष के सर्वस्व को नकार कर नीचा दिखायेगी।[34]

अश्रुपूरित का बगर छुट्ट हो जाना लाजिमी है...।

सन्दर्भ

1. दलित राजनीति की समस्याएँ, सं. राजकिशोर, पृ. 68
2. हिन्दी दलित साहित्य, मोहन दास नैमिशराय, पृ. 46
3. दलित निर्वाचित कविताएँ, कँवल भारती, पृ. 146
4. स्त्रीकाल, अंक-4, विमल थोरात, पृ. 43
5. आग और आन्दोलन, मोहन दास नैमिशराय, पृ. 44
6. भारत का भूमंडलीकरण, सं. अभय कुमार दुबे, पृ. 291
7. आक्रोश, सी बी भारती, पृ. 14
8. घर निकासी, नीलेश रघुवंशी, पृ. 53
9. दलित राजनीति की समस्याएँ, सं. राजकिशोर, पृ. 69
10. हिन्दी दलित साहित्य, मोहन दास नैमिशराय, पृ. 93
11. नागकेसर का देश यह, एकान्त श्रीवास्तव, पृ. 80
12. हिन्दी दलित साहित्य, मोहन दास नैमिशराय, पृ. 94
13. नगाड़े की तरह बजते शब्द, निर्मला पुतुल, पृ. 72
14. सदियों का सन्ताप, ओम प्रकाश वाल्मीकि, पृ. 13

15. दर्द के दस्तावेज, एन. सिंह, पृ. 21
16. धम्म दर्पण, जनवरी–मार्च 1983, पृ. 34
17. दलित निर्वाचित कविताएँ, कँवल भारती, पृ. 145
18. वही, पृ. 203
19. यह तुम भी जानो, सुशीला टाकभौरे, पृ. 24
20. पानी का स्वाद, नीलेश रघुवंशी, पृ. 42
21. स्त्री उपेक्षिता, सीमॉन द बोउवार, पृ. 27
22. जुगलबन्दी, निरंजन श्रोत्रिय, पृ. 21
23. माँ मुझे मत दो, पूनम तुषामड़, पृ. 35
24. सेंटिनल समाचार-पत्र, गुवाहाटी संस्करण, 10 दिसम्बर, 2015
25. माँ मुझे मत दो, पूनम तुषामड़, पृ. 64
26. कब होगी वह भोर, सूरजपाल चौहान, पृ. 78
27. स्वाति बूँद और खारे मोती, सुशीला टाकभौरे, पृ. 17
28. हम बौने नहीं, देवेन्द्र दीपक, पृ. 33
29. खाँटी घरेलू औरत, ममता कालिया, पृ. 45
30. कवि एकादश, सं. लीलाधर मंडलोई एवं अनिल जनविजय, पृ. 71
31. अपने घर की तलाश में, रमणिका फाउंडेशन, पृ. 3
32. वही, पृ. 20
33. माँ मुझे मत दो, पूनम तुषामड़, पृ. 23
34. युद्धरत आम आदमी, जुलाई–सितम्बर 1995, पृ. 67

8.

पहाड़ तुम कब बदलोगे

पूस–माह की विकराल नहकटी सर्दी में जब हाकिम, तालुकेदार, सरकारी मुलाजिम और लम्बरदार लिहाफ से बाहर निकलना मुनासिब नहीं समझते और जेठ–बैशाख की लू में खस की टट्टियों में शरबतों से सराबोर रहते हैं, इनका बँधुआ कामगार खेतों में पानी लगाता है, लॉक की मड़ाई करता है। बड़ी भारी बखार लगाकर कुछ समय के लिए खुश भी हो लेता है, मगर आषाढ़ तक इनके जीवन के छानी–छप्पर चूने लगते हैं और दूसरा समाज मूँछों में ताव देता महँगाई भत्ते की वृद्धि का अवशेष इन्ज्वाय करता है, आल्हा–बिरहा सुनता मेहनतकशों को बिराता है–चिढ़ाता है। कभी–कभी दया–धरम का दर्शन कराता इन्हें उधारी और परजवटि का पुण्य–प्रसाद देकर स्वयं की पीठ ठोंकता मसनद लगाये पहाड़नुमा अविचलित, बिना कुछ किये सब कुछ प्राप्त करने की रीजनिंग करता है। बड़ी लम्बी गाथा है इस शोषण–अत्याचार–अपमान और अवमानना की। कविता, कहानियाँ, उपन्यास और कानूनी संहिताओं के ग्रन्थ–पर–ग्रन्थ रचे गये, परन्तु अन्त कहाँ? जो फसल काटे, घर बनाये– अछूत! उसके घर में गुड़ खाना, रोटी में शामिल होना धर्म और कुल का विनाश! अनाज उसके हाथ का पवित्र? जो जितना श्रम करेगा इस व्यवस्था में उतना ही सहेगा–परेशानियों से दो–चार होगा। जो जितना बड़ा निकम्मा, ठुंडालाट हराम की खायेगा महाबुद्धिमान, परम ज्ञानी– पता नहीं किन–किन विभूषणों का अलंकरण करेगा। खँख होते समय और लाशों के झुरमुटों के बीच नीचे वालों को जीने ही नहीं दिया जाता–

इतने वर्ष बीत जाने पर भी
जो याद है
एक–एक अक्षर पूरा का पूरा
और जो अभी भी मुझे
रात–दिन सताता है–उकसाता है
सोने नहीं देता मुर्दों के बीच
मुझे मुर्दा होने नहीं देता।[1]

उच्च वर्ग की विलासिता एवं निम्नवर्ग की विपन्नता-दीनता से कवि का स्वर हौंक देने वाला है। अवमानना, प्रताड़ना की त्रासद घटनाओं से लाचारों-दलितों का खून भाप बनने लगा है जिसकी अभिव्यक्ति साहित्य की सबसे प्राचीन विधा में बड़ी साफ झलकती है। उदारतावाद ने अवमानना और खाइयों को ऊँचा किया है। बकौल गोपाल गुरु– ''उदारवादी दृष्टि व्यवस्था की घाघ प्रवृत्ति से वाकिफ नहीं है। यह व्यवस्था अवमानना आधारित सामाजिक सम्बन्धों का प्रच्छन्न पुनुरुत्पादन करती रहती है। उदारतावादी विचार ऐसी राजनीतिक संस्थाओं की अनदेखी करता है जो अवमानना का एक श्रेणी के रूप में उन्मूलन करने के बजाय संस्थागत रूप से उसकी पुष्टि करती हैं। पूँजीवादी राज्य और नागरिक समाज के तहत सक्रिय इन संस्थाओं का रवैया कुछ ऐसा ही है।''[2] पूँजीवाद, उदारीकृत खुली अर्थव्यवस्था तथा वैश्विक भूमंडलीकरण अवमानना के स्रोत हैं। अवमानना की व्याख्या करते हुए नीरा चंढोक लिखती हैं– ''दरअसल अवमानना या तिरस्कार एक ऐसा व्यवहार है जिसमें किसी मनुष्य को कुछ इस तरह से कमतर माना जाता है कि उसकी इयत्ता पर ही चोट लगती है। उसका सम्मान उसका एहसास–कि उसका भी उतना ही महत्त्व है जितना दूसरों का–सबसे ज्यादा घायल होता है।''[3]

वैश्वीकृत नीतियों से दलित समुदाय को कुछ विशेष लाभ मिलता नहीं दिखाई देता। कानूनी बाध्यताओं और वोट बैंक के लालच ने इन्हें जो बख्शीशें दी हैं उनमें सम्मान कम डाह, खीझ और ईर्ष्या अधिक हैं। अपनी मेहनत और प्रतिभा के बूते गुदड़ी के तमाम लाल इतिहास रच रहे हैं। ऊँच-नीच के तथाकथित लामबन्दों के बीच एक अघोषित प्रॉक्सी वार चल रहा है। अपमान-शोषण की घटनाएँ विधि-संहिताओं को ठेंगा दिखा रही हैं। क्रियाओं-प्रतिक्रियाओं का छायांकन साहित्य में होना लाजिमी है। शोषितों-मजबूरों की आवाज बना दलित साहित्य रस, छन्द, अलंकार और भाषा के रामचन्द्र शुक्लीय प्रतिमानों को नहीं मानता। शताब्दियों से इनके साथ जो पशुतर व्यवहार किया जाता रहा है उससे इनके अन्दर का लावा फूट रहा है और लेखनी की उष्णता बढ़ी है। कुछ वर्ष पहले की घटनाओं पर नजर दौड़ाइये। 2010-11 में उत्तर-प्रदेश में सिलसिलेवार बलात्कार की घटनाएँ पुख्ता करती हैं कि इस वर्ग से साम्राज्ञी तो चुनी जा सकती है परन्तु उसकी सभी बहनें नहीं। हजम ही नहीं होती इनकी ऐसी उन्नति। कानून ने प्रतिभा के सामने झुकने पर बाध्य तो किया परन्तु चिनगी सुलगती रही। मौका लगते ही इनकी अवमानना-प्रताड़ना और आत्मसम्मान को तार-तार करने के लिए यौन-शोषण तक की अमानवीय कारगुजारियों से तथाकथित श्रेष्ठ अपनी श्रेष्ठता सिद्ध कर अट्टहास कर रहा है। हर समय, हर काल की तरह खल-खल करता दशानन कहीं गया नहीं। उसके रूप अलग-अलग हो सकते हैं। उसको सुनने वाले कान और गुनने वाले मानस की आवश्यकता है। पूँजीवाद के अभिसारी-अपसारी

किरण पुंज दुर्भावना से भरी हँसी, घृणा, अहंकार, विकृति मनोवृत्तियों को समेटे है जिसमें उपहास, हिकारत और विद्वेष के भाव भरे हैं।

अपमान, अवमानना से चोटिल दलित समाज अपनी भड़ास और प्रतिक्रिया कला तथा साहित्यिक मंचों से उठा रहा है। दलित काव्य अन्याय, अत्याचार और शोषण के प्रतिकार का आख्यान है। वह पुराने गतिहीन मूल्यों को नकारता है। दलित-दमित की पक्षधर कविता कोरी वेदना, भावुकता और आभासी काल्पनिक स्वरों का विरोध करती है। यह दलित मन की भावनाओं का उसके दुःख-सुख का दस्तावेज है। रचनाकारों की प्रतिबद्धता पीड़ितों-शोषितों और श्रमिकों के घुप्प-अँधेरों में उजियारा लाने की है। वैश्विक परिवेश के साथ संस्कृति के मलबे पर सोये जनमानस की पीड़ा को पहचान देते हुए, पंक्ति में खड़े अन्तिम इन्सान की अनुभूतियों को अभिव्यक्ति देने के उद्देश्य से नवबौद्धिक वर्ग सामने आया है। रचनाकारों ने स्वतन्त्रता, समानता और बन्धुता के मूल्यों पर आधारित समतापूर्ण समाज के निर्माणार्थ तथा सामाजिक, आर्थिक और राजकीय समानता की विशेष विचारधारा के साथ मानव-निर्मित पीड़ाओं की वर्ण, जाति आधारित यातनाओं के सामने विशेष आक्रोश के साथ विद्रोह की भावना लेकर संघर्ष की भाषा में ललकारा और वैज्ञानिक दृष्टिकोण से योजनाबद्ध आन्दोलन का श्रीगणेश किया। दलित वाङ्मय में दासत्व, दलन के प्रति तीखा स्वर तीव्रतर होता गया। जोसेफ मैकवान का विचार है "दलित साहित्य को अस्पृश्यता और गुलामी के साथ आदिकाल से बैर है। विषमता और दुःखों के साथ भी उसे दुश्मनी है। जब तक इस देश और पूरी दुनिया में अस्पृश्यता और दासत्व है दलित रचनाकार उनके प्रतिपक्ष में खड़ा रहेगा।"[4] जय प्रकाश कर्दम पूँजीकामी, सामन्तशाही सभ्यता से लहूलुहान जनमानस का रेखांकन करते हैं—

छीना है
मेरे मुँह का ग्रास
नोंचते आये हैं मुझे
भूखे बाज की मानिन्द
अपने नुकीले पंजों से
डकारते आये हैं
मेरा मांस
यदि रहा मेरे
दमन और शोषण का हाल तो
आज नहीं तो कल
हरकत में जरूर आयेंगे
मेरे हाथ।[5]

आगाह और खबरदार करता कवि ज्यादतियों पर प्रहार करता है। चिन्तन और वैचारिकता से पहाड़ को ढहा देना चाहता है। दुर्भावनाओं से भरी यह व्यवस्था अपने भीतर घृणा, अहंकार को समेटे है जिसमें उपहास और हिकारत के भाव उर्वरित हो रहे हैं। इसके भाव में दानवी चेतना है जो किसी असहजता के चलते पैदा होती है। यह उसी के साथ रसनिहाउ करती है जो निर्बल है, निर्धन है, कमजोर है और असहाय-लाचार है। कविता ऐसे में ऐलान करती है–

इनका भी
अब
हक बनता है
कि ये
तुम्हारे पुराणों को
फाड़ दें
और चोगों को
रेत में गिराकर
अपनी बराबरी की
आजादी के जश्न
मनाये जाने की
राहों पर
चलने का ऐलान करें।[6]

वैश्वीकरण के प्रति आक्रोश की दिशा श्यौराज सिंह बेचैन इस तरह स्पष्ट करते हैं–"असन्तोष फूटेगा। खून-खराबा होगा। मरता क्या न करता की स्थिति में दलित, गरीब और पिछड़ा तबका देश-हित में निजी क्षेत्रों से विद्रोह करेगा।"[7] और यह लपटा-झपटी वैश्विक धरातल पर होगी। दम्भीय वर्ण और ठस्स चिन्तन को चित्त करने का दम अब दिखने लगा है। कवि ऋतुराज राष्ट्रीय एवं वैश्विक स्तर पर शोषितों, दलितों की पीड़ा को वाणी देते हैं। कवि लिखता है–

सताये हुए लोग सब देशों में एक जैसे हैं
बिना बात तेज कदमों से चलते हुए
वे कहीं मुँह छिपाने की उम्मीद में
बेहद डरे हुए होते हैं
सारे देशों में शोषण नफरत
और हत्याएँ करने के तरीके
एक जैसे ही तो हैं।[8]

दरअसल, दलित हिन्दी कविता का उपजीव्य शोषण, दमन और पक्षपात हैं। इसमें प्रति सांस्कृतिक चेतना है, जिसका कारण तीन हजार वर्षों का दलन और शोषण है कदाचित इसीलिए अभिव्यक्ति तीखे आक्रोश में की गयी है। कवि नरेश सक्सेना के अनुसार "दलित रचनाकारों में तल्ख प्रतिक्रिया आना स्वाभाविक है। सदियों से इनका शोषण हुआ है, अतः छोटी-छोटी बातों से ये दुःखी होते हैं।"[9] हाशिएकृत लोगों को केन्द्रीयता और ऊर्ध्वगामिता देना रचनाकारों का लक्ष्य है। पहले सामन्तशाही और साम्राज्यवादी नीतियों के चलते तदनन्तर पूँजीवाद की पूजा के फल से गाँव-खेड़े, कस्बों से लेकर नगरों, महानगरों तक सेठों, शाहों, महाजनों, कुबेरजनों तथा व्यवस्थाजनों की उत्पीड़नकारी विचारधारा और लालफीताशाही की करतूतों से दलित अभिजनों को बेकारी, बेरोजगारी, भुखमरी के साथ-साथ सामाजिक, शैक्षणिक, धार्मिक और राजनीतिक अन्याय, अत्याचार को झेलना पड़ा। 'ऊँचे नाम नीच करतूती' और तुर्रा यह कि उन्हें ऊँचा कहा गया– गुड़ का बाप कोल्हू ये ही रहे। कितनी उलट तस्वीर है! जो अपने काम से काम रखे, मेहनत-मजूरी करे, कुटिल करतूतों से दूर रहे वह घृणित, अस्पृश्य, पिछली पाँत का? नवेन्दु महर्षि उच्च जनों की दिव्यता का दृश्य प्रस्तुत करते हैं–

ब्राह्मण ब्रह्मा के
मुख से पैदा हुए हैं
उन्हें इसीलिए
भोजन भाता है
क्षत्रिय हाथों से
उन्हें इसीलिए
लूटना भाता है
वैश्य पेट से
उन्हें इसीलिए
संग्रह सुहाता है
और शूद्र पैरों से
उन्हें इसीलिए उपार्जन आता है।[10]

प्रो. कृष्णदत्त पालीवाल पूँजीवादी मनुष्य को नया सामन्त मानने से इनकार नहीं करते हुए इसे सामन्तवाद से भी क्रूर करार देते हैं।[11] सामन्तशाही व्यवस्था ने जिन सैकड़ों-हजारों लोगों को भुखमरी, कर्ज और भूमिहीनता में ढकेला उसका बड़ा हिस्सा दलित बहुजन ही थे। वैश्वीकृत पूँजीवाद का समर्थन करना सीधे तौर पर दलितों का अनभल ताकना है।

तार्किकता पर भावुकता की सवारी भरना जारी है। ग्रन्थों-पोथियों की सत्ता समाप्त हुए बिना आधुनिक भारत की बात करना बेमानी है। गर्दभ ज्ञान के पोंगा पंडितों की गठरी उतारने के लिए दलित काव्य कमर कसे है। बहुसंख्यक होने का अहंकार और स्वभाव शुभ नहीं कहा जा सकता। अस्तित्व के आरम्भ से ही कर्मठ-श्रमकर, स्रष्टा की उपस्थिति रही है। सृजनकर्ता को उपेक्षित करना अब सहज नहीं–

मैं ही हूँ
सिन्धु से हिन्दू तक
तुम्हारी व्यवस्था के खिलाफ
विरोध का स्वर क्रान्ति का परचम
तुम्हारे राम और उसके राज के खिलाफ
विद्रोह का स्वर-क्रान्ति का परचम
याद रहे, मैं ही रहूँगा
आज ही नहीं सदियों तक
तुम्हारी व्यवस्था के खिलाफ।[12]

अम्बेडकर दर्शन से प्रभावित दलित कविता शोषण के तमाम साधनों को समाप्त कर देना चाहती है। दबी-कुचली मौन जिन्दगियों को नये आयाम मिल रहे हैं। इन कविताओं को परम्परागत काव्य प्रतिमानों के सापेक्ष या निरपेक्ष नहीं तौला जा सकता। इनमें अनुभव की प्रामाणिकता है। अस्मिता की पीड़ा और ललकार है। अस्वीकार है, क्षोभ है, सीधा तर्क है। आक्रोश और कर्कश कथनों के पीछे कराह है, छटपटाहट है जिसका कारण सदियों से झेली जा रही प्रताड़ना है। ''अकेले पड़ जाने की अनुभूति ने सदियों से हो रहे अन्याय के प्रति उनकी वाणी को कर्कश बना दिया है। उनकी मुद्रा युद्ध की हो गयी है, अभिव्यक्ति आक्रामक। अकेलेपन ने उन्हें बार-बार निजी अनुभव की ओर मोड़ा है जिसकी प्रामाणिकता पर अत्यधिक जोर देने के कारण उनकी चेतना का कला रूप यथार्थवाद तक ही सीमित रह गया है।''[13] हिन्दू दर्शन को दलित कविता अमानवीय मानती है। धर्म, दर्शन और पौराणिक मिथकों की नयी व्याख्या है यहाँ। अस्मिता, अस्तित्व के लिए जूझते मानव के पाठ रचे जा रहे हैं–

क्यों नहीं जागृत हो जाता देवता
प्राण प्रतिष्ठा के बाद
क्यों रह जाता है जड़
भूख और जुल्म देखकर

न जाने कितना दूध
बहा दिया तुमने नाली में
भूखे बच्चों से छीनकर
अरे, तुम्हारे इन्हीं कुकर्मों ने हमें
कंगाल बना दिया।[14]

एक सत्य दूसरे सत्य का विरोधी नहीं हो सकता। यदि पालनहार है तो भूख से बिलबिलाते नवासे मौत का ग्रास न बनते। और अगर नहीं है तो उसके नाम पर इतने वर्षों से सजी हाटें-हटा देने का समय शायद नजदीक हो! इतना धाकड़ रवैया रचनाकारों का कि–

हत्यारा जनेऊ पहनता है–
और अँग्रेजी बोलता है
वेदों की बात करता है
और मार्क्स के उद्धरण देता है
हत्यारा इलातीत है
हत्यारा मनुवादी है
राष्ट्रवादी है
समाजवादी और जनवादी है।[15]

सर्वोपरि यह कि वह अवसरवादी है। समन्वयवादी है। समय की नजाकत को भाँपकर रंग बदलने वाला महा गिरगिट है–शोषक। उसका वर्ण तो कुछ निश्चित रूप ही अख्तियार कर पाता है–परन्तु व्यवस्था का बहुरूपिया फिलॉसफर है, वेत्ता है, विद्वता का महासमुद्र है। तो इससे कैसी कौस्तुभ मणियाँ उत्पन्न होंगी? विचार कीजिये। जो बिकेगा वही न दुकान में लगाया जायेगा। अब पुराने बितासखाने का चलन चला गया। दुनिया मुट्ठी में है–अब। कहीं जाने की जरूरत नहीं। दरअसल, मार्केट ने शोषण का बड़ा महीन जाल बुना है जिसमें हमारे आदर्शों, नैतिकताओं की भी बोलियाँ लग रही हैं। शोषण के सूक्ष्मतर उपकरण ईजाद हो रहे हैं। ऊपर से सब कुछ चकाचक, समन्वयपरक, समतावादी परन्तु जेहन की परतों में ही नहीं कोशिकाओं और ऊतकों तक में– 'क्या किया जाये–वोट है तो वेट है–दिखाना पड़ता है।' धर्म जब कर्मण्य–अकर्मण्य का भेद भूलकर राजनीतिक विचारधारा का रूप लेने लगे तो समन्वय-बराबरी निरे थोथे सिद्ध हो जाते हैं। सामाजिक प्रतिष्ठानों से लेकर राजनीतिक गलियारों तक जो पंगत परम्पराएँ पुष्ट की गयीं उनमें समाज का बहुसंख्यक हिस्सा मानवीय गरिमा और मनुष्य के रूप में जीने के अधिकार तक से बेदखल कर दिया गया। मिथ्या इबारतों के सहारे अपना भविष्य सँवारती व्यवस्था इनकी कुंडली में

कूड़ा-करकट डालती रही–

शब्द कभी झूठ नहीं बोलते
झूठ बोलते हैं उनके अर्थ
मेरा भविष्य
पंडित का चेहरा
याद करना चाहता हूँ
पुस्तकों की दुकान में
पुस्तकालयों में तलाशता हूँ
उस तुड़ी-मुड़ी पीले रंग की पोथी में
जो दुर्लभ अप्राप्य वस्तु की तरह
कहीं दिखाई नहीं देती
मैं जानना चाहता हूँ
उस पोथी में
मेरा नाम लिखा था या नहीं।[16]

बाजार ने पूरी व्यवस्था को 'टेम्ड' कर लिया है। नव उदारीकृत समाज में पूँजी की सम्प्रभुता का विन्यास है जिसमें श्रम की सत्ता का कोई स्थान नहीं है। अर्थोन्मुख-आँकड़ापरक विकास समाज में वर्णों से जटिल वर्गीय भेद भरता है इससे जातिगत विभेदों का विभेदीकरण जटिल-से-जटिलतर होता जाता है। रजनी कोठारी सूक्ष्म और पैनी नजर से नफरत, घृणा और अवमानना के उत्स का कारण दलितों की विभिन्न कार्य-व्यापारों में भागीदारी मानते हैं। उनका मानना है– ''जैसे-जैसे दलित और अन्य निचले वर्ग अपने अधिकारों के प्रति सचेत होकर उनकी दावेदारी करने लगे हैं वैसे-वैसे उनके ऊपर होने वाली जादतियों में क्रूरता और आतंक की मात्रा बढ़ती जा रही है।''[17] रघुवीर सहाय की कविता 'रामदास' में सरेआम रामदास को गोली मारी जाती है–अपराध कि, अपनी बात उठायेगा, व्यवस्था से प्रश्न करेगा। बेलछी हत्याकांड की चीखें– भूल जाइये! ये कविताएँ नहीं हैं। ऐसे भयावह सवाल हैं जिनके उत्तर व्यवस्थाशाहों की अंकगणित-बीजगणित में नहीं हैं। प्रश्न कीजिये–

जब-जब कोशिश की हमने
अपनी इच्छाओं को
दर्ज करने की
जलने लगते हैं चौराहों पर
उत्तेजित अबोध जिस्म
जिनकी शिनाख्त करना भी

होता है मुश्किल
उनकी बाँहों पर खुदे होते हैं
संस्कृति के गोदने
और पीठ पर अतीत की प्रताड़ना।[18]

भेदभाव का जो दंश बाबा साहब ने सहा लगभग वही पीड़ा हर दलित को सहनी पड़ी। उससे नफरत और घृणा के तौर-तरीके समय-समय पर परिवर्तित किये जाते रहे। कहीं कुछ ऐसा नहीं मिलता जिसे अभिजात्य और दलित के बीच प्रेम जैसा कुछ जाय। पवित्रता-शुचिता को बनाये रखने के लिए उसे दहलीज पर रोका गया—

दहलीज पार कर
हमेशा रहा हूँ तत्पर मैं
करने के लिए प्रवेश
तुम्हारे आँगन में
जिसे बना रखा है तुमने वर्जित
× × ×
नहीं मिले ऐसे क्षण
बीती शताब्दियों में
जब मेरे तुम्हारे बीच
कुछ ऐसा घटा हो
जिसे किया जा सके दर्ज
प्रेम की पोथियों में।[19]

पहले इन्हें अशिक्षित रखकर जुल्म ढाये जाते रहे। कैपिटलिज्म सवर्ण सोच का बरका रूप ही तो है, इसलिए दलित कविता का चिन्तन इसके प्रतिउत्तर का रूप अख्तियार कर रहा है। ''दलितों पर होने वाले हमलों का प्रतिशत किसी भी सूरत में कम नहीं हुआ है। राष्ट्रीय अपराध रिकार्ड ब्यूरो के अनुसार 28 राज्यों और सात केन्द्र शासित प्रदेशों में 2000-2002 के दौरान दलितों के प्रति गम्भीर अपराधों में खासा वृद्धि हुई है।''[20] अपमान एवं अत्याचार का अन्त करने के लिए रचनाकार अपनी अधिकतम ऊर्जा को लगाये दे रहा है। तिरस्कार भरी रूढ़ियों और परम्पराओं का नकार तथा इस परिवर्तन में अवरोधक कारकों के प्रति भाषा तल्ख, तीखी, ललकार भरी—

सावधान!
जाग रहे हैं मेरी बस्ती के लोग

वे राँपी से चमड़ा नहीं
चीर देंगे तुम्हारा पेट
और तकुए से
जूते नहीं गाँठेंगे
अब गँठेंगी
तुम्हारी कुदृष्टि वाली आँखें।[21]

परिवर्तन की झुलसन है यहाँ। कवि उच्चवर्णीय-वर्गीय समाज को आगाह करता है कि सावधान हो जायें क्योंकि दलित वैचारिक स्तर पर जाग उठा है। उसे और अधिक भकुआ नहीं बनाया जा सकता। वह लचीला नहीं, सत्ता के साथ स्वाभिमान का सौदा करने वाला भी नहीं। श्रमजीवी क्रान्तिकारी कबीर और रैदास का तेज है इसमें। एकजुट होकर ठूँठ, सड़ी व्यवस्था से दो-दो हाथ करने का साहस भरना इनका ध्येय है। दुनिया को छोटी परिभाषित करने वाले बौद्धिक मठाधीशों ने सोच को भी चिप जैसा सीमित कर लिया है और फासीवादी विचारों को पोषित किया है। इतिहास के स्वर्णिम पन्नों में अमानवीयता के अनगिनत अध्याय हैं। पलटने की जरूरत है-

याद करो
उस सरकारी क्लर्क का चेहरा
जिसे पानी पिलाने से कतराता है
चपरासी
इन सबके बावजूद
तुम नहीं जानना चाहते
घृणा और प्रेम
कहाँ से शुरू होते हैं ?[22]

मोहन दास नैमिशराय, सूरजपाल चौहान, जयप्रकाश कर्दम, ओम प्रकाश वाल्मीकि, जयप्रकाश लीलवान, श्यौराज सिंह बेचैन, सी बी भारती तथा सुशीला टाकभौरे इत्यादि अनगिनत नामों की कलम में जो आक्रोश और धार है वह इनके प्रति शोषण से अनुस्यूत है। नवम्बर 2010 में पटना में आयोजित एक राष्ट्रीय संगोष्ठी में वैचारिक विनिमय वाक युद्ध जैसा हो गया। 'हंस' के फरवरी 2011 अंक में इसका विवरण उपलब्ध है। साहित्यिक और बौद्धिक स्तर पर तो इस तू-तू, मैं-मैं को शायद जायज न कहा जाये परन्तु शोषण के प्रति मुखर होना लाजिमी है। यद्यपि दलित साहित्य पर यह गम्भीर विमर्श जारी है कि यह मात्र प्रतिक्रियात्मक है। सदियों से दबा आक्रोश फूटने पर अल्फाज कैसे होंगे-

मेरे अक्षर जब
पैने हथियार बनेंगे
अम्बेडकर बनकर
लात मारेगा हर दलित
तुम्हारे देवी-देवताओं पर
थूकेगा तुम्हारी संस्कृति पर
भीख माँगोगे तब तुम
और दलित फैसला करेगा।[23]

जाति और वर्ण की ऊँची दीवारों से प्रतिभा और क्षमताओं को कैद से निकालने के लिए अम्बेडकर, फुले की दलीलें प्रकाश, ऊर्जा फैलाती गतिमान हैं। परिवर्तन का बिगुल बज उठा है। अछूत-अन्त्यज कहे जाने वालों की मेधा क्रान्ति करने के लिए प्रतिबद्ध है। असंख्य मूक पीड़ाएँ हैं, मुखर होने के लिए–

असंख्य मूक पीड़ाएँ
कसमसा रही हैं
मुखर होने लिए
रोष से भरी हुई
बस्स बहुत हो चुका
चुप रहना
निरर्थक पड़े पत्थर
अब काम आयेंगे सन्तप्त जनों के।[24]

ओम प्रकाश वाल्मीकि आलोचना शास्त्र के पारम्परिक मापदंडों से हटकर अपनी बात कहते हैं। दलित चिन्तकों, लेखकों की मुख्यधारा भूमंडलीकरण, निजीकरण और उदारीकरण को दलित हितों के खिलाफ मानती है। दलित साहित्य (वार्षिकी) 2002 के अंक में रमाशंकर आर्य, कँवल भारती, देवेश कुमार चौधरी, माता प्रसाद, प्रेमा कपाड़िया और प्रकाश लुइस आदि दलित चिन्तकों ने उदारीकरण की उदारमना नीतियों के विविध पक्षों पर विचार करते हुए भूमंडलीकरण को दलित-हितों पर कुठाराघात बताया था। यह विश्वायन ही है जिसने नये रूप में खाइयों को पुख्ता किया है। रामराज्य को वैश्विक तबके में लपेटकर चिपका देने का घृणित खेल खेला जा रहा है।

फूलहिं-फरहिं सदा तरु कानन।
रहहिं एक संग गज पंचानन॥
लता विटप माँगे मधु चुवहीं।
मन भ्रावतो धेनु पै स्त्रवहीं॥ (उत्तर कांड, दो॰22)

व्याख्याएँ बदल गयीं। केमिकल प्रेजर्वेटिव से सब कुछ सदैव सुलभ। सिंह और हाथी साथ! नये वैश्विक रूप में नीतियों के नये आयाम गढ़ने का वायदा और अन्तिम विश्व युद्ध की आहटें साथ-साथ चल रही हैं। 16300 की संख्या में विद्यमान परमाणु बम रेवड़ी तो नहीं ही हैं और हमारी यारी विश्व व्यवस्था से! वाह! डिब्बा बन्द मधु और दुग्ध पहले ही हमारी सहेज्य वस्तुओं को प्रश्नांकित कर चुके हैं। शम्बूक की चीख गूँज रही है। न जाने कब तक... ? अपने ज्ञान की गठरी लिये घूमिये! रोजी-रोटी के लाले! सत्ता से समधियान जोड़िये तो जन्म-जन्मान्तर तक की पुरोहिती-धीशी पर कोई नजर उठा के तो देखे? कागज गवाह हैं कि योग्यता की कद्र हुई कब? कभी-कभी मुँह बन्द करने के लिए एकाध अपवाद जरूर सुर्खियाँ बटोर लेते हैं।

समीक्षकों को सीधी-सपाट बात में कहने को विशेष कुछ नहीं मिल पाने से दलित कविता को काव्य न मानना आश्चर्य पैदा नहीं करता। विस्मय तो तब होता है जब कोई स्वनाम धन्य खैरख्वाह अलंकारों-उपमाओं के कसीदे काढ़ता है। उस गौरवमयी सभ्य समाज पर विमर्श का वक्त आ गया है जिसमें-

शब्द ही तो थे,
जो मनुस्मृति में लिखे गये
राम राज चला गया
पर शम्बूक की चीख अभी बाकी है
जैसे दलितों की पीठ पर
चोट के निशान
शब्द सिसकते नहीं बोलते हैं
चोट करते हैं।[25]

जातीयता की बरोहियाँ कहीं कमतर होती नहीं दिखतीं। व्यवस्था ने भेदभाव, ऊँच-नीच और जातीयता की फुंसियों को यदि पहले ही मसल दिया होता तो घृणा-तिरस्कार का बलतोड़ दुर्गन्ध और विषाक्तता न ले पाता। नव पीढ़ी जवाब ढूँढ़ रही है कुछ अनुत्तरित प्रश्नों का-

धरती और आकाश के बीच
टूट कर गिरता है कोई नक्षत्र
अँधेरी रात में
किसी कर्ण की सिसकियाँ
रुँध-रुँध जाती हैं
शम्बूक की अभिशप्त हत्या

और एकलव्य के साथ
किये गये छल को साथ लिये
मेरी पीढ़ी
जंगलों, पहाड़ों, नदियों और नालों में
खोज रही है
गत और विगत के बीच की मौन शिलाएँ।[26]

कँवल भारती का दावा है कि "जाति-व्यवस्था को कोई समाप्त नहीं करना चाहता, न लोकतान्त्रिक संस्थाएँ और न लोकतन्त्र के स्तम्भ। जाति-व्यवस्था फासीवादी है। इसलिए फासीवादी ताकतें जाति-व्यवस्था को क्यों खत्म करना चाहेंगी। नस्ल की श्रेष्ठता के जिस दम्भ ने हिटलर को फासीवादी बनाया था उसी का दम्भ ब्राह्मणत्व को फासीवादी बनाये हुए है। यदि जाति-व्यवस्था ध्वस्त होती है तो सबसे ज्यादा ब्राह्मण को ही खोना पड़ेगा। उसका जाति की श्रेष्ठता का सारा दम्भ टूट जायेगा और वह भारतीय समाज में असाधारण से साधारण बन जायेगा। इसीलिए वह जाति-व्यवस्था को कायम रखना चाहता है क्योंकि वह साधारण बनना नहीं चाहता। वह कैंसर है भारतीय समाज का जो भारतीय समाज को नष्ट करके ही खत्म हो सकता है।"[27] जयप्रकाश कर्दम वर्णवाद के स्रोतों को ही नष्ट कर देने की वकालत करते हैं, क्योंकि यही ग्रन्थ जातीयता, ऊँच-नीच का विष वमन करते हैं। कवि मनुवादी धर्मग्रन्थों को फूँक देना चाहता है जिनसे विषमता की भटकटइया फैलती जा रही है। आक्रोश इस हद तक–

जाति के जहर को मिटाना है
तो इन तथाकथित धर्मग्रन्थों को आग लगानी होगी
नकारना होगा
वर्णित उस ईश्वर को
जो कर्मानुसार फल देता है
और मोक्ष भी
वर्णों के अनुसार जगानी होगी शुद्ध-प्रज्ञा
ध्वस्त करने होंगे
विषमताओं के संरक्षण।[28]

रचनाकार कुरीतियों, रूढ़ियों, अशिक्षा, अन्धविश्वास तथा विकृतियों पर भी हाथ रखता है और समाज का ध्यान आकृष्ट करता है। बदलाव का संकेत देती कविताएँ दलितों की उन्नति के मार्ग प्रशस्त करती हैं। विषमताओं के संरक्षण को समाप्त करने की कोशिश मात्र दलित जनों की भलाई तक सीमित नहीं है वरन्

समूची मानव-सृष्टि से है। कवि पूरे खर-पतवार को जलाकर हरा-भरा समाज रचना चाहता है–

मैंने
जातियों की छातियों में
इस देश की
असुरक्षा
और सामाजिक
कैंसर का
पूरा कबाड़ ढूँढ़ा है
जिसमें आग लगाना
अब
इस देश के
हर शूद्र की
पहली प्राथमिकता से भी
ऊपर होना है।[29]

दलित ने होश सँभालते ही अपने को जिस परिवेश में पाया वह अपमान का बियावान था। कविता मनुष्य होने की शर्तों पर खानापूर्ति से नहीं, बल्कि उनकी क्रियान्विता पर जोर देती है। मनुष्य निर्मित भेदभावों, जड़ताओं पर चिन्तन-विचार करने की पहल काव्य जगत में है। मानवीय गरिमा को खंडित होने से बचा लेने की जद्दोजहद, जिसमें मनुष्य में जन्मना भेद न रहे। यह हमारी वृहत्तर सोच पर स्याह वास्तविकता है कि हम जिसके साथ वर्षों से मित्रता निभाते रहते हैं–यह ज्ञात होने पर कि तथाकथित नीची जाति का है, सारे रिश्ते-लगाव खत्म। यही सोच वर्गीय समाज में भी है। कोई क्लास फोर परिश्रम प्रतिभा के बल पर यदि प्रथम श्रेणी अधिकारी बन जाता है तो मनोग्रन्थि यह कि–वहाँ से आया है। कहते नहीं बनता–

आँखों में भय
मुँह में लगाम
गर्दन में रस्सा है
जिसे हम तोड़ते हैं
मुँह फटता है
और बँधे रहने पर
दम घुटता है।[30]

जहाँ एक ओर दलितों में निरक्षर, अशिक्षित एवं मूर्ख होने की हीन भावनाएँ

भरी जाती रहीं वहीं दूसरी तरफ दलित-विरोधी मूल्यों से अन्तर्व्याप्त साहित्य सृजन किया जाता रहा। बौद्धिक स्तर पर भी भ्रष्टाचार किया गया, उसके पीछे स्याह सोच यह थी कि यदि ये सब पढ़-लिख गये तो बराबर की कुर्सी पर काबिज होकर सवाल-जबाव करेंगे। इस दशा में कवियों की भाषा अटैक की हो जाती है। अरुणाचल प्रदेश के पूर्व राज्यपाल माता प्रसाद जी दलित साहित्य के सरोकारों को स्पष्ट करते हुए लिखते हैं– "दलित साहित्य सामाजिक विषमता के विरुद्ध एक आन्दोलन है, इसका उद्देश्य समानता, स्वतन्त्रता, लोकतन्त्र, न्याय और बन्धुता है। परम्परा का आँख मूँदकर पालन न करने के कारण ही कुछ स्थापित साहित्यकार दलित साहित्य को अलगाववादी साहित्य कहते हैं जो सही नहीं है। वास्तव में दलित साहित्य लिंग-भेद, रंगभेद, धर्मभेद और जातिभेद का विरोधी तथा राष्ट्रीय एकता का समर्थक है।"[31]

दलित के मन में इस व्यवस्था के प्रति तथा व्यवस्था प्रभु के प्रति हिंसा और हिकारत के भाव अनायास ही नहीं जन्मे। इनके साथ धूर्तता, मक्कारी, छल-फरेब, काइयाँपन और मौलिक अधिकारों की वंचना से इनकी लेखनी से ये काव्य पंक्तियाँ निकलीं–

ये धूर्त और मक्कार
जानते हैं अच्छी तरह
यदि–
देश का दलित
अँग्रेजी पढ़-लिख गया
तो फिर–
इस महान देश में
कहाँ से आयेंगे
गुलामी करने के लिए
हिन्दी पढ़े-लिखे
चपरासी।[32]

अभिजात्य वर्ग के बच्चों की तालीम विदेशों में होती है। कामर्शियल शिक्षा के लिए स्वदेश का लोक-राग इन्हें क्योंकर भाये? गरीब-गुरबों के लिए प्राथमिक शालाएँ हैं। याद नहीं आता, न देखने-सुनने में कहीं मिलता है कि किसी नौकरशाह या हुक्मरान के युवराजों की तालीम शासकीय शालाओं में होती हो। इनके लिए कॉन्वेंट हैं, बड़े-बड़े बोर्डिंग हाउस हैं, वातानुकूलित अध्ययन कक्ष और इम्पोर्टेड संस्कार गढ़ने वाले सर-मैम हैं। योग्यता की बोलियाँ लग रही हैं। जो जितना

धनाढ्य उसके लाडले-लाडलियाँ उतने ही टैलेंटेड। समय-समय पर गुदड़ी के लाल इनका मुँह चिढ़ाते हैं तो प्रतिभा को प्रोत्साहन देती फ्रंट पेज की खबर सुर्खियाँ बटोरती हैं। मजे की बात यह कि इस शो ऑफ में सम्मान पाने वाला पीछे और खैरख्वाह फ्रंट में। इस ऊर्ध्वाधर अधोमुखी व्यवस्था पर ईर्श गंगानिया अपने तरीके से चोट करते हैं–

मुझे याद आते हैं
बचपन के दिन
जब प्यास लगने पर
खड़ा रहना पड़ता था घंटों
किसी कुएँ या नल के पास
करनी पड़ती प्रतीक्षा
किसी जन्मना श्रेष्ठ के आने की
मैं जानता हूँ अच्छी तरह
एक दिन भी पानी न मिले यदि तुम्हें
उठा लेते हो जमीन आसमान सिर पर
एक मैं हूँ
जिसकी न जाने कितनी पीढ़ियाँ
रहीं प्यासी बिना पानी
युगों युगों तक।[33]

बावजूद इसके इन्हें सहने की आदत है। 'शठे शाठ्यं समाचरेत' इनके संस्कारिक अध्याय नहीं हैं। दलितों-शोषितों में जो सुबक है उसके पीछे दरअसल एक सीख यह कि किसी की गालियाँ चिपक तो नहीं जायेंगी। दूसरे यह कि अगर कहीं से शोषण, हिकारत का औरा मण्डल आता है तो उसे अस्वीकृत कर दिया जाये। लाचार-असमर्थ को क्षमा-दया का पहाड़ा तोता रटन्त कराया जाता रहा। सामाजिक प्रक्रियाएँ खामियाओं से मुक्त होने के बजाय और ज्यादा जटिल होती गयीं और यह भ्रम पालना कि इनसे कुछ नया होगा–सन्देहास्पद है। दलित और कामगार की जीवन-पद्धति ही श्रमजीवी और उत्पादक वर्ग की है जबकि नव-ब्राह्मणीय कल्चर इन्हें गुलाम बनाकर जोतते रहने की मानसिकता से महान। यह गले उतार लेना चाहिए कि पूँजीवाद और उदारीकरण का विस्तार दलितों के प्रति किसी भी उदार विचार से रहित है। अपनी बात, अपने अधिकार माँगने पर अट्टहास, दम्भ का दबदबा। गर्वोन्मत्त भिट्ट को 'ना' सुनना नागवार। कविता इस कछुआ सोच से ऊपर उठकर समाधान तलाशती है–

हमने अपनी समूची घृणा को
पारदर्शी पत्तों में लपेटकर
ठूँठे वृक्ष की नंगी टहनियों पर टाँग दिया है
ताकि आने वाले समय में
ताजे लहू से महकती सड़कों पर
नंगे पाँव दौड़ते
सख्त चेहरों वाले साँवले बच्चे
देख सकें कर सकें प्यार
दुश्मनों के बच्चों से भी।[34]

रचनाएँ यथार्थ का चित्रांकन, जिज्ञासा का उद्‌भव और निष्कर्ष का प्रतिपादन मन्थन, विचार और विवेक की काउंसलिंग-सी करती हैं जब कवि कहता है—

रोक लेती है मेरे कदमों को
बेड़ी बनकर
मेरे पूर्वजों की सीख
हिंसा नहीं है हिंसा का जवाब।[35]

स्वतन्त्र विचारों तक को दबाने की कोशिश। तथाकथित भद्र समूहों ने क्या इस पर कभी विचार किया कि दीवारों को कैसे कमतर किया जाये। इक्कीसवीं सदी के लोग यहाँ तक कि औरतें तक इस सामन्ती सोच से समृद्ध हैं। कानूनी प्रावधानों के बावजूद छुआछूत की परम्पराएँ कमजोर नहीं हुई हैं। समाज को अपने अन्दर झाँकने की जरूरत है कि वह तथाकथित अपने से निचली जातियों के प्रति इतना असंवेदनशील क्यों है। उनके साथ, गाय जिसकी पूजा की जाती है, से भी खराब व्यवहार होता है। हिन्दू एक दलित की मौत से ज्यादा गाय के मरने पर दु:खी होता है। अखबारों में खबरें आती हैं—दलित, मजदूर, अल्पसंख्यक के मरने की। इन्सान या इन्सानियत के जाया होने की नहीं। दिलचस्प यह कि रंगमंच सजते हैं—लम्बे-लम्बे विमर्शों के, संगोष्ठियों के, वाद-विवादों के। तकरीरें चालू हैं। नतीजा अनन्त दूरी पर। सब कुछ रेडी स्क्रिप्ट जैसा। दरबारों में समता-स्वतन्त्रता के लिए बहसें-मुबाहिसें छिड़ी हैं और व्यवस्था का सरवरा आनन्दातिरेक से आह्लादित है—

क्या यह स्वत: सिद्ध नहीं
कि देश की राजनीति
और राजनीति के कर्णधार
गणतन्त्र और जनतन्त्र के चबूतरे पर धर्मतन्त्र के
इन मुजरों के आयोजन की

असुविधाएँ दूर करने वाली
सुविधा खिड़की
और प्रोफेशनल प्रबन्धन की
टीम बन गयी है।[36]

यह प्रायोजन ही है जिसके चलते अनेकानेक बौद्धिक विमर्शों में से इस समय दलित-विमर्श सर्वाधिक गतिशील, ऊर्ध्वगामी और ऊर्जावान कहा जाने लगा है। बाबा साहब ने कहा था कि ग्रन्थों की सत्ता समाप्त होगी तभी आधुनिक भारत का निर्माण हो सकेगा। यह तार्किकता पर भावुकता के हावी न होने की पुरजोर वकालत है। बहुसंख्यक होने का स्वभाव और अहंकार समाज को आर्थिक कर्तव्यों से काट देता है लिहाजा उन्नति बाधित होती है। समानता की सम्भावनाओं से रहित वैचारिक दरिद्रता समृद्धता से कोसों दूर कर देती है। आत्मवत् सर्वभूतेषु का कालजयी भारतीय दर्शन नदारद है। सुविधाओं के उत्कोच ने पूँछ हिलाने पर विवश किया है परन्तु किसी दिन—

मेरे अन्तस की गुफा में
बन्द पड़े हैं असंख्य बालि
जो बाहर आयेंगे किसी दिन
अवरोधक हटाकर
बालि जागेगा
तो काँपेगी किष्किन्धा
जहाँ द्वार पर खड़ा है अंगद
पालतू कुत्ता बनकर।[37]

सब्र का बाँध टूटेगा। यह सभ्य भारतीय समाज ही है जो मूर्ति गढ़ने वाले पत्थर-कटों को ही प्राण-प्रतिष्ठा के बाद मूर्ति स्पर्श से रोक देता है! यह कबीर की बात तो करेगा मगर...। कबीरी लहजे में बात करना और मैदान में ताल ठोंकना कलेजे के काम है। ऐंठ सीधी हो जाना पहाड़-घूर मानसिकता के लिए कतई स्वीकार्य नहीं है और मनुष्यता का ढोंग—

बचाना है मुझे मनुष्य को
उसकी सहजता को
उसकी सरलता को
उसकी कोमलता को
उसकी हँसी और खुशी को
उसके दृढ़ संकल्प को

उसकी आँखों में आशा को
उसके हृदय में प्यार और विश्वास को
उसके मान और सम्मान को
यानी उसकी मनुष्यता को।[38]

मशीनी आदमी के तन्त्रिका तन्त्र में संवेदना का साफ्टवेयर है ही नहीं। 'एक्जीक्यूट' और 'डन' विश्व सभ्यता के ध्येय हैं। आवारगी मंगल ग्रहीय और चिन्तन फासिस्ट। लाचार की आँखों में आँखें डालकर देखना तो दूर उसका चेहरा ही नहीं देखना है। यह बुद्धिवाद टोले-मोहल्ले और गाँव-खेड़े के घूरों से कहीं अधिक विशाल पहाड़ का रूप अख्तियार कर चुका है। हमारा सुख-समृद्धि जिनके पसीने से सजाया गया है हमारे गृह प्रवेश के पश्चात उनका प्रवेश वर्ज्य-अपवित्र। यह नया जातिवाद बुनियादी वर्ण-व्यवस्था से कोटिमानीय फलों में बगुला है, सफेदपोश है। कलुषित परम्पराओं, अन्धविश्वासों, पाखंडों को समूल उखाड़ फेंकने के लिए तथा सामाजिक समता को, मानवतावादी मूल्यों को, दलित-पिछड़ों के मौन को मुखरता देने के क्रम में तथाकथित दलित ही नहीं अन्य नाम भी काव्य-विधा के सोपानों में जुड़ रहे हैं। ठस्स और दम्भीय सोच हिल भी सकी तो कविता के निहितार्थ अर्थवान होंगे और सामाजिक स्वास्थ्य की नासाजी कम होगी।

सन्दर्भ

1. दलित निर्वाचित कविताएँ, सुखवीर सिंह, कँवल भारती, पृ. 172
2. आधुनिकता के आईने में दलित, सं. अभय कुमार दुबे, पृ. 88
3. वही, पृ. 91
4. भारतीय दलित साहित्य, सं. मनोज कुमार आर पटेल, पृ. 332
5. गूँगा नहीं था मैं, जयप्रकाश कर्दम, पृ. 16
6. समय की आदमखोर धुन, जयप्रकाश लीलवान, पृ. 104
7. दलित राजनीति की समस्याएँ, राजकिशोर, पृ. 92
8. आशा नाम नदी, ऋतुराज, पृ. 23
9. नरेश सक्सेना से लेखक का साक्षात्कार
10. दलित निर्वाचित कविताएँ, कँवल भारती, नवेन्दु महर्षि, पृ. 163
11. कृष्णदत्त पालीवाल से लेखक का साक्षात्कार
12. कथादेश, फरवरी 2008, पृ. 49
13. आधुनिकता के आईने में दलित, सं. अभय कुमार दुबे, पृ. 116
14. बस्स बहुत हो चुका, ओम प्रकाश वाल्मीकि, पृ. 52
15. दलित निर्वाचित कविताएँ, कँवल भारती, मुकेश मानस, पृ. 186
16. बस्स बहुत हो चुका, ओम प्रकाश वाल्मीकि, पृ. 32

17. आधुनिकता के आईने में दलित, सं. अभय कुमार दुबे, पृ. 248
18. अब और नहीं, ओम प्रकाश वाल्मीकि, पृ. 64
19. वही, पृ. 35
20. दलित राजनीति की समस्याएँ, सं. राजकिशोर, पृ. 126
21. क्यों विश्वास करूँ, सूरजपाल चौहान, पृ. 55
22. बस्स बहुत हो चुका, ओम प्रकाश वाल्मीकि, पृ. 42
23. आग और आन्दोलन, मोहन दास नैमिशराय, पृ. 71
24. बस्स बहुत हो चुका, ओम प्रकाश वाल्मीकि, पृ. 80
25. दलित साहित्य का सौन्दर्यशास्त्र, ओम प्रकाश वाल्मीकि, पृ. 82
26. सदियों का सन्ताप, ओम प्रकाश वाल्मीकि, पृ. 13
27. वर्तमान साहित्य, फरवरी 2002, पृ. 62
28. गूँगा नहीं था मैं, जयप्रकाश कर्दम, पृ. 75
29. नये क्षितिजों की ओर, जयप्रकाश लीलवान, पृ. 71-72
30. दलित निर्वाचित कविताएँ, कँवल भारती, मलखान सिंह, पृ. 55
31. वर्तमान साहित्य, अप्रैल 2009, पृ. 8
32. क्यों विश्वास करूँ, सूरजपाल चौहान, पृ. 32
33. भारतीय दलित साहित्य, सं. मनोज कुमार आर पटेल, पृ. 301
34. मुख्यधारा और दलित साहित्य, ओम प्रकाश वाल्मीकि, पृ. 73
35. किले, जयप्रकाश कर्दम
36. समय की आदमखोर धुन, जयप्रकाश लीलवान, पृ. 40
37. अब और नहीं, ओम प्रकाश वाल्मीकि, पृ. 23
38. समकालीन भारतीय साहित्य, अंक 147 (मार्च-अप्रैल 2010), पृ. 95

9.

दलित अभिजात्यता का समाजशास्त्र

समाजवाद की मखमली बुनावट में दलित–पीड़ित की गर्द–गुबार मानववाद के लिए चिन्ता का सबब पैदा करती है। आज जो सामाजिक–राजनैतिक परिदृश्य है वह शोषण–दमन के खिलाफ आवाज उठाने वालों के लिए कठिन लड़ाई का रूप ले रहा है, क्योंकि जो समाजवाद कभी शोषण के प्रतिपक्ष में खड़ा लोहा ले रहा था आज वहाँ भितरघात चालू है। शोषित ही शोषित का शोषक। ब्राह्मणीय विचारधारा स्वाइन फ्लू–विषाक्तता से सम्पन्न। जाति–वर्ण और गोत्र की अभेद्य दीवारों से समाज का समतामूलक दर्शन टकराता है–जूझता है। बड़ी जद्दोजहद के पश्चात इसे बराबरी का दर्जा दिलाने की वकालत भी होती है, यह कुछ डग भी भरता है परन्तु कालान्तर में अपने भीतर उसी दम्भीय–ब्राह्मणीय विचारधारा को पोषित करने लगता है जिसके प्रतिफल में इसका जन्म हुआ होता है। थोथा अहम् तमाम दूरियों का निर्माण करता है। अपने से नीचे की तलाश और स्वजाति की श्रेष्ठता सिद्ध करने की कोशिशें। हिन्दू वर्ण–व्यवस्था में पिछड़ी और अस्पृश्य कही जाने वाली जातियाँ काछी, कुर्मी, कहार, चमार, जाटव, भंगी, दुसाध आपस में कटे–कटे और कच्ची–पक्की की प्राचीरों में ब्राह्मणीय अभिजात्यता के शिकार।

इसका एक दूसरा पक्ष यह कि ये नवबढ़ुआ विचार–पोषक अपनी जाति–बिरादरी से अलग मान लिये जाते हैं और उच्च सवर्ण जातियाँ इन्हें मुजाहिर या अस्पृश्य ही मानती हैं। शायद यही कारण है कि ब्राह्मण के घर जन्मा महामूर्ख भी पैंलागन का अधिकारी और तथाकथित निम्न वर्ग में जन्मा अति प्रतिभावान–विद्वान भी शंकाकुल दृष्टि से देखा जाता है। तोहमतें कि– शायद वल्दियत में कुछ ऊँच–नीच हो। जाति का राक्षस जन्म के पहले आ जाता है और पंचतत्त्वों के पंचभूत होने के पश्चात भी चिरकाल तक अमरत्व प्राप्त किये व्यवस्था के टोटकों से भी काबू में नहीं आता। हीनभावना की मनोग्रन्थि का शिकार मनुष्य अपनी आने वाली सन्ततियों के निष्कंटक सामाजिक जीवन हेतु अपनी वंशावली सवर्ण जातियों ब्राह्मण, क्षत्रिय, वैश्यों की जातियों में खोजते हैं और इस प्रयोजन हेतु प्रयासपूर्वक अपनी जातीय पहचान छिपाने हेतु नये–नये शीर्षकों का आविष्कार करते हैं। सामाजिक और सांस्कृतिक मोर्चों पर अपमान,

घृणा और शतियों की बेगार इस बनावटी जातीयता–अभिजात्यता के उपजीव्य बनते हैं। आश्चर्य नहीं कि इसके लिए वे दलित–अछूत या पिछड़े न कहलाकर पांचाल ब्राह्मण (बढ़ई), तन्तु वाय वैश्य (कोरी), सूर्यवंशी राजपूत (खटीक), राजपूत (लोधी), डोम (वाल्मीकि), रैदास ब्राह्मण (चमार), सविता (नाई) कहलाना अधिक पसन्द करते हैं। यह जातीय बन्धनों को नये बन्धनों में कसने–जकड़ने की प्रक्रिया है।

जाति के अन्दर जाति और भेदभाव, ऊँच–नीच, छुआछूत का प्राबल्य और नतीजा यह कि चोरों की तरह सवर्णों का बाना चुराना और अपनी पहचान समाप्त करना। परन्तु जाति छुपाना सहज कार्य नहीं, क्योंकि इस हेतु की पूर्ति हेतु समाज के सरबरा सवर्णों की मुहर जो चाहिए। दिनकर जी ने काफी पहले इस पर अपना चिन्तन व्यक्त करते हुआ लिखा था, "अगर भारत का आर्यीकरण आर्यों का ध्येय रहा हो तो जाति की प्रथा ने इसमें भरपूर सहायता की होगी, क्योंकि जातिवाद का नेतृत्व ब्राह्मणों के हाथ में था, और पुरोहित की मंजूरी के बिना जाति बदलना कठिन होता होगा। जो लोग आर्यों के रस्म–रिवाज, रहन–सहन और उनके सामाजिक आचार आदि सीख लेते थे जाति की दीर्घा में उनकी तरक्की आसानी से हो जाती थी। यह बात इससे भी सिद्ध है कि सुयोग्य द्रविड़ आरम्भ से ही ब्राह्मण मान लिये गये थे और आरम्भ से ही उनमें से अनेक लोग केवल द्रविड़ों के ही नहीं आर्यों के भी पुरोहित का काम करने लगे। जाति–प्रथा को चालू करने में आर्यों का यह उद्देश्य नहीं था कि वे द्रविड़ औष्ट्रिक अथवा नीग्रो समाज की छूत से बचें, बल्कि यह कि इन तमाम जातियों के लोगों को वे आर्य सभ्यता में रँगना चाहते थे और जो भी उनकी सभ्यता सीख लेता था समाज में उनकी उन्नति आसानी से हो जाती थी। यह प्राचीन संस्कार आज भी हिन्दू समाज में अपना काम कर रहा है और हम आये दिन देखते हैं कि जो हीन जातियाँ ऊपर उठना चाहती हैं वे अखाद्य खाने और अपेय पीने की आदत तथा अन्य कुरीतियों को छोड़कर जनेऊ धारण कर लेती हैं तथा कोशिश करने लगती हैं कि समाज उनकी गिनती द्विजों में कर ले।"[1] यह ब्राह्मणवादी सोच दलितों को तोड़ती है—बाँटती है। तो फिर समानता–उन्नति के सेमिनार, बहसें महज पुरोहिती बनकर रह जाती हैं। समाज का गणित ही गड़बड़ाया हुआ है। घोर भौतिकता में पूँजीवाद फलेगा या समाजवाद? पूँजीवादी व्यवस्था पोषती ही है व्यक्ति को–निजता को। 15वीं शती में सन्त कवि रैदास ने समाज की जिस रूपरेखा की कल्पना की थी उसका वजूद पूरी तरह नदारद है। वे कह रहे थे–

चाहूँ ऐसा राज मैं, जहाँ मिले सबन को अन्न।
छोट–बड़ों सब सम बसै, रैदास रहे प्रसन्न॥

सबको अन्न और सम्मान मिल सकने की व्यवस्था चाही थी सन्त रविदास ने। डॉ. अम्बेडकर की विचार समृद्धि से भरा-पूरा दलित चिन्तन ब्राह्मणीय विचारधारा का पिछलग्गू बनता जा रहा है। ढोंग-आडम्बर, दिखावे और व्यक्तिपूजा के पुरजोर विरोधी बाबा साहब की ही पूजा उनके वैचारिक दर्शनों में ब्राह्मणीय मानसिकता की सेंध है। इस दिखावटी-बनावटीपन के प्रति कविताओं में कहीं-कहीं चिन्ता दिखाई देती है। ओम प्रकाश वाल्मीकि लिखते हैं–

स्मृतियाँ धुँधलाने लगी हैं
फीका पड़ रहा है नीला रंग
जिसने सिखाया था
अपने हक में लड़ने का तरीका
आदमी को देखना
आदमी की तरह

× × ×

मैं सजाने लगा हूँ ड्राइंग रूम
उनके लिए
जो शामिल हैं
इस साजिश में।[2]

बाबा साहब ने बौद्ध धर्म का अंगीकरण मुक्तिदाता धर्म के रूप में किया था न कि मोक्षदाता के रूप में। बौद्धधर्म श्रम पर आधारित श्रमण धर्म है जो कि उद्यमशीलता और अप्रमाद पर अवलम्बित है। यहाँ याचना नहीं कर्मशीलता की बात की जाती है। श्रम सीकरों से शृंगार किया जाता है। वर्तमान व्यवस्था अकुशल कर्मों के बाहुल्य और तुरन्त परिणामोन्मुख वाली है। इसने हवस और महत्त्वाकांक्षाओं की सूनामी ला दी है। तथागत के चिन्तन से दूर भौतिकता की चकाचौंध ने दलितों की रगों में दिखावे का ज्वर भर दिया है। इस ताप से तापित समाज अपनी नव अभिजात्यीय परम्परा को रच रहा है। ''वह अपनी ही जाति के पीछे छूट गये दलितों से सारे रिश्ते समेट लेता है और ब्राह्मणवाद के ही संस्कार प्रदर्शित करने लगता है। ऊपर से ब्राह्मणवाद के साथ नीचे से भी ब्राह्मणवाद शुरू हो जाता है।''[3] आज दलित जितना शोषित सवर्ण समाज से है उससे कहीं ज्यादा अपनों से भी है। अपने से पीछे-नीचे की तलाश और वही सामन्ती व्यवहार अब दलितों में दिखाई देने लगा है। कवि की नजर से देखें तो–

मीटर लम्बा तिलक भाल पर
सुतली डोर गले डाले

हाथ कलावा बाँधे फिरता
मटरू का पोता काले
इसके आगे शरमाता अब
पंडित रामचरन है
भीमराव का दलित नहीं यह
गांधी जी का हरिजन है।[4]

बड़े स्पष्ट तौर पर युवा दलित युवराज (दलित रहनुमा-राजपुरुष के कुल दीपक) ने एक चुनाव में कहा था कि उन्हें दलित नेता न कहा जाय। झोपड़ों-बाड़ों की राजनीति करने वाले पिता की बदौलत और सवर्ण मानसिकता की गोद में विराजमान पिता महाराज की बदौलत उन्हें देश की पंचायत में नुमाइन्दगी मिली–शायद भूल गये। एक कविता और देखें–

डोरी लाल इसी बस्ती का
कोटे से अफसर बन बैठा
उसको इनकी क्या पड़ी अब
वह दूजों में जा बैठा
बेटा पढ़-लिखकर शर्मा जी
बेटी बनी अवस्थी है
यह दलितों की बस्ती है।[5]

ग्लोबल विलेज या विश्वग्राम की संकल्पना में वर्ण और जातीयता की संकीर्णता प्रत्यक्ष रूप में तो कम दिखाई पड़ती है परन्तु परोक्ष में यह अधिक कट्टर व आक्रामक बनकर उभरी है। वैश्विक व राष्ट्रीय स्तर पर इसकी व्याप्ति बनी हुई है। ''जाति और वर्ण के नाम पर राजनीति करने वालों ने अपनी और अपने जैसे कुछ लोगों की राजशाही के लिए निरीह जनता को मोहरा तो बनाया ही, उन्हें आपस में लड़ाकर एक-दूसरे की आँख की किरकिरी भी बना दिया है।''[6] राजपुरुष आपस में बाँट-बराव करवाकर अपने भी पुराने दिन भूल जाता है। जयप्रकाश लीलवान मुखौटाधारी सफेदपोश दिव्यपुरुषों को दोगला करार देते हैं। दलितों में जो तमाम धड़े बन गये दिखलाई पड़ते हैं उनके जुड़ाव के लिए काव्य-कर्म प्रतिबद्ध है। उच्च-सम्पन्न वंचित से वही व्यवहार करता है जो सवर्ण दलित के साथ करता है। आपसी टंटे और खंइहस को मिटाकर समता-समृद्धता हेतु कविता तार्किक ढंग से अपनी बात रखती है–

हमारे हो सकने वाले
रहनुमा भी

आजकल अमीरों के आयोजनों में
बची रह गयी
जूठन खाने के लिए
सरे आम
आने-जाने लग गये हैं।
और इसीलिए
पतन के इस पुष्प का नजारा
हमारे इस
सबसे प्यारे देश की
आँखों की बीमारी बढ़ा रहा है
जहाँ विकृतियाँ
विकराल होड़ के मोड़ों पर
उसे ही
दूण मार-मारकर
मारने पर आमादा हैं
जिनसे उसने
अपने तन-मन की तस्वीर में
नये और सुहावने
रंग भरे जाने का सपना देखा था।[7]

कुर्सी की रक्षा हेतु आपसी समभाव-भइयाचारी को भावनाओं के बूते भड़काकर कमजोर किया गया और दाल में नमक के बराबर कोई थोड़ा उमका भी तो अपनों को ही ले डूबने वाला साबित हुआ।

व्यक्ति का जीवन सम्यकत्व से दूर है। धन, पद, प्रतिष्ठा पर केन्द्रित चिन्तन अहं के नये सन्दर्भ रचता है—परिपुष्ट करता है। दलितों के बीच व्याप्त सनातनी जटिलता इन्हें खंडित कर रही है। जिस सामन्ती-ब्राह्मणवादी चिन्तन की आलोचना कर दलित आगे बढ़ता है कालान्तर में यही बगुला सोचें उनके जीवन और आचरण में अपनी पैठ बनाती हैं। शोषितों-दलितों से अनुस्यूत जनप्रतिनिधि क्या उन सुख-सुविधाओं से अपने को नहीं सजाते जो दम्भीय हैं, मनुवादी हैं या तब तक अंगीकार करना अस्वीकार करते हैं जब तक उनका सम्पूर्ण समाज इनको प्राप्त नहीं कर लेता। छोटों को छोटा बनाये रखने के सामाजिक रचाव-बनाव में इन्हें शक्ति के एकीकरण से रोका जाता है ताकि ये परिवर्तनकामी स्रोत न बन पायें। जातिगत सम्मान, पद देकर दलितों के बीच मैकमोहन रेखा खींचना व्यवस्था के विधान का डार्क जोन है। भारतीय समाज-व्यवस्था का सबसे घृणित रूप है एक जाति का दूसरी को निम्नतर मानना और

रचनाकारों द्वारा इनके लिए 'नीच जाति' शब्द का प्रयोग करना।

आज का सृजन उन तमाम दिखावों-ढकोसलों से निजात पाना चाहता है जो उन्हें बाँट रहे हैं—

तय कर लिया है मैंने
नहीं नहाऊँगा ऐसी किसी गंगा में
जहाँ पंडे की गिद्ध नजरें गड़ी हों
अस्थियों के बीच रहे सिक्कों
और दक्षिणा के रुपयों पर
विसर्जन से पहले ही
झपट्टा मारने के लिए बाज की तरह।[8]

दलित के बीच अपने नेतृत्व के उभरने के बावजूद यह आन्दोलन क्रान्तिकारी रूप न ले पाया और टाँय-टाँय फिस्स हो गया। इसके पीछे भितरघात कारक बनी। स्थान, काल और परिस्थितियों के अनुसार सिद्धान्तों-मान्यताओं में तरमीमी कर अपने लाभ का जरिया बनाता प्रथम वर्ण-वर्ग जब भी देखता है कि दलित एकजुट हो रहे हैं तो कुछ फेंक देता है इनकी ओर। बन्दरबाँट में ये लहूलुहान उसकी साजिश से अनभिज्ञ। कविता कहती है—

जंगली भेड़िए पढ़ रहे हैं
धर्मशास्त्र
रच रहे हैं
निषेधात्मक नियम
उपनियम और धाराएँ
बदल रहे हैं अर्थ अपने अनुसार
ऐसे माहौल में
तुम जब भी करते हो कोशिश
आदमी बनने की
वे लग जाते हैं तैयारी में
एक और युद्ध की।[9]

व्यक्तिगत हितों से ऊपर उठकर जड़ परम्पराओं के उन्मूलन हेतु प्रयास नहीं किये जाते। दासत्व की बेड़ियों में जकड़कर जोतने का ब्राह्मणीय दम्भ अभी चुका नहीं है। तगड़ी-पिछड़ी जातियों के समूह तक इसी चिन्तन के उपासक और निचलों को ठगने वाले। पहले इन्हें बहला-फुसलाकर सत्ता की ताकत बढ़ायी जाती है

तदनन्तर इनके उत्थान और खुशहाल दिनों के पैकेज काटे जाते हैं। अब तो अच्छे दिनों की मुनादी पीटी जा रही है। विज्ञापन चल रहा है और वंचित ठगा-लुटा खड़ा निहारने के सिवाय करे भी तो क्या? दलितों के यही शिकारी आरक्षण को असली तरह से एन्ज्वाय कर रहे हैं। वंचितों-दलितों की टाठी में सामाजिक न्याय भलभलाकर परोस देने वाले रहनुमा गाढ़ा-गाढ़ा अपने हिस्से में और पानी-पानी इनके हिस्से, बड़े शातिर तरीके से कर देते हैं और ये भकुआये निहारते रह जाते हैं–

कागज का मोहर लगा टुकड़ा
हर बार डाला मत पेटी में
इस उम्मीद में–
कोई और नहीं
लोकतन्त्र तो अपना होगा
गोपनीयता की शपथ में
रची गयीं साजिशें
लूट-खसोट
मारा-मारी
पालों की अदला-बदली।[10]

काइयाँ सोचें और धूर्ततावाद के लॉलीपाप, रेवड़ियाँ दलितों का बंटाधार कर रहे हैं। इस शकुनी खेल में सामन्तवाद-पूँजीवाद, गरीब और गरीबी के साथ बलात्कार कर पसीना सुखा रहे हैं। इस ब्राह्मणीय-क्षत्रिय विचारधारा को नीचे का तबका आत्मसात कर इनसे निपटने का सपना सँजो रहा है। इस बहुरूपीकरण में ये पहले क्षत्रिय टाइटल अपनाते हैं। जिस गति से कुछ पिछड़ी और दलित जातियों ने सिंह और चौहान इत्यादि उपजातियों से स्वयं को विभूषित किया है उससे तो यही लगता है कि शीघ्र ही ये ब्राह्मणीय उपनामों को भी स्वीकार कर लें। अब बताइये यह दलित आन्दोलन कहाँ समापन को प्राप्त करेगा? छब्बे बनने गये थे चौबे भी न रह गये। दलित भी जातीयता के अभिजात्य का लोभ संवरण न कर पाये और यह कथा नयी नहीं है। ''द्विज-वृत्त से बाहर के लोग कर्मशुद्धि के द्वारा द्विजवृत्त में प्रवेश पा सकते थे और अधिकतर वे क्षत्रिय-जाति की दीर्घा में स्थान ग्रहण करते थे। इधर भारत में जब से यह आन्दोलन उठा है कि द्विजेतर जातियों के लोग भी द्विजत्व प्राप्त करें तब से प्राय: जो भी लोग शूद्र जाति से उठकर द्विजत्व का दावा करते हैं वे और किसी जाति में न जाकर अपने को क्षत्रिय कहना ही अधिक पसन्द करते हैं।''[11] अद्विज पिछड़ों ने अपने रसूख के लिए जो नकलचीपन अख्तियार किया उससे सावधान रहने की नसीहत देती कविता में साफगोई की पूरी झलक है–

इन गैर दलित बहुरुपियों की
अब सच्चाई–
सामने आ चुकी है
ये जायज और ना–जायज में
भेद नहीं करते
दूर कर लो ऐसे लोगों से
अपने–आपको
इससे–
परिवार और राष्ट्र
दोनों ही बच जायेंगे टूटने से।[12]

ऐसी प्रगतिगामी कविताएँ परम्परावादियों को अरुचिकर लग सकती हैं। उच्च वर्ण के साथ जो सामाजिक प्रतिष्ठा का जुड़ाव है वह पिछड़ों को इनकी नकल करने को प्रोत्साहित करता है। इस आकांक्षा की पूर्ति के लिए तमाम प्रयास आधुनिकीकरण के नाम पर होते रहे। जिस तरह आधुनिक कहलाने की ललक में हिन्दुस्तानी पश्चिमी देशों के लिबास, बोलने–चालने के तौर–तरीके, भोजन आदि की नकल करते हैं और आपस की बातचीत में भी अँग्रेजी भाषा का प्रयोग करते हैं उसी तरह अद्विजों ने काले–गोरों की नकल कर अपना रुतबा ऊपर करना शुरू किया। अपने श्रम–समृद्धता को बिसारकर इन्होंने अन्यान्य देवी–देवताओं की उपासना कर अपना एका ही चौपट कर डाला–

तू चूहड़ा और मैं चमार हूँ
यह खटीक और वह कोली
एक तो कभी ये बन न पाये
बन गयी जगह–जगह टोली
अपना मुक्तिदाता भूले
औरों की झाँकी सजती है
यह दलितों की बस्ती है।[13]

समाज के अस्सी–नब्बे फीसदी हिस्से को जातियों–उपजातियों में विभक्त कर उन्हें अपने से सभी क्षेत्रों में नीचे और नगण्य संख्या में बनाये रखने का सिलसिला थम नहीं रहा है। और हम अपने इन तथाकथित खैरख्वाहों को चीह्न नहीं पा रहे, यह कविता कहती है, देखिये–

क्या
हमारी आँखें

इतनी
निर्लज्ज हो गयी हैं
कि उन्होंने
गुलामी के अभिभावकों
और
प्रायोजकों को ही
अपना
रहबर मान रखा है
जहाँ
एकता की जगह
बिखराव
कायम हो।[14]

सन्त रविदास ने सन्देश में कहा था कि जाति का भाव खत्म किये बिना मानवता को जोड़ा नहीं जा सकता। करीब 600 साल बाद उन्हीं सन्त रविदास के बहाने जाति की बिसात पर सियासी फसलें लहलहाने की कोशिशें हो रही हैं। अम्बेडकर के पश्चात तमाम पार्टियों ने इस वोट बैंक पर कब्जे हेतु ऊँच-नीच की दीवारें पुख्ता कीं। और इसके लिए सबसे चतुर खेल खेला गया–इनमें ही ब्राह्मणीय सोच की विषबेलें सींची जाती रहीं। आजादी के सत्तर वर्ष बीते जाने पर भी दलितों को उनका सम्मान नहीं मिल पाया, जिसके वे हकदार हैं। आज देश में दलितों के साथ हो रही इन घटनाओं से विश्व के दरबार में भारत का सिर शर्म से झुक जाता है। नये-नये कानूनों के बावजूद इन्हें वह दर्जा नहीं मिल पा रहा जो एक इन्सान को मिलना चाहिए। आज भी ब्राह्मण के घर जन्मा ब्राह्मण, क्षत्रिय के घर क्षत्रिय, वैश्य के घर वैश्य और शूद्रों के घर शूद्र पैदा होते हैं। ये चार वर्ण ही होते तो शायद समस्या इतनी गम्भीर न होती, परन्तु ब्राह्मण सिर्फ ब्राह्मण है, क्षत्रिय सिर्फ क्षत्रिय और वैश्य भी हर हाल में वैश्य है, परन्तु शूद्रों की हजारों जातियाँ हैं। इनमें अवान्तरीय वर्ण क्रम की खतरनाक सीढ़ी है। डोम पासी को नीच मानता है और पासी कोरी को, कुर्मी काछी के यहाँ कच्ची नहीं खाता और काछी कुर्मी से भोज-भात नहीं रखता। सब अपने-अपने चौके के पंडा-पुरोहित और आपस में ही बंटाधार। फूट डालते तान्त्रिक मलाई मार रहे हैं। लासा लगाने के भव्य तरीके–

राजधानी के बीचो-बीच
चौराहे पर
खड़ी कर दी थी

आदमकद मूर्ति
बदल दिया था
शहर का नाम
लगाये थे भव्य मेले
जिसमें भीड़ थी
हर चेहरे पर चढ़ा था
एक मुखौटा।[15]

जिस दिखावे और ढोंग को दलित वर्ग नकारता रहा उसी को इनके बीच फैला दिया गया। जाति श्रेष्ठता के दम्भ, अहंकार और वर्चस्व को मान्यता देने वाली व्यवस्था दरकती नहीं और निम्नता-बोध को बनाये रखने की सत्ता केन्द्रों की कोशिश कामयाब हो रही है। सोपानीकृत व्यवस्था समाज से होते हुए दलित समाज में अपना मार्ग प्रशस्त कर रही है। जाति के भीतर से उपजातियाँ सिर उठा रही हैं लिहाजा दलितों के एक संगठित समुदाय बनने में दिक्कतें आ रही हैं। 'यह दौर 90 के दशक का था जब कांशीराम अपना उदारवादी मुखौटा उतारकर अवसरवादी मुखौटा पहन चुके थे। इसमें किसी प्रकार की कोई दलित के प्रति संवेदना नहीं थी।'[16]

स्वतन्त्रता मनुष्य की चेतना में बसी हुई एक सहज प्रवृत्ति है, इसे छीनने या दबाने की कोशिश करने पर स्वभावत: यह प्रबल रूप लेकर मुक्ति का मार्ग खोज लेती है। इसी गुलामी से मुक्ति की परिणति स्वतन्त्रता संग्राम रहा। आजादी का जश्न मनाते समय समाज के पंचम वर्ण की फिक्र क्या किसी को रही है? पूँजीवादी राजनीतिक दलों के साथ-साथ दलित खैरख्वाहों ने इन्हीं के सुर से सुर मिलाया। दलित समाज पर ऐसे राजनीतिक नेता थोपे गये या उद्‌भूत हुए जो कोरे रँगे सियार साबित हुए। डॉ. अम्बेडकर के सामाजिक-समानता के महान कर्तव्य को इतर करते हुए अपने वैभव को समृद्ध कर रहे हैं। संविधान प्रदत्त अधिकारों के चलते अपनी स्थिति तो जरूर ठीक कर ही है परन्तु अपने समाज की सेवा न करके उच्च वर्ग की ही खुशिया-बरदारी कर रहे हैं। सुखबीर सिंह इससे सचेत करते हैं–

संविधान प्रदत्त अधिकार के बल पर
भर रहे हैं तिजोरियाँ
कर रहे हैं काला बाजारी
उच्च वर्ग की सेवा
गरीब अछूतों से मारामारी।[17]

और अपनों के अपने बने रहने के लिए ये सत्ता में बने रहने के लिए दुहाई देते हैं। दलित राजनीति के बल पर कितने ही राजनय सत्तासीन हुए और खुलकर

दुरुपयोग किया पद और पैसे का। जब मन किया बातों की बाजीगिरी से उसी सवर्ण मानसिकता का दामन पकड़े निरीह दलितों को टारगेट किया जाता रहा। सार संक्षेप यह कि दलितों में ही आपसी वैमनस्य पल्लवित-पुष्पित होता रहा। बाबा साहब ने अपने निबन्ध 'बुद्ध और कार्ल मार्क्स' में कहा था कि समाज की नयी आधार शिला फ्रांसीसी क्रान्ति के तीन शब्दों–बन्धुत्व, स्वतन्त्रता और समानता में समाहित है। यह दर्शन दलितों में ही गायब है। नहीं तो कच्ची-पक्की का भेद क्या है? ब्राह्मणीय ठटनि दलितों के बीच शोभित मेड़ों का नया रूप ही तो हैं। दलित-विमर्श को ब्राह्मण से नहीं ब्राह्मणीय चिन्तन से जूझना है–टकराना है और यह संघर्ष समाज की अनेकानेक महीन परतों में गुम्फित है। यह संघर्ष एक स्तरीय नहीं कई प्लेटफार्म पर हो। दलित समाज से बाहर का प्रत्यक्ष संघर्ष तो है ही, अपने भीतर ऊँच-नीच की सोचों से सामना करना, इसके लिए शायद कहीं ज्यादा दुश्वारियों भरा है। 'कृष्ण करें तो रासलीला और निबरा करै तो छिनारा' यह नहीं। अन्तर्जातीय विवाह और आपसी भोज-भात इस जंगल जलेबी को काटने के सोपान हो सकते हैं और तब भंगिन, भंगी नहीं जनेगी, चमारिन की कोख से इन्सान पैदा होगा जो जाति से नहीं कर्म से अपना इतिहास रचेगा। जरूरत है ऐसे ईमानदार बुद्धिजीवियों की जो दलित चिन्तन की बाधाओं को दूर करें।

सन्दर्भ

1. संस्कृति के चार अध्याय, रामधारी सिंह दिनकर, पृ. 60
2. अब और नहीं, ओम प्रकाश वाल्मीकि, पृ. 51
3. दलित राजनीति की समस्याएँ, राजकिशोर, पृ. 95
4. कब होगी वह भोर, सूरजपाल चौहान, पृ. 35
5. क्यों विश्वास करूँ, सूरजपाल चौहान, पृ. 48
6. समकालीन भारतीय दलित समाज : बदलता स्वरूप और संघर्ष, डॉ. कृष्णकुमार, पृ. 235
7. समय की आदमखोर धुन, जयप्रकाश लीलवान, पृ. 68
8. अब और नहीं, ओम प्रकाश वाल्मीकि, पृ. 12
9. वही, पृ. 48
10. वही, पृ. 10
11. संस्कृति के चार अध्याय, रामधारी सिंह दिनकर, पृ. 57
12. कब होगी वह भोर, सूरजपाल चौहान, पृ. 62
13. क्यों विश्वास करूँ, सूरजपाल चौहान, पृ. 47
14. नये क्षितिजों की ओर, जयप्रकाश लीलवान, पृ. 101
15. अब और नहीं, ओम प्रकाश वाल्मीकि, पृ. 75
16. दलित राजनीति की समस्याएँ, राजकिशोर, पृ. 129
17. आज का दलित साहित्य, तेज सिंह, पृ. 94

10.

अर्थ युग : अर्थहीन विश्व बन्धुत्व

जनवरी 1991 में तत्कालीन प्रधानमन्त्री चन्द्रशेखर ने देश की विदेशी मुद्रा की आवश्यकताओं को पूरा करने के लिए सोना गिरवी रखा था। उस समय देश के पास सिर्फ तीन हफ्ते के आयात लायक विदेशी मुद्रा बची थी। ढलते सोवियत संघ की तरह भारतीय राष्ट्र-राज्य भी कँपकँपाती दीवारों वाले जर्जर राजमहल की तरह लग रहा था। आशंकाओं के अँधियारों से घिरे गरमियों के मौसम में चुनाव थे। इस गहमागहमी में 21 मई की रात को श्री पेरुम्बुदूर में राजीव गांधी की हत्या होती है। उनका अवसान डगमगाती अर्थव्यवस्था और भ्रष्टाचार से बजबजाती राजनीतिक प्रणाली के लिए वेंटिलेटर में ले जाने वाला साबित हुआ। अपने राजनीतिक वार्धक्य की ओर बढ़ रहे नरसिंह राव को इन चुनावों ने संजीवनी दे दी और तकदीर ने उन्हें प्रधानमन्त्री की कुर्सी पर लाकर बिठा दिया। राव के प्रधानमन्त्री बनने से कुछ पहले तक भारत में विदेशी मुद्रा भंडार 1.2 अरब डालर रह गया था। तब के और आज के आँकड़ों में भारी उलट-फेर हो चुका है। उदारीकरण के समर्थन के नाम पर राजपुरुष प्राय: इनका उपयोग भरमाने के लिए करते हैं। विकास के नाम पर वोट माँगने वाले सियासी प्रार्थी (यह संज्ञा शब्द शीघ्र ही ईजाद किया गया है–उम्मीदवार और प्रत्याशी वैसे भी काफी अरसे से घिसट रहे थे) अक्सर यह जताने की कोशिश करते हैं कि हम जन्नत की ओर गतिमान एक्सप्रेस की गति से अग्रसर हैं। गरीबी गरीब हो रही है। परन्तु ये आँकड़े तब शेख चिल्ली के सपने साबित होते हैं जब इस गरीबी का पैमाना पता चलता है कि 32 रुपए प्रतिदिन कमाने वाला ग्रामीण व्यक्ति लुटियन्स दिल्ली में बैठे इन नीति-नियन्ताओं की नजर में समृद्ध है। थोड़ा और नजर दौड़ाइये तो इन्हीं जनचिन्तकों ने मेजें ठोंक-ठोंककर कहा था कि 47 रुपए प्रतिदिन प्राप्त करने वाला कर्मी दिल्ली और मुम्बई में मजे से रह सकता है। ये वही लोग हैं जो 1991 से अब तक अपने वेतन-भत्तों की बढ़ोत्तरी कराने में सारे गिले-शिकवे किनारे रख सर्व सहमति से इसे पारित करवाते हैं। इन्हीं पर रोटी-कपड़ा और मकान मुहैया कराने की जिम्मेदारी है। उदारीकरण की एक-चौथाई सदी बीत जाने पर हमारे देश में करोड़ों लोग दो जून की रोटी के बिना सोते हैं। आँकड़ों से दोजख

नहीं भरता, इज्जत नहीं ढँकी जा सकती और जी डी पी के सातवें क्रम का क्या करें?

नवउदारवादी अर्थशास्त्र जो कि भूमंडलीकरण, निजीकरण और पुनर्नियोजन के विचार में था, जो कि वाशिंगटन आम राय के विचारों के अनुरूप था, मुक्त बाजार की यान्त्रिक प्रक्रियाओं को बढ़ावा देने वाला था, उसने भारत को खाली पेट कमर लचकाने को विवश कर दिया। मरनि उनकी जो हाथ–पाँव चलाकर दाल–रोटी का बन्दोबस्त कर लेते थे। श्रम से जुड़ा नीचे का तबका और नीचे ढकेला गया। खेती–किसानी, कारखाना–फैक्ट्री और सफाई कार्यों से मजदूर–श्रमिक का गहरा नाता रहा है। पूँजी, बाजार, तकनीकी आदि के रूप में अवतरित नयी शक्तियों पर नवब्राह्मणों का कब्जा होता जा रहा है जो बाजार की ताकत के आधार पर पूरी व्यवस्था को अपने हित में खड़ा करने की ताकत रखते हैं। यह नवकुलीन वर्ग अपने से नीचों को गटकने वाला रहा है। विवेकानन्द ने भारत के दलितों, गरीबों को कहा था कि 'ये तथाकथित कुलीन लोग जिन्दा लाशें हैं, अजगर हैं, देश और सभ्यता का बोझ हैं। वे आवाम पर जुल्म ढाने को ही सबसे बड़ा जीवन–धर्म समझते हैं।'[1] उग्र व्यक्तिवाद को सींचता पूँजीवाद ग्लोबल टेररिज्म का वाहक बना हुआ है। सरवरा बने रहने के लिए सोपानीकृत व्यवस्था के पक्षपोषक इसकी भाटगीरी करने में दम साधे हैं।

पूँजीवादी व्यवस्था ने दलितों को वह परिवेश मुहैया नहीं कराया जिसकी कल्पना बाबा साहब ने की थी। विज्ञान प्रौद्योगिकी की व्याप्ति के साथ जातीयता–संकीर्णता के नये समीकरण बने। औद्योगीकरण, शहरीकरण और उदारवाद में उदार विचारों के स्वप्न देखे गये थे जिसमें बन्धुता–बराबरी की आशाएँ थीं। पूँजीवादी व्यवस्था के पल्लवन के साथ लोगों का जीवन–स्तर तो ऊँचा नहीं उठा, हाँ, इनकी रहनुमाई के ठग, राजनेता, मन्त्री, पूँजीपति, ठेकेदार और मुनाफाखोर निश्चित ही मालामाल हुए हैं। शोषित की दशा दुर्दशा में तब्दील होती गयी; दलन के परिवर्तित रूपों के साथ। आर्थिक, राजनीतिक परिवर्तनों और उदारतावादी मूल्यों के प्रसार से वंचित तबका लहूलुहान होता रहा। यह अलगाव–विभेद वैश्विक स्तर पर भी कायम है। बड़े राष्ट्रों का छोटे देशों को आँख तरेरना क्या है? किसी भी बहाने कमजोर को अपने इशारों, नीतियों का तलबगार बनने की बाध्यता सवर्ण–दलित का सम्बन्ध ही है। चौथाई शती बीत जाने पर चीर–फाड़ की जा रही है कि ईराक मुद्दे पर अमेरिकी फौजों का साथ देना ब्रिटेन की नासमझी थी। शंका यह कि वहाँ रासायनिक और जैविक अस्त्र थे भी या नहीं। यह रंगभेद और समुदाय भेद विश्व ग्राम में भी दक्खिन टोलों की तरह ही हैं। धीरू भाई सेठ के मन्तव्य से ''दक्षिण अफ्रीका में रंगभेद (अपर्थाइड) की जड़ में जाति को औचित्य प्रदान करने वाली ब्राह्मणवादी विचारधारा की तरह श्वेतांगों की श्रेष्ठता वाली एक विचारधारा है जो कानूनीरूप से उन्मूलित होने के बाद भी छुआछूत

की तरह व्यवहार में जारी रहती है और जनता के बहुलांश को उपमानव की हैसियत से कमतर कर देती है। इसी के साथ–साथ यूरोप में जिप्सियों के निरन्तर उत्पीड़न पर भी ध्यान देना जरूरी है। वे छुआ–छूत से तो पीड़ित नहीं हैं परन्तु उनके पास किसी तरह का अधिकार नहीं है। वे सम्पूर्ण रूप से बहिष्कृत और निष्कासित हैं।''[2]

कविता स्मृति के अनुसृजन और आकांक्षित भविष्य की अभिव्यक्ति है। दलित काव्य उन प्रस्थापनाओं की व्याख्या करता है जो मानव विरोधी हैं। अन्धश्रद्धा, आस्था की जगह गहन विश्लेषण और उसके विकास की सही दिशाओं, ऐतिहासिक और सामाजिक परिप्रेक्ष्य में साहित्यिक नियमों का अन्वेषण करने की दिशा में दलित कविता सन्नद्ध है। यहाँ पाठक से सीधे संवाद है। सृजनकर्ता को नायकत्व देना और उसकी बातों को उठाना इसकी प्रतिबद्धता। कवि मलखान सिंह की काव्य दृष्टि से देखें तो –

मेहनत कश हाथ में–
सब तन्त्र होगा
मंच होगा
बाजुओं में–
दिग्विजय का जोश होगा
विश्व का आँगन
वृहद आँगन
हमारा घर बनेगा
हर अपरिचित पाँव भी
अपना लगेगा।[3]

संविधान शिल्पी डॉ. अम्बेडकर ने अवसरों की समानता और उत्पादन के क्षेत्र में प्रजातन्त्र का विकास किया। परन्तु उनकी परिकल्पनाओं की पूर्ति नहीं हो रही। जिस खुलेपन की नयी विश्व अर्थव्यवस्था के उदारीकरण, भूमंडलीकरण का बाजार गर्म है उसमें अम्बेडकरीय चिन्तन नदारद है। व्यापारीकरण के युग में पूँजीवाद के दलदल में दलितों को क्या कुछ नसीब होगा इस पर दलित कविता बेलौस ढंग से अपनी बात रखती है–

आदमी
अब माल का पर्याय हो गया है
और माल
अब आदमी के ऊपर की चीज
होने की

स्वीकृति पा गया है
राष्ट्रों की
सम्प्रभुताओं के कन्धों पर
बहुराष्ट्रीय कम्पनियों के झंडों को
जोर जबरदस्ती से
लहराये जाने के जश्न की
जोरदार तैयारियों का
दशक और दौर है
आज का समय।[4]

हमारे समाज में संसाधनों की कमी नहीं है। सारी अव्यवस्थाएँ संसाधनों के असमान वितरण के कारण पैदा हुई हैं। सामन्ती समाज ने वर्ण और जाति की व्यवस्था द्वारा सत्ता और संसाधनों के केन्द्रीकरण के सिद्धान्त को दैवीय और दार्शनिक चोला पहनाया। इस व्यवस्था का सर्वाधिक क्रूर पक्ष यह कि यह श्रमशील बहुजन के अमानवीय शोषण पर आधारित है। इस व्यवस्था में श्रम करने वाला वर्णाधम, उपेक्षित, दलित व घृणित है तो उस श्रम पर पलने वाला परजीवी वर्ग श्रेष्ठ, श्रद्धास्पद और सुविधा प्राप्त। दलित कविता बारीकी से व्यवस्थापक के इस भद्देपन और अमानवीयता से हमें रू-ब-रू कराती है जहाँ पीढ़ी-दर-पीढ़ी शोषण कर्ता परिस्थिति जन्य कुटिल मेधा के दिव्यास्त्रों से लाचारों पर सवारी गाँठता है। इस बुनियादी सोच को नेस्तनाबूत कर देने वाली कील ठोंकती है, दलित कविता। यहाँ शोषण के असली कारणों की पहचान है, दमन- उत्पीड़न का प्रभावी चित्रण है और असहमति दर्ज करते हुए संघर्ष का आह्वान–

लुटेरे लूट कर जा चुके हैं
कुछ लूटने की तैयारी में हैं
मैं पूछता हूँ
क्या उनकी जाति तुमसे ऊँची है।[5]

यह वर्ण-वर्ग से उपजी घृणा है जो इतने तीखे रूप में व्यक्त हुई है। सदियों से भोगा दर्द जब वाणी और लेखन से अभिव्यक्त होता है तो दर्द देने वालों को बहुत चुभता है। सो लाजिमी है कि इसे कविता के मानकों से खारिज कर दिया जाये। तर्क और तुर्रा यह कि इनको सौन्दर्य का ज्ञान नहीं। न्यासी, धीशी अपने भारी-भरकम चुनिन्दा शब्दों से इस मौलिक सृजन को कैसे खारिज कर सकते हैं जिसमें छाया की छायायें नहीं दर्द के दस्तावेज हैं। ऐसे लोगों से कँवल भारती का दो टूक प्रश्न है–

यदि यह विधान लागू हो जाता कि
तुम्हारे जीवन का कोई मूल्य नहीं
कोई भी कर सकता है तुम्हारा वध
तुम्हारी स्त्री, बहिन और पुत्री के साथ
कर सकता है बलात्कार
जला सकता है घर-बार
तब तुम्हारी निष्ठा क्या होती ?[6]

कवि पारम्परिक सौन्दर्य-बोध को सिरे से खारिज करता है। सभ्यता-संस्कृति एक बड़े भारी षड्यन्त्र को झेल रही है। खाइयों के हेतु बौद्धिक शातिरपन तो हैं ही आर्थिक–पौराणिक पोंगापन्थी कम तासीर नहीं पैदा करते। दलित समीक्षक श्यौराज सिंह बेचैन समानता हेतु मानते हैं कि, ''जब आर्थिक के साथ-साथ बौद्धिक स्तर पर भी समानता हो। इस आधार पर लोग नहीं भी चाहेंगे तब भी जाति-व्यवस्था टूटेगी।''[7] कवि भजन लाल मानवता के कृत्रिम विभाजन को न्याय-संगत नहीं मानते। उनका नकार उल्लेखनीय है–

जाति के आधार पर ऊँचा और नीचा
यह धर्म नहीं अधर्म है
तुमने कभी सोचा ?
इस धर्म की पाखंडता
हम जड़ से मिटायेंगे।[8]

वंचित-दलित और प्रभुवर्ग के बीच कड़वाहट का स्रोत विश्वग्राम में नये रूप में बढ़ता गया। एक लोकतान्त्रिक और आधुनिक कहे जाने वाले समाज में यदि वर्ण-वर्ग की प्राचीरें मनुष्यता पर भारी पड़ें तो यह उस समाज के लिए लज्जास्पद है। विकसित राष्ट्र के दरवाजे पर खड़े राष्ट्र के लिए सबसे बड़ी अड़चन। मानवीय चेतना से लैस दलित वर्ग के भीतर स्वाभिमान का उदय और सिर उठाकर जीने का दमखम सवर्णों-प्रभुवर्ग को अखरता है। उसके कुबेर मार्गों पर आरक्षण को ललकारना उसमें डाह और वंचना भरता है लिहाजा भाईचारे के भोज-भात और समरसता की पंगतें समानता की नहीं बल्कि यह भाव ज्यादा भरते हैं कि दलित-वंचित अभी भी सवर्ण, प्रभुवर्ग की बिरादरी में शामिल होने लायक नहीं। अगर इन्हें बराबरी का दर्जा ईमानदारी से दिया गया होता तो फिर यह मुनादी न पीटनी पड़ती कि इनके मोहल्लों में रोटी खाकर इन्हें कृतार्थ कर दिया गया।

कविता महलों में नहीं रची जाती। इसका तो प्रथम उपजीव्य ही करुणा, परदु:ख- कातरता, दु:ख और विषम भाव रहा है। जोहार करने या खीस निपोरने से

सम्मान-अधिकार नहीं मिलते। यह सामान्यजन अब अपनी बात, अपनी वकालत कर सकता है और उन्हें कमतर करार देने वालों से सीधे प्रश्न कर सकता है। कबीरी लहजे को अख्तियार कर लिया है इसने सो इसके सवाल बेधक, आक्रोशपूर्ण–

वह दिन कब आयेगा
जब बामनी नहीं जनेगी बामन
चमारी नहीं जनेगी चमार
भंगिन भी नहीं जनेगी भंगी
तब नहीं चुभेंगे
जातीय हीनता के दंश
नहीं मारा जायेगा तपस्वी शम्बूक
नहीं कटेगा अँगूठा एकलव्य का
कर्ण होगा नायक
राम सत्ता लोलुप हत्यारा
क्या ऐसे दिन कभी आयेंगे?[9]

ताउम्र मनुष्य की पहचान जाति। 'तुम कू आह्यू?' यह प्रश्न उत्तर भारत के अवध प्रान्त में बड़ा आम है और शायद पहला यक्ष प्रश्न है। इसका उत्तर माधव, ऊधव, सीता, अनीता नहीं बल्कि यह कि आपकी जाति क्या है। जाति बतायी और तदनुसार व्यवहार। प्रथम वर्ण के लिए फटाफट– 'पाँयलागी।' हो सकता है कि आशीर्वाद देने वाला याचक से चालीस-पचास बरस बाद इस ब्रह्मांड में आया हो परन्तु वह अवतार है सो आशीषने का शक्तिधर। कुछ इसी तरह प्रभुवर्ग भी। हाकिम-हुक्काम तो तुरन्त 'साहब प्रणाम'। आश्चर्य नहीं क्योंकि नमस्कार शब्द के बजाय चाटुकारिता के ऊर्ध्व रूप में 'प्रणाम' प्रकट हुआ है। ऐसे कंकड़ीले-कंटकीय समाज में अपनपौ बड़ी दूर की कौड़ी है। ठेंठ बैसवारी में कहें तो ठन-ठन गोपाल। विषमताओं को खाद-पानी ब्राह्मणवाद से व्युत्पन्न जातिवाद से तो मिलता ही है, ब्राह्मणीय चिन्तन से लबरेज पूँजीवाद इसे और पल्लवित-पुष्पित करता है। "आर्थिक क्षेत्र में पूँजीवाद का विरोध, वर्ण विहीन-वर्ग विहीन समाज की स्थापना, भाषावाद, लिंगवाद का विरोध, स्त्री के प्रति समानता का भाव, हिन्दू देवी-देवताओं के प्रति अनास्था, अधिनायकवाद का विरोध, अनीश्वरवाद, अनात्मवाद आदि कुछ विशिष्ट बिन्दु हैं जो दलित चेतना के सरोकारों में शामिल हैं।"[10] और नया इतिहास रचने को कमर कसे हैं–

मेरी पीढ़ी ने अपने सीने पर
खोद लिया है संघर्ष

जहाँ आँसुओं का सैलाब नहीं
विद्रोह की चिनगारी फूटेगी
जलती झोपड़ी से उठते धुएँ में
तप्ती मुट्ठियाँ तुम्हारे तहखानों में
नया इतिहास रचेंगी।[11]

भाषिक कलाओं में काव्य-विधा वह कला है जिसमें मनुष्य ने अपने मनोभावों को सशक्त तरीके से व्यक्त किया है। जिसके चलते सत्ता और व्यवस्था साधकों ने इसे अपने-अपने तरीकों से साधा। कभी स्वर्ण मुद्राएँ लुटाकर बिरदावलियाँ गवायी गयीं तो कभी नवरत्न, पद-प्रलोभन देकर कलम को खरीदने के प्रयास किये गये। फरहा-फरहा बिका भी और अपने को गिरवी तक रख दिया। मसि के बदले राशि का ढेर देने वाला वर्ग अपनी कलई खुलने के प्रति सावधान रहा। परन्तु भाटगीरी से इतर कुछ कबीर भी निकले जिन्होंने व्यवस्था की नाक में दम कर दी, हाँ, इसके लिए बड़ी भारी कीमत भी चुकायी इन महात्माओं ने। न्यास, मठ, पदों को लताड़कर सत्तावादियों के अत्याचार-अनाचार के विरुद्ध इस कला को अपने संघर्ष के हथियार की तरह शोषितों ने भी विकसित किया। कविता ने दुनिया में संघर्षकारी भूमिका निभायी है। जीवन के तप्त अनुभव और मुक्तिकामी विजन को लिये यह जड़ता के विरुद्ध संघर्षरत है।

सामन्ती, पूँजीवादी व्यवस्था पुरातन पुरोहिती सभ्यता से कहीं अधिक निर्मम है। इसके यहाँ मनुष्य तो है ही नहीं। उदारवाद में वर्गों की उदारता है या फिर कार्मिक, कर्मचारी संज्ञाएँ। इनकी नातेदारी क्लास और कैडर के रूप में। कोड ऑफ कंडक्ट के फौलादी नियम। संवेदनाओं की सम्भावनाएँ नेरे नहीं आतीं। भूमंडल, भूमंडलीकरण के ताप से तापित तब सम्बन्धों, सहानुभूतियों को बहा ले जाने वाली सूनामी क्यों न आये! दुनिया को एक करने वाले, समता की जुगाली करने वाले पहले अर्थ के अर्थ से मनुष्य को अर्थवान करने की मानसिकता से तो उबरें-

कभी सोचा है
गन्दे नाले के किनारे बसे
वर्ण व्यवस्था के मारे लोग
इस तरह क्यों जीते हैं
तुम पराए क्यों लगते हो उन्हें
कभी सोचा है?[12]

बड़ी लम्बी गाथा है इस अलगाव की। चीनी यात्री फाहियान और ह्वेनसांग ने अपने वर्णन में इसका उल्लेख किया है, ''शहरों, मकानों की चारदीवारी ऊँची-

चौड़ी है किन्तु धोबी, नट, नर्तक, वधिक और भंगियों की बस्ती निश्चित चिह्नों द्वारा पृथक की गयी है। वे शहर से बाहर रहने के लिए मजबूर किये जाते हैं और जब कभी उन्हें किसी घर के पास से गुजरना होता है तो वे बायीं ओर बहुत दबकर निकलते हैं।''[13] छठीं शती का यह वर्णन वर्तमान में अपने नवीन सन्दर्भों-प्रसंगों से प्रकट होता है। विश्व के साथ कदमताल करने को आतुर विश्वगुरु अपने मोहल्ले में एका कब बनायेगा? मई 2016 में हरियाणा राज्य में दलित दूल्हा घोड़ी से उतारकर अपमानित किया जाता है– जलील कर उसे आगाह करने की पूरी व्यवस्था कि कानून किताबों में होंगे और कुछ तथाकथित तुम्हारे खैरख्वाह हैं भी तो हम प्रभुवर्ग के कारण ही न, लिहाजा औकात न भूलो। अपना हित चाहते हो तो व्यवस्था का पुर्जा बनो, व्यवस्था तो प्रभुवर्ग ही रहेगा। बेहद आक्रोशपूर्ण, व्यंग्यात्मक शैली में मलखान सिंह इस लिजलिजी व्यवस्था पर चोट करते हैं–

> पेट के लिए रोटी जरूरी है
> और रोटी के लिए पूँछ हिलाना
> × × ×
> अपने वंश के हित में
> आदमी बनने का ख्वाब छोड़ दो
> और चुप रहो।[14]

दलितों के साथ हो रही घटनाओं से विश्व दरबार में भारत का सिर शर्म से झुक जाता है। जो स्थान एक इन्सान को मिलना चाहिए वह दलितों को नहीं मिल पा रहा है। फेहरिश्त बड़ी लम्बी है। महाराष्ट्र का वाशिम जहाँ पर सवर्णों ने दलित महिला को पानी नहीं भरने दिया। मजदूर परिवार आहत हुआ। प्रतिशोध की आग ने उसके पति को जो उर्जा दी कि उसने 40 दिन में एक कुआँ ही खोद डाला। यह काम उसने किसी की मदद से नहीं बल्कि अपने बलबूते किया।[15] 'ठाकुर का कुआँ' सौ बरस से ज्यों-का-त्यों। कोई परिवर्तन नहीं। बाहर से बगुलाबरन और भीतर वही कातिलाना शोषणपरक चिन्तन। नकलची, नवबढ़ुआ तथाकथित बुद्धिजीवियों ने ग्लोबल प्रतिस्पर्द्धा, वैश्वीकरण की चमक-दमक में जो विकास के उन्नत ग्राफों का दावा किया उससे सामाजिक फासले तो बढ़े ही अर्थव्यवस्था की मलाई प्रभुवर्ग चाट रहा है और खुरचन गरीब का नसीब। आर्थिक साम्राज्यवाद के रूप में विदेशी ताकतें लगातार ताकतवर होकर उभर रही हैं। बहुराष्ट्रीय कम्पनियों की आयातित वेशभूषा और खान-पान को अपनाये महाजनी वर्ग नीचे वालों के लिए रोल मॉडल बन चुका है। भूमंडलीकरण ने समाज का भूगोल ही बदल दिया है। और शोर-शराबा यह कि एक ही छतरी तले वाली इस व्यवस्था में सब खुशहाल और राजी-खुशी से बसर

करेंगे। महा भयानक व्यूह की रचना की जा चुकी है–

भूमंडलीकरण
स्वयं के भेड़ियों को
सब कुछ पर
आच्छादित करते हुए
आक्रमण करने वाले पूँजीवादियों के
पैरवीकारों की
व्यूह रचना है
प्रौद्योगिकी पर
घुड़सवार पूँजीवाद
अपनी विकरालता के
चरम बिन्दु को
पार कर गया है

× × ×

उदार जनतन्त्रों की विफलता
पूँजीवाद फासीवाद के
कुत्सित चेहरे में उभरकर
हमारे सामने खड़ी है।[16]

दलित समाज दोहरे ब्राह्मणवाद का शिकार है। एक सामाजिक संरचना की दुहाई देता इनकी छाती पर सवार है और दूसरा विकास की व्याख्या से इनकी कचूमर निकाले दे रहा है। निजीकरण उदारीकरण की गुलामी में पिसता शोषित जन रहमोकरम के समरसता भोजों से और अधिक अपमानित महसूस करता है। ऊँच-नीच होने पर सारी तोहमतें इनके अलंकरण तो उसका विरोध विद्रोह के रूप में ही प्रकट होगा–

बहुत अटपटा लगा मुझे
देखकर स्वतन्त्रता दिवस पर
सहभोज का आयोजन
मुझे लगा कि तुम अब भी
प्रमाणित कर रहे हो यह
कि हम अछूत हैं
फिर भी कर रहे हो तुम भोजन हमारे साथ
जिससे दिखाई पड़े भाईचारा

तुम्हारी सहृदयता
तुम्हारा बड़प्पन
उदारता तुम्हारी
और तुम कहला सको महान।[17]

ग्लोबल गाँव की बहुसंख्यक आबादी के लिए उदारता निरर्थक जा रही है और आक्रोश इस स्थिति का समाधान जैसा। दरअसल, सीमाहीन उदारीकरण में आर्थिक, राजनीतिक और सामाजिक धरातलों पर समाजसेवी विश्वसंगठनों, हुनरमन्द श्रमिकों व माल को दुनिया-भर में बगरछुट्ट छोड़ दिया गया। लेकिन एशिया की धरती से तानाशाह निकाल बाहर किये गये तो कट्टर मध्ययुगीन धार्मिक वैचारिकता फिर सिर उठाने लगी। रूस में खूँखार माफिया का उदय हुआ। चीन के अर्थजगत में अभूतपूर्व उछाल आया जरूर, परन्तु वहाँ पर भी जो समृद्ध थे उन्हीं की समृद्धि बेपनाह बढ़ी और पूँजी की बरसात निचली श्रेणी तक नहीं पहुँच पायी। असहिष्णुता का पोषण करने वाली विचारधारा पल्लवित-पुष्पित होती गयी। दलित कवि महेन्द्र बेनीवाल की शैली में–

रात में आकाश से
बरसी रोटियाँ
सरकार ने तुरन्त
सुरक्षा प्रबन्ध
कड़े कर दिये
और सुबह
अनेक भूखे-नंगों को
रोटी चुराने के जुर्म में
सुनायी गयी
मौत की सजा।[18]

दलित कविता के केन्द्र में वह मानव है जिसे प्रस्थापित समाज-व्यवस्था ने हजारों वर्षों से उत्पीड़ित किया है। यहाँ अभिव्यक्त संघर्ष वैयक्तिक नहीं बल्कि एक समाज का दूसरे समाज से, एक राष्ट्र का दूसरे राष्ट्र से है। यहाँ का नायक व्यक्ति नहीं समाज है। समाज के नियन्ता अर्थ से उपजी हलचलें इस कविता में मानवीय भावनाओं की हिलोरें और लय बन जाती हैं। रचनाओं की जड़ें जीवन में व्याप्त विषमता और भ्रष्टता से निर्मित अमानवीय स्थितियों में गहरी छुपी हुई हैं। जयप्रकाश कर्दम के शब्दों में–

आँधियों
अब 'हवा' हो जाओ
ज्यादा फाँय-फाँय
मत बचाओ
बहुत आतंक मचा लिया है तुमने
तुम्हारे आतंक से
नहीं डरेंगे
तुम्हारे प्रहारों से
नहीं गिरेंगे।[19]

व्यवस्था के मातहत सरकारी विभागों के अधिकारी, पुलिस न्यायपालिकाएँ भी भेदभाव की नीति अपनाने से नहीं कतराते, बल्कि समाज में असंवेदनशीलता, अमानवीयता का वातावरण और बढ़ाते हैं तथा रोजी-रोटी की धमकियों से अपने कुचक्रों में शामिल होने के खेल खेले जाते हैं। वैश्विक तथा राष्ट्रीय स्तर पर तमाम मंचों में दलितों के उत्थान और विकास की मन्त्रणाएँ जरूर की जाती हैं, परन्तु दलितों, वंचितों को इनमें शामिल करने के बावजूद पीठ पीछे साजिशें रची जाती हैं। ओम प्रकाश वाल्मीकि ऐसी सभाओं, संगोष्ठियों के स्वरालाप का बहिष्कार करते हैं-

उनके बयानों में
कहीं नहीं है मेरा जिक्र
फिर भी वे चाहते हैं
मैं शामिल रहूँ
उनकी बहसों में
कहता रहूँ उनकी हाँ में हाँ
'ना' को 'ना'।[20]

दलित समाज अभिजात्य वर्ग द्वारा अनुस्यूत शोषणपरक साजिशों पर अपनी सहमति की मुहर लगाने से कतराता है, क्योंकि दलित की मान्यताएँ नैतिक और मानवीय दृष्टिकोण पर आधारित हैं। दलित साहित्य शोषणकारी नायकत्व का धुर-विरोधी है। दलित कविताओं में मनुष्यता की पक्षधरता, समता की वकालत और जड़ता पर प्रहार किया गया है। करुणा से भरी यातनामयी सामाजिक वेदना की गम्भीर अभिव्यक्ति दलित कविता के नकार और विद्रोहपूर्ण स्थिति से अवगत कराती है। विद्रोहात्मक अभिव्यक्ति चूँकि दलित कविता का प्राणतत्त्व है इसलिए आत्माभिमान जगने पर अभिव्यक्त होने वाला विद्रोह वर्ग-विशेष के आधिपत्य एवं

वर्चस्व को ललकारता है और समता-स्वतन्त्रता की भावनाओं से लैस विश्वबन्धुत्व की हिमायत करता है। धार्मिक रूढ़ियों, जातिपरक चिन्तन तथा सामन्तशाही व्यवस्था की साजिशों में शामिल न होकर रचनाकार सामाजिक बराबरी की बात करते हैं। परन्तु करम फूटे कि पूँजीवाद अपने मूल चरित्र में ही सामाजिक विषमताओं को बढ़ावा देने वाला ही रहा। और इसके अवान्तर सिद्धान्त भी दलितों के मित्र नहीं कहे जा सकते। यह मान लेना बेहद नासमझी होगी कि आज की एक ध्रुवीय दुनिया में सामाजिक ताने-बाने टूटकर एक हो रहे हैं। वर्गों की नयी दुनिया है यह जिसमें वर्ग के वैश्विक आयाम प्रकट हुए हैं, क्योंकि लोगों को प्रभावित करने वाले मसले अब सिर्फ राष्ट्र की भौगोलिक सीमाओं में सीमित नहीं हैं। वैश्विक ताबेदार, शासक राष्ट्रीय नेताओं की तरह नीतियों-रीतियों पर प्रभाव छोड़ रहे हैं। भारत की राजनीतिक-आर्थिक ताकतों ने जिस तरह वैश्वीकरण का जाप किया है उसमें भारत के दलितों के स्वतन्त्र आर्थिक विकास के रास्ते पहले से कहीं अधिक सिकुड़े हैं। "मार्क्सवाद के अनुसार सामाजिक परिवर्तन के आधार कारण आर्थिक संरचना में अन्तर्निहित होते हैं। आज के भूमंडलीय वातावरण में वर्ग के विलोप और वर्ग के स्थान पर समुदाय की अवधारणा की सिद्धान्तिकी प्रस्तावित कर विश्लेषण और संघर्ष के सबसे कारगर औजार को भोथरा किया जा रहा है।"[21] प्राय: हर राजनीतिक दल ने दलितों की राजनीति की है और अपने तरीकों से इस्तेमाल किया है। झूठे आश्वासनों और प्रलोभनों से इन्हें लगातार छला है। नयी आर्थिक नीतियों के पीछे काम करने वाली उच्च जातियों की मानसिकता के ओछेपन की सी.बी. भारती खबर लेते हैं–

> मैं बनाता लोई जूते टोकरी सारे सामान
> पर विपणन तुम्हारे हाथ
> मुनाफा खाते तुम
> और हम रह जाते फटे हाल
> पूँजी पर वर्चस्व तुम्हारा ही है
> जो कमाई है तुमने छल-छद्म से
> चलाते हैं हम मशीनें और चरखे
> खींचते हैं देश के विकास की गाड़ी हम ही
> हाँफते हुए भूखे अँतड़ियों वाले खाली पेटों से
> और हम फिर भी ओछे।[22]

ओछा कौन? ओछे की साजिशकर्ता अभिजात्य जन या अपने खून-पसीने से इन्हें अभिजात्य तक पहुँचाने वाले सामान्य जन? वंचित-शोषित के प्रति इतना विशाल व्यूह रचा गया है–

पूँजीवाद के
ग्लोबल वार्मिंग ने
पिघला दिये हैं
ऊँचे जमीर वाले ग्लेशियर
ईमान की सरिताएँ
जल्दी ही
दम तोड़ देंगी।[23]

यहाँ कवि के सपने हैं और सपने देखने वालों के दीदा बने साहित्यकारों, नेताओं, नौकरशाहों तथा इनके पीछे कैटालिस्ट का काम कर रही पूँजीवादी व्यवस्था को चीह्नते हुए उनसे दो-दो हाथ करने की हिम्मत है। कोल्हू का बैल बन गयी जिन्दगी पूँजीपरक व्यवस्था और प्रौद्योगिकी की चक्की में जुत रही है। पूँजीवाद का गुण ही धन संचय है—चाहे जैसे। कट्टर सोचों के चलते सेवा क्षेत्र में लगे लोगों को पिछड़ा, अछूत, दलित और आदिवासी कहा जाता है। जहाँ राष्ट्र का सर्वाधिक हिस्सा हीनता, अभाव और दु:खों को भोगने के लिए विवश हो वहाँ उत्पादन और उपभोग दोनों में वृद्धि कैसे हो सकती है? ऐसे कंकरीले, ऊबड़-खाबड़ समाज में केवल अत्याचार, भ्रष्टाचार ही बढ़ते हैं। बाबा साहब की मान्यता थी कि प्रत्येक व्यक्ति को समान अवसर मिलने चाहिए। सभी के विकास से ही देश और जाति का विकास सम्भव है। उनका दृढ़ मत था कि जब तक सामाजिक आधार को तय करने वाले आर्थिक समीकरणों के पद समान नहीं होते विकास सम्भव नहीं।

आजादी और न्याय के नाम पर पश्चिमी जगत का यह दूसरा उपनिवेशीकरण नहीं तो और क्या है जहाँ भूमंडलीकरण को वसुधैव कुटुम्बकम् के उदात्त पर्याय की मान्यता देने की कोशिशें जारी हैं। यह दमनकारी चिन्तन जो मड़नी माड़ रहा है उसमें पहले से अधिक खतरे हैं। पहले का प्रत्यक्ष शासन दिखता तो था। इसमें तो वैचारिक चिन्तन तक पर कब्जा! वैश्विक कर्जे में डूबकर उन्नति की ऊँचाइयाँ। 'ऋणं कृत्वां घृतम् पिबेत्।' टैक्स भरने वाली भोली-भाली जनता कैसे समझे कि जीवन बसर करने की हर वस्तु में उसे रक्तदान जैसा कर चुकाना पड़ता है और व्यापारी ब्राह्मणीय चिन्तक मालामाल। करोड़ों की चोरी करने वाले दिवालिया होने के लिए कुछ रंगीन कागज के टुकड़े फेंककर सहज ही बैंक करप्ट। और सामान्य जन कुछ बचत करने पर भी कर दाता। न दे तो चोर। यह समता-स्वतन्त्रता की नयी परिभाषा है जहाँ एक व्यक्ति भोजन करने से आजिज और दूसरा भोजन की खातिर आजिज। कोई व्यवस्था से खेल रहा है और दूसरे के साथ व्यवस्था मजाक कर रही है। मलखान सिंह की कविता के अंश साझा करें तो—

पेट की मार
सयानी उँगलियों की बँटवार–
को जन क्या?
दुधमुहाँ जानवर भी भाँप जाता है
बेगार चाहे चिलम थमाकर ली जाय
या लाठी दिखा कर
दोनों में बुनियादी फर्क नहीं है।[24]

बिकाऊ मीडिया इस अप्रत्यक्ष शोषण का संज्ञान क्यों लेगा। सेलिब्रिटीज का दामन थामे और टी.आर.पी. की बढ़त पर ध्यानस्थ यह शोषितों का ध्यान क्यों करे। लाचारियों को ठेल देने वाला लोकतन्त्र का मजबूत पिलर इस तरह का कि–

इस देश में
आज भी
मजदूरों, दलितों
और भूमिहीनों की बात कहने वाला
कोई भी चैनेल
अस्तित्व तक में
नहीं आने दिया गया है।[25]

तीसरी पंचवर्षीय योजना के पहले ही अध्याय में देश के प्रथम प्रधानमन्त्री ने लिखा था कि यहाँ जरूरी समस्या उच्चतर और निम्नतर आय के बीच की खाई को पाटना और आय के न्यूनतम स्तर को ऊँचा उठाना है। आज की आर्थिक-सामाजिक खांई की संरचना नेहरू की दृष्टि से सर्वथा भिन्न है। यहाँ नव-उदारवाद का असर यह हुआ कि महानगर निरन्तर चमकते गये, व्यवसायी बड़े उद्योगपति बनते गये, परन्तु इन सबके बीच देश में आर्थिक-सामाजिक तथा मानवीय मूल्यों का निरन्तर बँटवारा भी होता गया। 2 लाख परिवार सिर पर मैला ढोकर रोजी-रोटी चलाने को मजबूर हैं। ग्लोबल हंगर इंडेक्स में भारत पाकिस्तान व बाँग्लादेश से भी पीछे है। कुपोषण, भुखमरी, टी बी तथा मलेरिया और डेंगू जैसी बीमारियों ने आज भी देश की छवि को बीमार कर रखा है। असमानता की खांई दिन-प्रतिदिन चौड़ी ही होती जा रही है।

दलित रचनाकार समाज का जो अक्स देखना चाहता है उसमें पशु-पक्षियों और नदियों, पर्वतों की भाँति समता की मंशा है–

अच्छा लगता है समन्दर
उमड़-घुमड़कर बरसते बादल

उसमें भी ज्यादा अच्छे लगते हैं
वे लोग जो खटते हैं रात-दिन
खेतों में
मौसम से लड़ते हुए
अच्छे लगते हैं पेड़
और उनका हरापन
उससे भी ज्यादा अच्छे लगते हैं
हँसते-खिलखिलाते वे लोग
जो नफरत नहीं करते
आदमी से
सपने में भी।[26]

भेदभाव रहित नव-निर्माण की प्रतिबद्धता कवियों में दिखाई देती है। इनका ध्येय अपनी संस्कृति जिसमें ऊँच-नीच की दीवारें न हों, की प्रस्थापना करना है। रजनी कोठारी का मानना है, ''अपनी जमीन, जंगल, पूर्वजों की विरासत और अपनी सर्वांग विश्व-दृष्टि को बचाने और समृद्ध करने के लिए चलाये जाने वाले छोट-छोटे आन्दोलनों के प्रेरक ब्यौरे भी इन्हीं लोगों की प्रतिबद्धता के परिणाम होते हैं।''[27] कवयित्री निर्मला पुतुल इन धरोहरों को सहेज लेना चाहती हैं—

जंगल की ताजा हवा
नदियों की निर्मलता
पहाड़ों का मौन
गीतों की धुन,
मिट्टी का सोंधापन
फसलों की लहलहाहट
हँसने के लिए थोड़ी-सी खिलखिलाहट
थोड़ा-सा विश्वास
थोड़ी-सी उम्मीद।[28]

आपसी विश्वास, उम्मीद और भाईचारे को सुबिस्ते सँजोने से संकीर्णता की तमाम खाइयाँ पाटी जा सकती हैं। दलित समाजशास्त्री धर्मवीर के अनुसार, ''आवश्यकता मात्र इतनी है कि दलित वर्ग हिन्दू समाज से सामंजस्य रखे। बड़ी आवश्यकता यह है कि दलित वर्ग पूरे भारतीय समाज से सामंजस्य रखे। पूरे भारतीय समाज में बहुत कुछ आ जाता है। इसमें हिन्दू-मुसलमान, सिख, इसाई, जैन, पारसी, बौद्ध और यहूदी भी हैं।''[29] यह सामंजस्य बने कैसे? पच्चीस वर्ष की

उदारवादी अर्थव्यवस्था का आकलन करने के साथ-साथ अर्थव्यवस्था में समावेशी नीतियों को शामिल करने की जरूरत है। पुरानी नीतियाँ कितनी फलदायक हैं! अब इस पर कोई शंका-आशंका नहीं रह गयी है। आशा-उत्साह से वंचित समाज टकटकी लगाये है कि उसे कब कुछ मयस्सर होगा। श्यौराज सिंह बेचैन नयी सुबह की आशा में लिखते हैं–

नया सवेरा दस्तक देगा
द्वार-द्वार पर हर कुटिया के
उठो साथियों जंग छिड़ी है
उजियाले की अँधियारे से
जाग उठा है सुप्त जमाना
परिवर्तन के पंख खुले हैं
शोषण और दमन के पंजे
क्षीण हुए हैं टूट चुके हैं।[30]

राष्ट्र-निर्माण में दलितों-पिछड़ों का योगदान अस्सी फीसदी से ज्यादा है। इनके उत्थान के बिना भारत को दुनिया का सिरमौर नहीं बनाया जा सकता। व्यवस्था का यह दायित्व बनता है कि वे राष्ट्र-हित में वंचितों का विकास करें। तमाम संकीर्णताओं को किनारे रखकर समग्र उन्नति, उत्थान के मार्ग पर बढ़ने का समय आ गया है। विश्व की उभरती अर्थव्यवस्था में यदि आपसी लकीरें बनी रहीं तो विश्व बाजार, उदारवाद हमारे यहाँ सेंध लगाने में सफल होते रहेंगे। बदबू भरे चिन्तन को छोड़ने का समय है यह–

अब
वह समय
आ ही जाना चाहिए
कि देश
इन बदबू भरे सम्बन्धों से
बाहर आकर
भाईचारे के
जश्न और आजादी को
उसके
असली अर्थ प्रदान करने की
योजना और कार्रवाई का ऐलान करे।[31]

शहरी स्तर पर सवर्ण-प्रभुवर्ग स्वार्थवश या शिक्षा के संस्कारी दबाव के चलते,

नियम-कायदों के भय से दलित-निम्न वर्ग के प्रति थोड़ा सहिष्णु, मिलनसार और लोकतान्त्रिक हुआ है परन्तु ग्रामीण परिवेश में कटुता, हिकारत के भाव यथावत हैं। शोषण और अवमाननाएँ जीवन्त बनी हुई हैं। दलित चिन्तक और पूर्व राज्यपाल माता प्रसाद दलितों की वर्तमान दशा पर टिप्पणी करते हुए लिखते हैं– ''ग्रामीण क्षेत्रों में दलितों की स्थिति अच्छी नहीं है। इनमें अब भी शिक्षा का अभाव है। इन्हें मजदूरी कम दी जाती है। इनके साथ छुआछूत और उत्पीड़न अब भी होता है।''[32] दलित कविता को अभिजात्य चेतना मानवतावाद का विरोधी और गाली-गलौज वाला एकमात्र प्रलाप मानती है जबकि यह समानता, स्वतन्त्रता और भाईचारे के मानवीय मूल्यों के आधार पर विकसित हो रही है। इसका चिन्तन संकीर्ण नहीं बल्कि विराट रूप की उद्घोषणा करता है–

हम कटिबद्ध हैं
बनाने को समाज
जिसमें न हों जातियाँ
न ही हों वर्ग
हम नहीं चाहते संकीर्ण आदमियों वाला
जर्जर कोई समाज
राष्ट्र और देश।[33]

गुरु गोविन्द सिंह ने कहा था– 'मानस की जात सबै एकै पहचानबौ' तथा इन्सान को सिर्फ इन्सान और इन्सान के रूप में देखने का पाठ पढ़ाया था। दलित कविता और पूरे दलित साहित्य का यह यक्ष प्रश्न है कि वह समाज कब अस्तित्व में आयेगा जिसमें तमाम तरह के विभाजन नहीं होंगे। बाजार के बढ़ते वर्चस्व ने हमें नव-साम्राज्यवाद की ओर ले जाकर खड़ा कर दिया है। आर्थिक विकास के साथ मानव विकास का लक्ष्य कब नीतियों में शामिल होगा? वैश्विक कम्पनियों के कन्धों पर आम आदमी का असन्तोष नहीं थामा जा सकता। और समता तो मनुष्य का जन्मसिद्ध अधिकार है–

मानव-मानव में भेद नहीं
कर्म-धर्म महान है
सामाजिक समता मनुष्य का
जन्म सिद्ध अधिकार है।[34]

विदेशी पूँजीवाद का स्वागत करने का अर्थ निम्न वर्ण-वर्ग की जिन्दगी को डालर के लिए रेहन रखना है। पूँजीवादी साम्राज्यवाद ने अगर समूची दुनिया को 'कोक', 'मैक डोनाल्ड्स' और पीज्जा-बर्गर की सौगातें दी हैं तो पूँजीवाद की कोख

से जन्मे ऊँच-नीच, छोटे-बड़े, धनी-गरीब, सशक्त-निर्बल को अन्तरराष्ट्रीय होने के अवसर भी प्रदान किये। पंचायत इन बहसों-मुबाहिसों में नहीं डूबती और न कोई समूह बहिर्गमन ही करता है कि गाँवों में बेहतर स्कूल क्यों नहीं हैं और ऐसा कानून क्यों नहीं बनाया जा सकता कि कोई भूखे पेट या फुटपाथ पर नहीं सोयेगा। सरकारी स्कूलों में क्या कमतरी है कि राजनयों के चिरंजीव कॉन्वेंट में ज्ञानार्जन करेंगे। मिड डे मील मात्र कुछ लाचार बच्चों के लिए ही क्यों? महरूम के कुचले जाने पर देश के मन्त्री और पूर्व सेनाध्यक्ष का इन्हें पिल्लों से उपमा देना किस समता की मुनादी पीट रहा है? धनी व्यवस्था निर्धन जनता के लिए बहुत चिन्तित है! विकास सूचकांक ऊर्ध्वतर हो रहा है... जनता की ना समझी इसे समझने में आड़े आये तो भला व्यवस्था कैसे दोषी! अर्थवाद में आत्मछलावे की बघार है। छोटी-छोटी घटनाओं पर चिन्तन-विचार करना बड़ों की प्रतिष्ठा पर धूल लगाता है। यह विचित्र व्यवस्था भी प्रतिष्ठित? हर बहस अमीर राजनीतिक व्यासों की पसन्द-नापसन्द के अहंकार और आहत मन में बँटी। 1789 की फ्रांस राज्य क्रान्ति ने संसार को तीन शब्द—स्वतन्त्रता, समानता और बन्धुत्व दिये थे। सवा दो सौ साल बाद यह दुनिया कहाँ खड़ी है, सोचिये।

सन्दर्भ

1. आदिवासी दुनिया, हरिराम मीणा, पृ. 136
2. आधुनिकता के आईने में दलित, सं. अभय कुमार दुबे, पृ. 390
3. दलित निर्वाचित कविताएँ, कँवल भारती, पृ. 52
4. समय की आदमखोर धुन, जयप्रकाश लीलवान, पृ. 35
5. युद्धरत आम आदमी, दलित साहित्य अंक, पृ. 10
6. तब तुम्हारी निष्ठा क्या होती, कँवल भारती, पृ. 39-40
7. भारतीय दलित साहित्य, सं. मनोज कुमार आर पटेल, पृ. 529
8. वही, पृ. 529
9. बस्स बहुत हो चुका, ओम प्रकाश वाल्मीकि, पृ. 103
10. दलित साहित्य : अनुभव संघर्ष एवं यथार्थ, ओम प्रकाश वाल्मीकि, पृ. 59-60
11. सदियों का सन्ताप, ओम प्रकाश वाल्मीकि, पृ. 15
12. दलित निर्वाचित कविताएँ, कँवल भारती, पृ. 69
13. बाबा साहब डॉ. अम्बेडकर, सम्पूर्ण वाङ्मय, पृ. 146
14. दलित निर्वाचित कविताएँ, कँवल भारती, पृ. 41
15. सेंटिनल समाचार-पत्र, गुवाहाटी संस्करण, 11 मई, 2016
16. समय की आदमखोर धुन, जयप्रकाश लीलवान, पृ. 42-45
17. आक्रोश, सी.बी.भारती, पृ. 56

18. हिन्दी दलित साहित्य, मोहन दास नैमिशराय, पृ. 113
19. गूँगा नहीं था मैं, जयप्रकाश कर्दम, पृ. 77
20. अब और नहीं, ओम प्रकाश वाल्मीकि, पृ. 94
21. दलित राजनीति की समस्याएँ, राजकिशोर, पृ. 57
22. आक्रोश, सी.बी.भारती, पृ. 8
23. लहरों के विरुद्ध, रामप्रकाश, पृ. 30
24. दलित निर्वाचित कविताएँ, कँवल भारती, पृ. 46
25. समय की आदमखोर धुन, जयप्रकाश लीलवान, पृ. 75
26. बस्स बहुत हो चुका, ओम प्रकाश वाल्मीकि, पृ. 92
27. आधुनिकता के आईने में दलित, सं. अभय कुमार दुबे, पृ. 266
28. नगाड़े की तरह बजते शब्द, निर्मला पुतुल, पृ. 76
29. वर्तमान साहित्य, नवम्बर 2009, पृ. 68
30. भारतीय दलित साहित्य, सं. मनोज कुमार आर पटेल, पृ. 265
31. नये क्षितिजों की ओर, जयप्रकाश लीलवान, पृ. 51-52
32. वर्तमान साहित्य, अप्रैल 2009, पृ. 9
33. आक्रोश, सी.बी.भारती, पृ. 59
34. हिन्दी दलित साहित्य, मोहन दास नैमिशराय, पृ. 132

11.

दलित काव्य का यथार्थ

पं. बालकृष्ण भट्ट ने जुलाई 1881 में हिन्दी प्रदीप में 'साहित्य जन समूह के हृदय का विकास है' शीर्षक से एक लेख लिखा था जिसमें उन्होंने साहित्य को इस रूप में परिभाषित किया था : साहित्य यदि (Nation) जन समूह के चित्त का चित्रपट कहा जाय तो संगत है, किसी देश का इतिहास पढ़ने से केवल बाहरी हाल हम उस देश का जान सकते हैं पर साहित्य के अनुशीलन से कौम के सब समय-समय के आभ्यन्तरिक भाव हमें परिस्फुट हो सकते हैं। इस परिभाषा में साहित्य की दो विशेषताएँ बतलायी गयी हैं। एक तो यह कि साहित्य व्यक्ति-विशेष के नहीं, बल्कि सामान्य जनता के चित्त का प्रतिबिम्ब है और दूसरी यह कि इसके द्वारा हमें सामान्य जनता के परिवर्तनशील चित्त सब समय-समय के आभ्यन्तरिक भाव की दशा का पता चलता है। यह संयोग मात्र नहीं है कि आचार्य रामचन्द्र शुक्ल साहित्य के सम्बन्ध में भट्ट जी के विचारों की पुष्टि करते हुए ही 'हिन्दी साहित्य का इतिहास' का प्रारम्भ करते हैं : जबकि प्रत्येक देश का साहित्य वहाँ की जनता की चित्तवृत्तियों का संचित प्रतिबिम्ब होता है तब यह निश्चित है कि जनता की चित्तवृत्ति के परिवर्तन के साथ-साथ साहित्य के स्वरूप में भी परिवर्तन होता चला जाता है।

अर्थात् यदि यह कहा जाय कि साहित्य किसी समाज की ऐतिहासिकता, मनोवैज्ञानिकता, चिन्तनशीलता तथा वैज्ञानिकता का दस्तावेज ही नहीं वरन् उसके तमाम आलोड़न-विलोड़न का प्रत्यक्षीकरण है तो कदाचित अतिशयोक्ति नहीं होगी। इसे इस तरह भी कहा जा सकता है कि किसी भी भाषा का साहित्य समाज-विशेष का आईना मात्र ही नहीं होता अपितु नये समाज की संरचना के सृजन की संकल्पना भी करता है। समाज की कमियों-त्रुटियों, आरोह-अवरोह, ऊँच-नीच को दर्शाने के साथ-साथ इनके निराकरण के उपाय भी खोजता है।

चातुर्वर्ण्य और ब्राह्मणीय श्रेष्ठता को धर्म और ईश्वरीय दर्शन से पुख्ता किया जाता रहा। सामाजिक, आर्थिक, राजनीतिक सत्ताकेन्द्रों पर दावेदारी का यह सबसे धारदार और बिना चीं-पीं बोले हथियार था। दरअसल इसने सामाजिक स्तर के साथ-साथ उत्पादन की प्रक्रिया में भी अपना वर्चस्व कायम कर लिया। परजीवी,

प्रथम पाँत उँगली के इशारों और ज्ञान की गठरी के बल पर अपना उल्लू सीधा करती रही। मजाल कि कोई इनके ज्ञान को निहार पाये। ये ही विषय विशेषज्ञ ताकि इनकी यजमानी में आँच न आये। और जो समाज कोशिकाओं तक ऊँच-नीच, स्पृश्य-अस्पृश्य में सराबोर हो उसे दुहना ज्यादा कठिन भी नहीं होता। दिनकर जी ठीक ही कहते हैं– ''जिस देश में मनुष्य, मनुष्य नहीं होकर ब्राह्मण, राजपूत, कायस्थ, कुरमी या कहार समझा जाता हो, जिस देश के लोग अपनी भक्ति और प्रेम पर पहला अधिकार अपनी जातवालों का समझते हों और जिस देश की एक जात के लोग दूसरी जात के विद्वान को मूर्ख, दानी को कृपण, बली को दुर्बल, सच्चरित्र को दुश्चरित्र और अपनी जाति के मूर्ख को विद्वान और पापी को पुण्यात्मा समझते हों, उस देश की स्वतन्त्रता और समृद्धि के विषय में यही कहा जा सकता है कि 'रहिबो को आचरज है, गयी तो अचरज कौन'?''[1]

दलित मुक्ति का भारी सवाल एक खुशहाल और जनतान्त्रिक समाज से है। दलित का सामाजिक संघर्ष उतना ही पुराना है जितना वर्ण-व्यवस्था का विधान। लोकायतों, बौद्ध दार्शनिकों, सन्त कवियों, फुले और अम्बेडकर जैसे चिन्तकों ने जिन तार्किक सवालों को उठाया उनमें ऐसे समाज का सपना था जहाँ ब्राह्मणीय व्यवस्था के अमानवीय और नृशंस पहलू समाप्त हों तथा दबे-कुचलों को बराबरी का दर्जा मिले। भारतीय समाज के ऐतिहासिक विकास में वर्ण-व्यवस्था को समय-समय पर प्रतिरोध की परम्परा ने विरोध किया जिससे वर्ण-जाति-व्यवस्था की जकड़न कुछ समय तक ढीली पड़ी थी। प्रतिरोध की चिन्तन परम्परा समता, स्वाधीनता, न्याय और करुणा के जीवनवादी मूल्यों को स्थापित करके मनुष्य को सर्वोपरि मानती है। दलित साहित्य आज जहाँ पर है उसमें कविता की महती भूमिका है। कविता सीधे संवाद स्थापित करती है और बिना लाग-लपेट के प्रश्न रखती है। यह समाज के समानान्तर चलने वाली बारीक दृष्टि है। दलितों की पैतृक पीढ़ी के कवि और वर्तमान रचनाकार अपने अनुभवों के विस्तार से यथार्थ का चित्र समाज के सामने रखते हैं। दलित कविता की सामाजिक भूमिका और उसके सामाजिक सरोकारों को दलित कवियों ने सर्जना का मुख्य लक्ष्य बनाया है। यहाँ शौक या छपास की क्षुधा तृप्त करने के लिए लेखनी नहीं उठायी जाती बल्कि भोगे हुए यथार्थ का श्याम-श्वेत चित्र उकेरना कवि की प्रतिबद्धता है। शायद इसीलिए यहाँ रंगों का चटख रूप नहीं दिखता। चुभन-पीड़ा और वेदना से मनोमालिन्य के बजाय जीवटता और जोश से लबरेज दलित कविता जो दृश्य प्रस्तुत करती है उससे समता की लफ्फाजी करने वाले औचक-भौचक्के हैं। यहाँ किसी एक समुदाय की ही पीड़ा नहीं है, बल्कि शोषक वृत्ति से छटपटाते प्रत्येक मानव की पीड़ा का वर्णन है। दोमुँहेपन पर प्रश्नों की बौछार है। शब्दों की बाजीगरी से सिद्धान्तों-दर्शनों को अपनी सुविधानुसार तरमीमी कर देने वालों से सीधे दागे हुए सवाल हैं–

पुरुष से मर्यादा पुरुषोत्तम हो गये राम
शबरी की जूठन खाकर
और हम पले
जूठन पर ही आजन्म
मगर हम अछूत हो गये
विदुर का शाक खाकर
भगवान हो गये कृष्ण
और हम पले
शाक–पात पर ही जीवन–भर
हम शूद्र हो गये
यह कैसा तिलिस्म
कैसा भेदभाव यह
इस धरती के भगवानों का?[2]

कड़वी सच्चाइयों की फेहरिश्त लम्बी है। राम जूठन खायें तो आदर्श–मर्यादा पुरुषोत्तम और सेवा–टहल करने वाला पीढ़ी–दर–पीढ़ी अस्पृश्य। यह है वर्ण–व्यवस्था पर आधारित भारतीय समाज की सच्चाई। एक–सा शरीर, रक्त, मांस–मज्जा और प्रादुर्भाव का तरीका परन्तु रहनि में जमीन–आसमान का फासला। कारण यह कि उसने जाति–विशेष में जन्म लिया जिस पर उसका वश ही नहीं। बड़े–बड़ों को इसका शिकार होना पड़ा। बाबा तुलसी आदर्श और मर्यादा–समन्वय का झुनझुना लेकर रामचरित मानस में घूमते हैं और बीस बिसुवा के खरे ब्राह्मण। मगर जैसे ही तमाम साधु–सन्तों के बीच धूनी रमाते हैं दम्भीय संस्कारी जन उन्हें आजिज करते हैं। सताया जाता है, प्रताड़ित किया जाता है इसीलिए न, कि वे ब्राह्मणत्व कैसे छोड़ सकते थे और उनका–

पुजिय विप्र सील गुण हीना।
शूद्र न गुन गन ज्ञान प्रबीना॥[3]

धरा रह गया जब सबसे बड़ा समन्वयक खटरागियों से तारतम्य न बिठा पाया और कहना पड़ा–

धूत कहौ अवधूत कहौ
रजपूत कहौ जोलहा कहौ कोऊ।
काहू की बेटी सों बेटा न ब्याहब
काहू की जाति बिगारि न सोऊ॥[4]

तो सामान्य दलित–शोषित को पीट देना, शारीरिक–मानसिक रूप से अपमानित

कर देना इन भद्रजनों के लिए अचरज कैसा? और साहित्य इससे लोहा न ले तो वह साहित्य ही कैसा? यह अलग बात है कि कहीं-कहीं कुछ दलित रचनाकार जन्मना दलित से इतर रचनाओं को खारिज कर देते हैं। वास्तविकता यह है कि यह यथार्थ चित्रण दलित कविता में आवश्यक तत्त्व के रूप में विद्यमान रहा है। प्रगतिशील लेखक संघ के प्रथम अधिवेशन में मुंशी प्रेमचन्द ने अपने विचार व्यक्त करते हुए कहा था कि 'जो दलित हैं, पीड़ित हैं, वंचित हैं—चाहे वह व्यक्ति हो अथवा समूह, उसकी हिमायत और वकालत करना साहित्य का फर्ज है।'[5] प्रेमचन्द भेदरहित समाज देखना चाहते थे। स्वामी अछूतानन्द और हीरा डोम के प्रश्नों को आज का कवि इस तरह उठा रहा है—

सुन चुके अर्थहीन तर्क भी
बहुत दिन जी चुके हताशा और नैराश्य के बीच
कलाबाजियों और चतुराई शरे शब्दों का
खेल हो चुका
अब और नहीं
तय करना होगा
कहाँ खड़े हो तुम
साये या धूप में![6]

ये प्रश्न ऐसे हैं जिन्हें सत्ता-व्यवस्था ने मुख्यधारा में आने नहीं दिया। शोषण के कंटकों को याद करते ही भविष्य को सँवार लेने का जज्बा कवियों में साफ झलकता है। अत्याचार की प्रतिक्रिया में ही सृजन के कंगूरे गढ़े जाते हैं। दर्दों की पांडुलिपियाँ अब सामने आ रही हैं—

दलितों के दर्दों की पांडुलिपियाँ
हमारे समय
और दुनिया के
सबसे जरूरी
और सर्वोच्च सपनों की
सुरक्षा के समान हैं
जिन्हें सम्मान के साथ
सँजोये रखना
और सँजोकर चलना
भविष्य के पथ की
अपनी विजय

पक्की करने के लिए
सबसे अनिवार्य होगा।[7]

इसके पीछे वह दृष्टि है जिसका साबिका भूख, उपेक्षा, उत्पीड़न, बहिष्कार से पड़ा है। परिवर्तन की तीव्र आकांक्षा होने के कारण यह अभिरुचि के सेट ढाँचे पर प्रहार करती है। यहाँ यथार्थ से पलायन कर सौन्दर्य तत्त्व, रूपगत बनावट से इतर यथार्थ से मुठभेड़ है। जिन दर्शनों को ढाल बनाकर मर्मान्तक प्रहार किये गये हैं उस कवच को भेदने का माद्दा इसमें है। नियति की नीति को तोड़ने की ताकत। दलितों-शोषितों के लिए नख-दन्तविहीन अर्थहीन पारम्परिक वर्णवादी दर्शन के स्थान पर संघर्ष के उस दर्शन के प्रति पक्षधरता प्रकट करती है जहाँ भविष्य दृष्टि का प्रश्न अहम् है। जो सब कुछ कर सकता है उसका दर्द इस कदर सुलग रहा है, ओम प्रकाश वाल्मीकि की भाषा में–

उसने रेत पर उँगली घुमायी
नदी, नाव, चप्पु साकार हो उठे
पत्थर पर छैनी चलायी
मूर्तियाँ बोलने लगीं
लोहे की फाल से
जमीन के सीने पर लकीर खींची
फसलें लहलहा उठीं
खुरदरे लहूलुहान हाथों से
जब कोशिश की
आग जलाने की
गीली लकड़ी धुआँ बनकर
उतर गयी आँखों में
खामोश चीखों का कोलाहल
सुलगता रहा इर्द-गिर्द।[8]

जब तक वर्ण-व्यवस्था की अप्रत्यक्ष परतें समाज में व्याप्त हैं अस्थिरता भी व्याप्त रहेगी। इधर जो उदारवाद की डुग्गी पीटी जा रही है उसने भी नीचे के तबके का अनभल ही ताका है। एकता, समानता, और भइयाचारी जुमले मात्र न रह जायें बल्कि दलित-शोषित को सम्बल और तेजोमय करें तभी विकास का ग्राफ वास्तविक कहा जायेगा अन्यथा सामाजिक, आर्थिक क्षेत्र की बढ़ती दूरियाँ खाई को और गहरा ही करेंगी। सुशीला टाकभौरे जड़वत विचारों पर प्रश्न करती हैं–

यह कौन-सा समाज है
बरसों से ठहरा है
दया और ग्लानि की जमीन पर
बरसों से
उसके पैरों में वही है–
हाथों में वही है
और सिर पर भी वही है
त्याज्य अपवित्रता का बोझ
कोई परिवर्तन नहीं।[9]

ठूँठ सोचों पर सूरजपाल चौहान पूछते हैं–

शर्मा जी
जूते बेचने पर भी
तुम
बने रहे शर्मा
और पाठक जी
खोलकर सुलभ शौचालय
बने हुए हैं
आज भी पाठक
और मैं
पढ़-लिखकर
बन गया
मजिस्ट्रेट, डॉक्टर, इंजीनियर
फिर भी
कहलाता हूँ भंगी-चमार
वाह रे, हिन्दू-धर्म
तेरा–अजब चमत्कार।[10]

नकार, विरोध, प्रतिरोध को व्यक्त करने के लिए दलित कवि का लहजा तमाम बन्धनों को तोड़ देना चाहता है। यह परिवर्तन की छटपटाहट और अन्त:सम्बन्धों की ऊर्जा अपने भीतर सँजोये हुए है। दु:खद स्थितियों पर सन्ताप के साथ-साथ अपनी अस्मिता की तलाश भी है। विविध प्रताड़नाओं को देखकर कवि को लगता है कि इन्हें कब तक बर्दाश्त किया जाय। जिस संस्कृति की दुहाई चिरकाल से दी जा रही है उसी की आड़ में इनके जीवन को चिराइंध बना दिया गया है। और ऐसे में उसका

विद्रोही होना लाजिमी है। 'यथार्थ की संघर्ष पूर्ण स्थितियों, सामाजिक विषमताओं, भेदभावों, अन्तर्विरोधों को चित्रित करने की प्रवृत्ति इसने किसी दबाव या प्रतिक्रिया के तहत ग्रहण नहीं की है, बल्कि यह इसका स्वाभाविक और वस्तुनिष्ठ रूप है। आवेगपूर्ण विरोध के द्वारा परिवर्तन की पक्षधरता इसका जीवन-मूल्य है।'[11] यह नया इतिहास रचना चाहती है क्योंकि पूर्व का तमाम इतिहास समाज के भूगोल की बड़ी समतल दशा का मानचित्र खींचता है। यहाँ कविताएँ बुद्ध, फुले और अम्बेडकर के समतामूलक विचार को आत्मसात करके सामाजिक विषमता को नष्ट करने का संकल्प करती हैं। स्वानुभूति का ताप इन्हें पकाता है और युग-सत्य की झाँकी इनमें दिखाई देती है। कँवल भारती उद्घोषणा करते हैं–

> गरीबी नहीं
> सामाजिक बेइज्जती अखरती है।[12]

आर्थिक विपन्नता अपने-आप में उतना नहीं अखरती जितना कटु सम्मान-स्वाभिमान पर आघात है। दलित कविता उस विमर्श की पूर्व पीठिका तैयार करती है जिसमें वैज्ञानिक और लोकतान्त्रिक तरीके से दलित अधिकारों के सवाल सक्रिय हैं। सवालों का एक ध्रुव पूँजीवाद से भी टंटा लिये हुए है जो कि ब्राह्मणीय चिन्तन का नव रूप ही है। अम्बेडकर ने बड़ा साफ-साफ कहा था कि जाति और वर्गहीन समाज के निर्माण बिना स्वराज सार्थक हो ही नहीं सकता। सभ्य-सुसंस्कृत परिभाषित किये जाने वाले समाज में सबको साथ लेकर चलने की बजाय अमानुषी भाव पूरी मानवता पर कोढ़-खाज है। अशोक भारती अपनी कविताओं में इसके लिए मानवता को प्रतिबद्ध जनों को लामबन्द करते हैं–

> मैं जानता हूँ
> यह तुम्हारा अघोषित युद्ध है और
> कानून-बन्दूक-भ्रष्टाचार तुम्हारे हथियार
> अब बारी जनता की है कि
> वो घोषित करे जंग तुम्हारे खिलाफ![13]

दया-करुणा, ईमानदारी का प्रवचन बघारने वालों ने मंच से प्रलाप कर अपनी वाक्पटुता से सफेदपोशी का झंडा बुलन्द रखा और खूब ठगा। बैरापटैती और माहिलगीरी से सूखी नहीं चुपड़ी का भोग लगाया। गाय-कौआ और कुत्ते तक को रोटी देकर जन्म-पुनर्जन्म के दर्शनों की बरोहियाँ सींची गयीं मगर संवेदनाएँ उस मनुष्य के प्रति ठूँठ ही रहीं जिसने अन्न को पुष्ट किया उसमें रस भरा, फूलों में सुगन्ध भरने को अपने पसीने से स्वयं को बदबूदार बनाया। लल्लो-चप्पो से अब

वंचित-दलित भकुवा नहीं बनाया जा सकता। इनकी चेतना जाग रही है। सुखवीर सिंह लिखते हैं–

वे सभी मालिक हैं परम्परा से
खेत के दुकान के मकान के
सब कुछ हड़प लें
लाठी और शस्त्र के नाम पर
उनका सिर्फ जुल्म जागता है
और दिमाग
हमेशा के लिए पड़ा हुआ सोता है
यहाँ न वर्तमान सत्य है
न सच है भविष्य
जो कुछ है सिर्फ भूत है
इसीलिए आबादी का बहुत बड़ा हिस्सा
आज भी
एकदम अछूत है।[14]

भूत का महिमामंडन कर जनमानस के बड़े हिस्से को बहिष्कृत करने वाली ताकतों के समक्ष चुनौतियाँ खड़ी करती रचनाएँ इससे कुछ बेहतर निकलने की आशा में अग्रसर हैं। कविताएँ अस्तित्व के अहसास की उपज हैं। कवि के मन में सामाजिक जीवन में प्रचलित रूढ़ियों और परम्पराओं से मुक्त होने की चाहत है। भारतीय समाज में जिन कठोर अनुभवों से दलित दो-चार होता है वे अनुभव रचनाकार को व्यथित करते हैं, उसे लगता है कि इस समाज में उसके अपने अस्तित्व और स्वतन्त्रता पर परम्पराओं और रूढ़ियों के बन्धन लादे जा रहे हैं। बन्धनों में जकड़े और अस्तित्व की तलाश करते दलित जीवन की जिजीविषा को कवि ने बड़ी तकलीफ से दर्ज किया है। यहाँ सौन्दर्य, सुरुचि शास्त्रीयता नहीं सत्य का सत है। रंग-रोगन लगाकर दरबारों की भाटगीरी नहीं। विकास के उन्नत ग्राफों में मानव विकास की बहस छेड़ने वाला कोई नहीं। दलित अवमाननाएँ जारी हैं–कि आई.ए.एस. तक नौकरी छोड़ने को अभिशप्त। प्रथम कैडर तक में वही ब्राह्मणीय सोच, लिहाजा दलितों को सम्मानपूर्वक जीने का अवसर नहीं मिला। वर्ण-वर्ग के अहंकार जाते ही नहीं। निर्धारित परिपाटी, विधि-विधानों और स्वार्थ प्रक्रिया के समक्ष समतावादी परिवर्तनवादी मूल्य व्यवस्था को लागू किये जाने के आग्रह को दलित कविता काल्पनिकता का आलम्बन लिये बगैर सामाजिक सत्य की बदौलत अभिव्यक्त करती है। यह सांस्कृतिक और आर्थिक दोनों संघर्षों की शुरुआत है।

'भारतीय दलित साहित्य का विद्रोही स्वर' की भूमिका में डॉ. विमल थोरात का कहना है, "दलित वर्ग के पास यातना और वेदना के अनुभवों का उफनता हुआ समुन्दर है। जीवन के किनारे को छूती हुई पीड़ा की एक दर्द भरी कहानी है। इन विशिष्ट त्रासद अनुभवों की अभिव्यक्ति ने मानव जीवन के छिपे हुए सत्य को उजागर कर दिया।" संवैधानिक विशेषाधिकार मिलने के बावजूद उनसे सामाजिक दूरी का बर्ताव, उनका निरादर, अवहेलना और राष्ट्र की मुख्यधारा से उनके अलगाव में कोई विशेष परिवर्तन नहीं दिखाई देता। अनगिनत संकीर्णताओं की चौहद्दी में घिरा समाज एक राष्ट्र कैसे बने? ऐसी सभ्यता में–

वे सभ्य हैं
आदमी से
हाथ मिलाने के बाद,
हाथ धोते हैं माँजते हैं
और फिर मुस्कुरा कर कहते हैं
हम एक हैं
फिर हाथ धोते हैं
ताकि हाथ में
आदमी की जाति न छप गयी हो।[15]

परछाईं तक अछूत! दलित कविता यथार्थ का वह जीवन्त दस्तावेज है जिसमें शोषण-दलन के विविध आयामों को अपने अन्दर समेटकर सामाजिक अव्यवस्था के हर पहलू की खबर ली गयी है। भेड़चाल और बगुला संस्कृति को नकारना यदि विद्रोह है तो इसे सहर्ष स्वीकार है। पोंगापन्थी से अब तक मिला क्या? कविता में अस्वीकार इसी का फल है–

लीक से हटकर चला हूँ
लीक से हटकर चलूँगा
मौत-सी खामोशियों में
मैं तुम्हें जिन्दा मिलूँगा।[16]

उन सारे सवालों को समाज के सामने कवि रखता है जिनका सम्बन्ध भेदभाव से है। चाहे ये लीकें जातिगत संरचना की हों, रंग के आधार पर हों या फिर धर्म के आधार पर ही क्यों न हों। जब तक भारत की इस व्यतिक्रम भरी सामाजिक संरचना के व्यूह से नहीं टकराया जाता तब तक भौतिक विकास के आँकड़े तो बढ़ाये जा सकते हैं, परन्तु मानवीय विकास का सूचकांक नीचे ही जायेगा। समरसता भोज कब तक और क्यों? किसके लिए? गद्दी नशीन होने के लिए या बराबर की मसनदी

देने के लिए? नीयत साफ तो नहीं दिखती! सत्तर का आँकड़ा छूती आजादी में समानता की तमाम नीतियों को भद्र जन बिरा रहा है– नीतियाँ कागजी फलसफे हैं इन कुबेरपतियों, नीतिपतियों के लिए। इन्हीं की चली है, चल रही है, चलती रहेगी–इस पर प्रश्नचिह्न लगाने के लिए तमाम कोशिशें जारी हैं। जीवन की दग्ध अनुभूतियाँ सामने आ रही हैं। दिव्यता-भव्यता के रथ में आरूढ़ ठस मानसिकता शास्त्रीय शस्त्रों से अपने विजय रथ को हाँक रही है और इसमें रुकावट को अब वह प्रोग्रेसिव के मधुरम्-मधुरम् दिव्यास्त्रों से ढेर कर रही है। रसना से रस टपक रहा है। स्थिति की विपरीत नब्ज को टटोलकर लोच-झुकाव से अपनी उसी परम्परागत कुर्सी पर आसन जमाना इसकी शातिर सोच। येन-केन प्रकारेण पूरे चिन्तन को निपटा देने का षड्यन्त्र कि दलित अब दलित कहाँ–हमने गुह को गले लगाया, शबरी के जूठे बेर खाये और देखिये अभी भी तो आपके साथ भोज-भात एक ही पंगत में। यह इनका बघारा हुआ यथार्थ। पुनः सफेदपोशी से ढेर करने की कुटिल सोच। दलित-विमर्श और चिन्तन के प्रति महाभयानक खतरा इनमें सवर्ण मानसिकता का इन्फेक्शन महाभयंकर रक्त कर्कीय। धर्मवीर की काव्य पंक्तियों में गुणा-भाग का नतीजा वही शिफर–

शोषण की अमर बेल
दमन की महागाथा
यातना के पिरामिड
उत्पीड़न की गंगोत्री
ऋणों के पहाड़
ब्याज के सागर
निरक्षरों के मस्तिष्क, महाजनों की बही
रुक्कों पर अँगूठों की छाप
ऊँट-पटाँग जोड़-घटा, गुणा, भाग देना
सब एक।[17]

ब्याज, ब्याज पर ब्याज और सूद पर सूद बचकर कहाँ जाय बेचारा निम्न जन। निम्न जन संज्ञा शायद न अखरे क्योंकि खैरात और कृपा से निहारने वाला तो पहले से ही महाजन से संज्ञापित है। ओम प्रकाश वाल्मीकि का मानना है कि, ‘‘दलितों का जीवन जहाँ सामाजिक उत्पीड़न, शोषण, दमन से भरा हुआ है वहीं व्यवस्था के नाम पर लादी गयी मर्यादाएँ, बन्धन दलित जीवन की विपन्नताएँ बनकर रहे हैं। आर्थिक विवशताओं और विसंगतिपूर्ण स्थितियों ने दलित जीवन को नर्क बनाया है।’’[18] ब्राह्मणीय खेल को एन. सिंह समझ रहे हैं और शोषितों को समझा रहे हैं–

अब मैं समझ गया हूँ
उस अंक गणित को
जिसके कारण
मेरे श्रम कण
मिट्टी में मिलकर
तुम्हारी झोली को
मोतियों से भर देते हैं
और
मेरी झोली में होती हैं
भूख, बेबसी और लाचारी।[19]

बेबसी की गाथा हजारों वर्षों से निर्बाध अपने सोपान रचती सोपानीकृत व्यवस्था को नये मुखौटे में सँवार रही है। रजत रानी मीनू ने लिखा है कि, ''आर्थिक विपन्नताओं से पग-पग पर घायल करने वाले दलित कवि का संवेदनशील हृदय अर्थाभाव के काले अभिशाप से घिरे हुए समूचे वर्ग को देखकर उद्वेलित हो उठता है। जनजीवन से जुड़े तमाम प्रश्नों की रोशनी में बहुत सुन्दर सपनों को यथार्थ में साकार होते नहीं देख पाता है, तब वह प्रश्नों के समाधान तलाश करते अपने विचारों की शक्ल देकर पूरा करने का प्रयास करता है।''[20] भारतीय स्वाधीनता के समय ली गयी शपथों का यदि पालन किया गया होता तो वंचित-शोषित-दलित वर्ग की सामाजिक-आर्थिक स्थिति में परिवर्तन दृष्टिगत होता। व्यवस्था संवेदनहीन और कर्तव्य मुखापेक्षी बनी रही, परिणामत: अशिक्षा, बेरोजगारी, गरीबी, भुखमरी, सामाजिक बहिष्कार, आत्माभिमान कुचलने के लिए दलित स्त्रियों से किये गये दुराचरण समाज में स्याह दाग के रूप में बने रहे। प्रथम वर्ण और क्लास वन का कैडर ब्राह्मणीय चिन्तन से अभी भी दूर नहीं हो पाया है। फुले, नारायण गुरु, पेरियार, रानाडे, गोखले और अम्बेडकर के प्रश्न अभी भी अनुत्तरित हैं। इन सभी समाज चिन्तकों का मानना था कि सामाजिक-आर्थिक गैर-बराबरी को पाटे बिना विकास और स्वतन्त्रता के जनतन्त्रीकरण की बात करना बेमानी है। मानवीय विकास के बिना उन्नति के तमाम दावे झूठे हैं। मुक्ति की मंगल कामना करती दलित कविता आन्दोलनरत है, आशावान है। ब्राह्मणीय चिन्तन इसे कितना समझ पा रहा है, देखना होगा।

सन्दर्भ

1. संस्कृति के चार अध्याय, रामधारी सिंह दिनकर, पृ. 234
2. आक्रोश, सी.बी.भारती, पृ. 7

3. रामचरित मानस, अरण्यकांड, दोहा 33 के पश्चात प्रथम चौपाई
4. कवितावली, उत्तरकांड, पृ. 116
5. साहित्य का उद्देश्य, हंस प्रकाशन, इलाहाबाद, पृ. 13
6. अब और नहीं, ओम प्रकाश वाल्मीकि, पृ. 104
7. समय की आदमखोर धुन, जयप्रकाश लीलवान, पृ. 43
8. अब और नहीं, ओम प्रकाश वाल्मीकि, पृ. 30
9. दलित निर्वाचित कविताएँ, कँवल भारती, पृ. 137
10. कब होगी वह भोर, सूरजपाल चौहान, पृ. 43
11. हिन्दी दलित साहित्य, मोहन दास नैमिशराय, पृ. 142
12. दलित निर्वाचित कविताएँ, कँवल भारती, पृ. 206
13. वही, पृ. 196
14. वही, पृ. 178
15. कविता : रोटी की भूख तक, डॉ. प्रेमशंकर, पृ. 14
16. क्रौंच हूँ मैं, श्यौराज सिंह बेचैन, पृ. 56
17. हीरामन, धर्मवीर, पृ. 55
18. दलित साहित्य का सौन्दर्यशास्त्र, ओम प्रकाश वाल्मीकि, पृ. 76
19. सतह से उठते हुए, एन. सिंह, पृ. 11
20. नवें दशक की हिन्दी दलित कविता, रजत रानी मीनू, पृ. 55

आधार-ग्रन्थ

अब और नहीं, ओम प्रकाश वाल्मीकि, राधाकृष्ण प्रकाशन, नयी दिल्ली, 2009

आक्रोश, सी.बी. भारती, लोकसूचक प्रकाशन, फर्रूखाबाद, 1996

आग और आन्दोलन, मोहन दास नैमिशराय, भारतीय बौद्ध महासभा, नयी दिल्ली, 2000

आज का दलित साहित्य, तेज सिंह, अतिश प्रकाशन, दिल्ली, 2000

आधुनिकता के आईने में दलित, सं. अभय कुमार दुबे, वाणी प्रकाशन, नयी दिल्ली, 2008

आदिवासी दुनिया, हरिराम मीणा, राष्ट्रीय पुस्तक न्यास, नयी दिल्ली, 2012

इक्कीसवीं सदी में अम्बेडकरवाद, रघुवीर सिंह, मनभावन प्रकाशन, दिल्ली, 2005

इक्कीसवीं सदी में दलित आन्दोलन, जयप्रकाश कर्दम, पंकज पुस्तक मन्दिर, दिल्ली, 2004

उत्तर-आधुनिकता और दलित साहित्य, कृष्णदत्त पालीवाल, वाणी प्रकाशन, नयी दिल्ली, 2010

उत्तर-आधुनिकता : कुछ विचार, सं. देवशंकर नवीन-सुशान्त कुमार मिश्र, वाणी प्रकाशन, नयी दिल्ली, 2000

उत्तर-आधुनिक परिदृश्य, सुधीश पचौरी, वाणी प्रकाशन, नयी दिल्ली, 2005

उत्तर-आधुनिक साहित्यिक विमर्श, सुधीश पचौरी, वाणी प्रकाशन, नयी दिल्ली, 2005

उत्तर-यथार्थवाद, सुधीश पचौरी, वाणी प्रकाशन, नयी दिल्ली, 2004

उदारीकरण का सच, सं. अमित भादुड़ी, दीपक नय्यर, राजकमल प्रकाशन, नयी दिल्ली, 1996

उदारीकरण की तानाशाही, प्रेम सिंह, राजकमल प्रकाशन, नयी दिल्ली, 2006

उपनिवेश में स्त्री : मुक्ति कामना की दस वार्ताएँ, प्रभा खेतान, राजकमल, प्रकाशन, नयी दिल्ली, 2003

उसके सपने, चन्द्रकान्त देवताले, वाणी प्रकाशन, नयी दिल्ली, 1997

कब होगी वह भोर, सूरज पाल चौहान, वाणी प्रकाशन, नयी दिल्ली, 2007

क्यों विश्वास करूँ, सूरज पाल चौहान, वाणी प्रकाशन, नयी दिल्ली, 2004

कविता इस समय, मनिक बच्छावत, आनन्द प्रकाशन, कोलकाता, 2006

कविता के नये प्रतिमान, नामवर सिंह, राजकमल प्रकाशन, नयी दिल्ली, 1995

कविता : रोटी की भूख तक, प्रेमशंकर, अनन्या प्रकाशन, मसूरी, 1991

क्रौंच हूँ मैं, श्यौराज सिंह बेचैन, सहयोग प्रकाशन, मयूर विहार, दिल्ली, 1995

काली सुर्खियाँ, सं. राजेन्द्र यादव, प्रवीण प्रकाशन, नयी दिल्ली

खामोश नहीं हूँ मैं, असंग घोष, तीसरा पक्ष प्रकाशन, जबलपुर, 2001

गूँगा नहीं था मैं, जयप्रकाश कर्दम, सागर प्रकाशन, दिल्ली, 2006

गरीबी का वैश्वीकरण, मिशेल चसिडुव्स्की, संवाद प्रकाशन, मुंबई, 2009
घर निकासी, नीलेश रघुवंशी, किताबघर, नयी दिल्ली, 2007
चेतना के स्वर, एन. सिंह अभिरुचि प्रकाशन, दिल्ली, 1998
जाति का जहर, राजकिशोर, वाणी प्रकाशन, नयी दिल्ली, 2008
डॉ. अम्बेडकर : अस्वीकार का साहस, कृष्णदत्त पालीवाल, सस्ता साहित्य मंडल, नयी दिल्ली 2014
डॉ. अम्बेडकर की कविताएँ, कँवल भारती, बोधिसत्व प्रकाशन रामपुर, 1996
तब तुम्हारी निष्ठा क्या होती, कँवल भारती, बोधिसत्व प्रकाशन, रामपुर, 1996
तिनका-तिनका आग, जयप्रकाश कर्दम, सम्यक प्रकाशन, नयी दिल्ली, 2004
दर्द के दस्तावेज, एन. सिंह, आनन्द साहित्य सदन, अलीगढ़, 1992
दलित चेतना कविता, रमणिका गुप्ता, नवलेखन प्रकाशन, हजारीबाग, 1996
दलित कहाँ जायें, जियालाल आर्य, प्रकाशन संस्थान, नई दिल्ली, 2005
दलित चेतना : साहित्यिक एवं सामाजिक सरोकार, रमणिका गुप्ता, शिल्पायन प्रकाशन, दिल्ली, 2000
दलित समाज : आज की चुनौतियाँ, जियालाल आर्य, प्रकाशन संस्थान, नयी दिल्ली, 2005
दलित दखल, श्यौराज सिंह बेचैन एवं रजत रानी मीनू, साहित्य संस्थान गाजियाबाद, 2001
दलित और अश्वेत साहित्य–कुछ विचार, सं. चमनलाल, भारतीय उच्च अध्ययन संस्थान शिमला, 2001
दलित साहित्य के प्रतिमान, एन. सिंह, वाणी प्रकाशन, नयी दिल्ली, 2012
दलित साहित्य का सौन्दर्यशास्त्र, ओम प्रकाश वाल्मीकि, राधाकृष्ण प्रकाशन, नयी दिल्ली, 2001
दलित साहित्य का सौन्दर्यशास्त्र, शरण कुकार लिम्बाले, वाणी प्रकाशन, नयी दिल्ली, 2000
दलित साहित्य की भूमिका, हरपाल सिंह अरूष, जवाहर पुस्तकालय, मथुरा, 2005
दलित साहित्य– दशा और दिशा, माता प्रसाद, भारतीय दलित साहित्य अकादमी, नयी दिल्ली, 2002
दलित-विमर्श की भूमिका, कँवल भारती, इतिहास बोध प्रकाशन, इलाहाबाद, 2002
दलित साहित्य : बुनियादी सरोकार, कृष्णदत्त पालीवाल, वाणी प्रकाशन, नयी दिल्ली 2012
दलित राजनीति की समस्याएँ, राजकिशोर, वाणी प्रकाशन, नयी दिल्ली 2012
दलित निर्वाचित कविताएँ, कँवल भारती, साहित्य उपक्रम, दिल्ली, 2012
दलित लिटरेचर इज ह्यूमन लिटरेचर, प्वाय जंड ब्रेड, ओरियंट लांग मैन, नयी दिल्ली, 1972
दलित साहित्य : अनुभव संघर्ष एवं यथार्थ, ओम प्रकाश वाल्मीकि, राधाकृष्ण प्रकाशन, नयी दिल्ली, 2013
दलितों में दलित, हरकिशन सन्तोषी, नवसाहित्य अकादमी, नयी दिल्ली, 1990
नये क्षितिजों की ओर, जयप्रकाश लीलवान, अनामिका, नयी दिल्ली, 2009
नगाड़े की तरह बजते शब्द, निर्मला पुतुल, भारतीय ज्ञानपीठ, नयी दिल्ली, 2005
नवें दशक की हिन्दी दलित कविता, रजत रानी मीनू, दलित साहित्य प्रकाशन, नयी दिल्ली, 1996
पलाश वन, एन. सिंह

नयी शती और हिन्दी कविता, श्यामबाबू शर्मा, विकास प्रकाशन, कानपुर, 2015
परिधि पर स्त्री, मृणाल पांडे, राधाकृष्ण प्रकाशन, नयी दिल्ली, 1996
पानी का स्वाद, नीलेश रघुवंशी, किताबघर प्रकाशन, नयी दिल्ली, 2009
पितृ सत्ता के नये रूप : स्त्री और भूमंडलीकरण, सं. राजेन्द्र यादव, राजकमल प्रकाशन, नयी दिल्ली, 2003
प्रार्थना के शिल्प में नहीं, देवी प्रसाद मिश्र, लोकभारती प्रकाशन, इलाहाबाद, 2007
बस्स बहुत हो चुका, ओम प्रकाश वाल्मीकि, वाणी प्रकाशन, नयी दिल्ली, 1997
बाबा साहब अम्बेडकर सम्पूर्ण वाङ्मय, डॉ. अम्बेडकर प्रतिष्ठान, नयी दिल्ली
भारत का भूमंडलीकरण, सं. अभय कुमार दुबे, वाणी प्रकाशन, नयी दिल्ली, 2003
भारतीय दलित साहित्य, सं. मनोज कुमार आर. पटेल, दर्पण प्रकाशन, बल्लभ विद्यानगर, गुजरात, 2008
भारतीय साहित्य में दलित एवं स्त्री, सं. चमनलाल, सारांश प्रकाशन, दिल्ली, 2001
भूखंड तप रहा है, चन्द्रकान्त देवताले, वाणी प्रकाशन, नई दिल्ली, 2000
भूमंडलीकरण और मीडिया, कुमुद शर्मा, ग्रन्थ अकादमी, नयी दिल्ली, 2003
भूमंडलीकरण और चुनौतियाँ, सच्चिदानन्द सिन्हा, वाणी प्रकाशन, 2005
भूमंडलीकरण और समकालीन हिन्दी कविता, श्यामबाबू शर्मा, विकास प्रकाशन, कानपुर, 2014
भूमंडलीकरण के भँवर में भारत, कमल नयन काबरा, प्रकाशन संस्थान, नयी दिल्ली
भूमंडलीकरण के युग में पूँजीवाद, समीर अमीन, अनुवादक राम कवीन्द्र सिंह, ग्रन्थ शिल्पी, दिल्ली, 2003
भूमंडलीकरण : ब्रांड संस्कृति और राष्ट्र, प्रभा खेतान, सामयिक प्रकाशन, नयी दिल्ली, 2008
भूमंडलीकरण : विचार नीतियाँ और विकल्प, कमल नयन काबरा, प्रकाशन संस्थान, नयी दिल्ली, 2005
भूमंडलीय जनमाध्यम (निगम पूँजीवाद के नये प्रचारक, एडवर्ड एस. हरमन एवं रावर्ट डब्ल्यू मैकचेस्नी), ग्रन्थ शिल्पी, दिल्ली, 2006
मनुस्मृति, काशीनाथ वाजपेयी, बाबू बैजनाथ प्रसाद बुकसेलर, बनारस, 1937
मुख्यधारा और दलित साहित्य, ओम प्रकाश वाल्मीकि, सामयिक प्रकाशन, नयी दिल्ली, 2009
महावीर प्रसाद द्विवेदी और हिन्दी नवजागरण, राजकमल प्रकाशन, नयी दिल्ली, 1989
मराठी दलित कविता और साठोत्तरी हिन्दी कविता में सामाजिक-राजनीतिक चेतना, विमल थोरात
मगर एक आवाज, लीलाधर मंडलोई, आधार प्रकाशन पंचकूला, 2002
माँ मुझे मत दो, पूनम तुषामड़, सफाई कर्मचारी आन्दोलन, नयी दिल्ली, 2010
रघुवीर सहाय और उनका काव्य 'लोग भूल गये हैं', श्यामबाबू शर्मा, विद्या प्रकाशन, कानपुर, 2009
लकड़बग्घा हँस रहा है, चन्द्रकान्त देवताले, वाणी प्रकाशन, नयी दिल्ली, 2000
लहरों के विरुद्ध, रामप्रकाश, हिन्दी साहित्य निकेतन, बिजनौर, 2011
वित्तीय पूँजी और उत्तर-आधुनिक, राजेश्वर सक्सेना, आधार प्रकाशन, पंचकूला, 2001
यह तुम भी जानो, सुशीला टाकभौरे, शरद प्रकाशन, नागपुर, 1993

संस्कृति के चार अध्याय, रामधारी सिंह दिनकर, लोकभारती प्रकाशन, इलाहाबाद, 2006
सदियों का सन्ताप, ओम प्रकाश वाल्मीकि, फिलहाल प्रकाशन, देहरादून, 1989
समय की आदमखोर धुन, जयप्रकाश लीलवान, अनामिका पब्लिकेशन, नयी दिल्ली, 2009
साम्राज्यवाद पूँजीवाद की चरम अवस्था, ब्ला. इ. लेनिन (अनुवाद और सम्पादन नरेश 'नदीम') प्रकाशन संस्थान, नयी दिल्ली, 2005
सामाजिक परिवर्तन में दलित साहित्य की भूमिका, माता प्रसाद,
सतह से उठते हुए, एन. सिंह
सुलगा हुआ राग, मनोज मेहता, राधाकृष्ण प्रकाशन, नयी दिल्ली, 2004
सूप भर रोशनी, रामप्रकाश, विद्या प्रकाशन, कानपुर, 2007
सुनो ब्राह्मण, मलखान सिंह, परिवेश प्रकाशन, चन्दौसी, 1996
सतह से उठते हुए, एन. सिंह, राज पब्लिशिंग हाउस, दिल्ली 1991
स्वाति बूँद और खारे मोती, सुशीला टाकभौरे, शरद प्रकाशन, नागपुर, 1993
स्त्रियों की पराधीनता, जॉन स्टुअर्ट मिल, अनुवादक प्रगति सक्सेना, राजकमल प्रकाशन, नयी दिल्ली, 2002
स्त्री उपेक्षिता (द सेकेंड सेक्स का हिन्दी अनुवाद), सीमॉन द बोउवार, प्रभा खेतान, हिन्दी पॉकेट बुक्स, 1998
स्त्री देह के विमर्श, सुधीश पचौरी, आत्माराम एंड सन्स, दिल्ली, 2000
स्त्री चिन्तन की चुनौतियाँ, रेखा कस्तवार, राजकमल प्रकाशन, नयी दिल्ली, 2006
स्त्रीत्ववादी विमर्श : समाज और साहित्य, क्षमा शर्मा, राजकमल प्रकाशन, नयी दिल्ली, 2002
स्त्री-पुरुष : कुछ पुनर्विचार, राजकिशोर, वाणी प्रकाशन, नयी दिल्ली, 2000
हिन्दी साहित्य का इतिहास, आचार्य रामचन्द्र शुक्ल, नागरी प्रचारिणी सभा काशी, पाँचवाँ संस्करण, संवत् 2006 वि.
हिन्दी काव्य संवेदना का विकास, रामस्वरूप चतुर्वेदी, लोक भारती प्रकाशन, इलाहाबाद, 2003
हिन्दी साहित्य और संवेदना का विकास, रामस्वरूप चतुर्वेदी, लोक भारती प्रकाशन, इलाहाबाद, 1992
हिन्दी साहित्य की भूमिका, हजारी प्रसाद द्विवेदी, राजकमल प्रकाशन, नयी दिल्ली, 2014
हिन्दी दलित साहित्य, मोहनदास नैमिशराय, साहित्य अकादमी, 2014
हरिजन से दलित, राजकिशोर, वाणी प्रकाशन, नयी दिल्ली, 1994
हिन्दी काव्य में दलित काव्यधारा, माता प्रसाद, विश्वविद्यालय प्रकाशन, वाराणसी
हिन्दी दलित कविता—नया सन्दर्भ, टी.पी. राही, कल्चरल पब्लिशर्स, लखनऊ, 1996
हीरामन, धर्मवीर, शेष साहित्य प्रकाशन, दिल्ली, 1989

कोश

- अमर कोश, सं. हरगोविन्द शास्त्री, चौखम्बा संस्कृत प्रकाशन, वाराणसी, 1970
- कोश ग्रन्थ माला, रामचन्द्र वर्मा, काशी नागरी प्रचारिणी सभा, 1958
- बृहत हिन्दी कोश, सं. कालिका प्रसाद, राजवल्लभ सहाय, मुकुन्दी लाल श्रीवास्तव, ज्ञानमंडल

प्रकाशन, वाराणसी, 2005

- भारतीय साहित्य कोश, डॉ. नगेन्द्र
- लोकभारती प्रामाणिक हिन्दी कोश, सं. रामचन्द्र वर्मा, लोक भारती प्रकाशन, इलाहाबाद, 1996
- संस्कृत-हिन्दी कोश, वामन शिवराज आप्टे, मोतीलाल बनारसीदास, दिल्ली, 1993
- हिन्दी शब्द सागर, सं. रामचन्द्र वर्मा, नागरी प्रचारिणी सभा, काशी, 2015, वि.
- हिन्दी साहित्य कोश (भाग 1 एवं 2), सं. धीरेन्द्र वर्मा, ज्ञान मंडल, लि., वाराणसी, 1985
- वर्धा हिन्दी शब्द कोश, सं. निर्मला जैन, गंगाप्रसाद विमल, उमाशंकर उपाध्याय, कुसुम बाँठिया, नरेन्द्र व्यास, महात्मा गांधी अन्तरराष्ट्रीय हिन्दी विश्वविद्यालय, वर्धा, 2014
- सहज समान्तर कोश, सं. अरविन्द कुमार—कुसुम कुमार, राजकमल प्रकाशन, नयी दिल्ली, 2010
- हिन्दी शब्द कोश, हरदेव बाहरी, रवीन्द्र प्रेस दिल्ली, 1990

पत्र-पत्रिकाएँ

अकार, त्रैमासिक, कानपुर
अक्षर पर्व, मासिक, रायपुर
अन्तिमजन, मासिक, दिल्ली
अपेक्षा, त्रैमासिक, दिल्ली
आलोचना, त्रैमासिक, दिल्ली
इन्द्रप्रस्थ भारती, त्रैमासिक, दिल्ली
इतिहास बोध, अर्द्धवार्षिक, इलाहाबाद
इरावती, मासिक, धर्मशाला
कथाक्रम, त्रैमासिक, लखनऊ
कथादेश, मासिक, दिल्ली
कदम, त्रैमासिक, मऊनाथभंजन
चिन्तन सृजन, त्रैमासिक, दिल्ली
जनपथ, मासिक, आरा
दलित साहित्य, वार्षिक, दिल्ली
दस्तावेज, त्रैमासिक, इलाहाबाद
दलित साहित्य, वार्षिक, दिल्ली
नया ज्ञानोदय, मासिक, नयी दिल्ली
परस्पर, त्रैमासिक, अम्बिकापुर (छ.ग.)
परिकथा, द्विमासिक, दिल्ली
प्रगतिशील वसुधा, त्रैमासिक, भोपाल
लमही, त्रैमासिक, लखनऊ
लहक, मासिक, कोलकाता

युद्धरत आम आदमी, त्रैमासिक, हजारीबाग
वर्तमान साहित्य, मासिक, अलीगढ़
वागर्थ, मासिक, कोलकाता
समकालीन भारतीय साहित्य, त्रैमासिक, दिल्ली
वीणा, मासिक, इन्दौर
हंस, मासिक, दिल्ली

× × ×

जनसत्ता (दिल्ली संस्करण)
दैनिक भास्कर (दिल्ली संस्करण)
दैनिक पूर्वोदय (गुवाहटी संस्करण)
पूर्वांचल प्रहरी (गुवाहटी संस्करण)
सेंटिनल (गुवाहटी संस्करण)
हिन्दुस्तान (दिल्ली संस्करण)